KB213432

교사 심리적 소진의
예방과 대처방법

Barbara Larrivee 저

유형근 · 정연홍 · 문가람 · 최지혜 · 김하민 공역

**Cultivating
Teacher
Renewal**
Guarding Against
Stress and Burnout

학지사

역자 서문

　역자들은 학교 현장에 보편화되어 있는 교육활동 침해와 그로 인한 교사 심리적 소진 문제의 심각성을 인식하고 교사들이 스스로 이러한 어려움에서 벗어나도록 도움을 줄 수 있는 방법에 대해 고민하며 국내외의 자료를 찾고 있었다. 그러던 중 2010년대 미국에서 입문 5년 이내의 신규 교사 절반가량이 심리적 소진을 이유로 교직을 떠나는 상황을 목격하고, 이에 대한 예방 및 해결 방안을 고민하고 연구한 결과를 다룬 이 책을 발견하였다. 2012년에 첫 출간된 이 책은 CHOICE라는 권위 있는 학술서적 리뷰에서 2013년 우수학술도서로 선정된 바 있다. 이 책은 10여 년 전에 발간된 서적이지만 현재의 우리나라 교실 상황과 매우 유사하다는 것을 발견하였고, 따라서 다소 문화적 차이가 있음을 고려하더라도 우리나라의 교사들이 이 책을 통해 스스로 심리적 소진을 극복할 수 있을 것이라는 확신을 가지고 번역서를 발간하기로 결정하였다.

　이 책은 원전의 제목 그대로 교사의 스트레스와 심리적 소진을 스스로 극복하는 데 도움을 주기 위한 지침서로 집필되었다. 우리가 이 책을 번역하기로 결정한 초기만 하더라도 교사들은 자신의 스트레스나 심리적 소진이 심각함에도 불구하고 이를 해결하려고 노력하는 대신에 이러한 사실이 타인에게 알려지는 것을 무척 부담스러워해서 숨기는 데 급급하였고, 사회적으로도 교사의 심리적 건강은 개인적인 일이라고 여기는 분위기였다. 이후 번역이 진행되는 중에 우리나라 교사들에게 비극적인 사건이 연이어 발생하였고, 그 문제가 사회적인 이슈가 되면서 많은 교육자와 국민들이 분노하고 안타까워하였다. 결국 교사의 심리적 소진은 교사 개인만의 문제가 아니라 교육의 성과를 좌지우지할 수 있는 중대한 문제라는 인식이 확산되었고 이 책을 번역해야 하는 당위성에 확신을 가지고 작업에 임하게 되었다.

　이 책은 교사의 소진을 예방하고 해결하는 과정에 관해서 탄탄한 이론적 기반을 갖추고 있으며, 스트레스와 심리적 소진에서 벗어날 수 있는 실용적인 전략과 지침을 제안하고 있다. 이 책의 구성은 1부와 2부로 나누어져 있는데, 먼저 1부에서는 심리적 소진의 문제를 전반적으로 이해할 수 있도록 안내하고 2부에서는 이를 예방하거나 극복할 수 있는 방법을 명확하게 제시하고 있다. 1부 '교사의 스트레스와 소진 이해하기'에서는 교사의 스트레스, 소진을 이해할 수 있는 내용을 담고 있다. 소진의 일반적인 특징과 소진으로 이어질 수 있는 환경적 · 개인적 특성을 확인하고 교사의 감정과 정서를 다루고 있다. 2부 '스트레스와 소진의 예방 및 극복 방법'에서는 교사들이 스트레스를 관리하고, 정서적 균형과 심리적 안녕감을 유지할 수 있는 다양하고 실제적인 전략을 제안하고 있다.

이 책은 교사의 스트레스 및 심리적 소진에 대하여 다학문적 관점에서 다루고 교사가 이를 예방하고 극복하기 위한 전략을 학교와 일상에서 실제로 적용할 수 있도록 제시하고 있다. 특히 심리적 소진에 대한 방어력을 키우고 효과적으로 대처할 수 있는 개인 연습 활동을 구체적인 지침으로 제공함으로써 타인의 도움 없이 스스로 이를 달성할 수 있도록 안내하고 있다. 따라서 이 책은 자기 자신을 잘 이해하고 이를 바탕으로 심리적 소진을 예방 및 해결하려는 예비 교사와 현직 교사, 그리고 더 나아가 심리적 소진 문제에 관심을 갖고 있는 일반인들도 쉽게 읽고 도움을 받을 수 있을 것으로 기대한다.

이 책의 번역진들은 초 · 중등 교육현장에서 교사의 심리적 소진 문제에 대해 고민하고 이에 대해 연구한 경험이 많은 현직 교사들로 구성되어 있다. 여러 역자가 일정 분량씩 나누어 번역하게 됨으로써 발생하는 번역 방식과 용어의 차이를 최소화하려고 많은 노력을 했지만 다소 미흡한 부분이 있더라도 독자들의 양해를 바란다. 마지막으로, 이 책의 번역을 흔쾌히 허락해 준 원저자와 어려운 여건 속에서도 이 책의 출간을 위해 물심양면으로 지원해 주신 학지사 김진환 사장님, 교정과 편집을 도와주신 박지영 선생님과 편집부 여러분께 감사함을 전한다.

2024년 여름
역자 일동

저자 서문

최근 들어, 교사들은 심리적으로 소진되어 가는 자신들을 보호하기 위해 좀 더 적극적인 대처를 할 수 있도록 도와 달라는 요구를 많이 하고 있다. 대부분의 다른 직업 종사자들도 심리적 소진을 호소하고 있지만, 그들은 이에 대응할 가용 자원들도 함께 가지고 있는 반면, 교직의 특성상 교사들은 그러한 요구가 점점 커지고 있음에도 불구하고 제공되는 대처 자원들이 적어 그 어느 때보다도 많은 스트레스를 받고 있는 것이 현실이다.

이를 반영하듯, 교사들의 이직률은 매우 가파르게 증가하고 있으며, 신규 교사들의 절반가량이 교직에 입문한 지 5년 이내에 학교를 떠나고 있다. 이러한 일련의 상황을 고려할 때, 교사들에게 스트레스 관리 전략을 명시적으로 가르치는 것뿐만 아니라, 교직 스트레스에 대한 인식 제고를 위한 교사교육 프로그램의 실시와 지속적인 전문성 개발의 필요성이 증대되고 있다.

교사들은 스트레스로 인하여 발생할 수도 있는 치명적 결과들을 예방하기 위해 미리 준비할 필요가 있다. 과도한 업무량, 시간적 압박, 수업 과제에 대한 통제력 부족 등과 같은 직업 특성들은 교사들이 자율성을 발휘하는 데 있어서의 어려움을 가중시키고 있다. 교사의 창의적인 능력이 억압되면서 가르치는 것이 더 기계적인 일상이 되고, 좌절과 환멸은 더 심해지게 된다. 정부의 강제 명령에 대한 요구가 증가할수록 교사들은 종종 환멸과 소외감을 느끼게 되고 자신을 시스템 속의 하수인에 불과하다고 느낄 수 있다.

많은 교사는 매일매일이 예측할 수 없는 새로운 요구와 도전으로 가득 차 있기 때문에, 지속적인 스트레스를 경험하고, 동기 부여, 성과, 열정 등에 부정적인 영향을 미치는 건강 악화를 경험하게 된다. 대처 능력의 부족이 최고조에 달하게 되면, 교사들은 극심한 형태의 스트레스인 소진을 경험한다. 교사들이 소진의 희생자가 되는 것을 방지하기 위해 그들의 안녕을 유지하는 데 필요한 다양한 도구를 개발하는 것이 중요하다.

이해관계가 많이 얽혀 있는 시험과 감정 소모적인 교수법 등으로 인해 발생하는 많은 제약은 다른 전문직에 종사하는 사람들보다 교사들을 더 쉽게 소진하게 만든다. 교사들이 스트레스에 압도되고 감정적으로 지치게 되면, 투자할 개인적인 자원들은 더 줄어든다. 소진으로 인한 불균형의 징후들은 퇴근 시간에 녹초가 되기, 출근 동기 결여, 부정적인 사고에 몰두하기, 분노와 원망의 감정 심화 등의 형태로 나타날 수 있다.

열정과 열의가 시들해지는 것은 소진의 초기 단계에 진입했음을 알리는 표지가 될 수 있다. 교직 생활을 하면서 주기적으로 사기가 저하되는 것은 정상적이고 예측 가능한 것이다. 소진은 갑자기 일어나는 것이라기보다는, 종국적으로 교사의 열정과 정열을 모두 잠식하는 점진적인 붕괴, 즉 장기적인 자기태만의 패턴에서 비롯된다.

『교사 심리적 소진의 예방과 대처방법』은 교사들이 소진에 굴복하지 않도록 하는 태도, 습관 및 실천을 개발하고 촉진함으로써 교사 소진에 대한 해독제를 제공하며 소진의 초기 징후에 대처하기 위한 지식과 기술을 제공한다. 이 책은 특별히 교직과 관련된 스트레스와 소진에 대한 풍부한 연구 결과에 대해 광범위한 고찰을 바탕으로 증거에 기반한 다학문적인 정보를 제공한다. 교사의 스트레스와 소진에 대한 다차원적 접근을 제공하는 다양한 학문분야에서 나온 방대한 양의 연구들이 있다. 이러한 접근 방식은 관련 논제들과 가용 자원의 범위에 대한 전반적인 그림을 그릴 수 있게 한다.

이 책은 두 부분으로 나뉘어 있다. 1부에서는 교직이 가장 스트레스를 가장 많이 받게 하는 직업 중의 하나가 되도록 하는 다양한 측면을 설명한다. 그리고 교사들에게 스트레스를 받게 하고 소진되게 만드는 일반적인 원인인 업무 환경적 특성과 교사의 개인적 특성 및 행동을 살펴본다. 또한 이 책의 1부에서는 교사들이 일과 삶의 균형을 유지하고, 그들이 필요로 하는 필수적인 지원을 받으며, 가르치는 것이 유발하는 감정의 전체 스펙트럼을 탐색하는 방법을 찾는 데 도움을 준다. 스트레스를 유발하는 조건을 더 잘 인식하고 고통의 징후들을 조기에 알아차릴 수 있을 때, 교사들은 스트레스의 영향에 효율적으로 대처하기 위한 구체적인 조치를 취할 수 있다.

2부에서는 교사들이 스트레스에 강해지도록 돕기 위한 많은 전략을 제공한다. 여기에서 제시된 연구 결과 및 전략들은 교육학, 사회과학, 신경과학 분야에서 도출된 것들이다. 이러한 영역에는 행동 및 교실 관리, 스트레스 관리, 일반적인 대처 기술, 감정 조절 및 스트레스 관련 성장, 교사 심리적 소진과 같은 아주 스트레스가 많은 상황에서 자주 일어나는 개인적 성장 등이 포함된다.

긍정심리학의 새로운 영역에서 다루는 주제에는 성격 강점, 회복력, 낙관주의, 희망감 등을 함양하는 것들이 포함된다. 사회문화 영역에서의 감정 노동에 대한 연구는 교사의 업무와 많은 관련이 있다. 신경과학에서 뇌 연구는 감정을 이해하고 관리하며 학습능력을 향상시키는 데 있어서 중요한 의미를 갖는다. 그리고 마지막으로, 요즘 어디에나 있는 것처럼 보이는 웰빙과 마음챙김이라는 주제는 교사회복이라는 주제와 매우 관련이 있다.

교사의 스트레스와 소진을 해결하기 위해서는 개인적인 해결책뿐만 아니라 업무 환경을 변화시키는 조치들도 필요하다. 교사들의 스트레스를 상쇄하는 길은 학교를 일하기 좋은 곳으로 만드는 것뿐만 아니라, 교사들이 자신을 스스로 도울 수 있어야 한다. 교사가 스트레스에 적극적으로 대처하도록 하고 소진을 예방하도록 하는 것 또한 학교가 수행해야 하는 업무의 통합적인 일부가 되어야만 한다. 그러나 현실적으로는 많은 여타의 의제들로 인해 교사 소진의 문제는 우선순위에서 밀린 채, 교사 스스로 해결해야 할 문제로 치부되고 있다. 그러나 현실을 보면, 교사들은 더 이상 기다릴 여유가 없으며 즉시 자신을 위해서 조치를 취해야만 한다.

교사들은 여러 사회적·조직적 자원으로부터 지원을 받을 필요가 있다. 소진을 예방하는 데 있어 연대적이고 협력적인 학교 문화가 중요하다는 점에 대해서는 거의 의심의 여지가 없다. 성공적인 학교들은 다양한 협업 구조를 마련하면서 상호 지원적인 체제로 운영된다. 많은 연구 결과는 그러한 지원 자원을 가진 교사들이 스트레스를 경험할 때 더 잘 대처할 뿐만 아니라 스트레스의 해로운 영향에 더 잘 저항한다는 것을 분명히 보여 준다. 그러한 지원이 정착되어 있는 것이 이상적이지만, 그렇지 못한 경우에는 교사들이 서로를 지원할 수 있는 기회를 마련하기 위해 노력할 필요가 있다. 교사들은 종종 시간에 쫓겨 스트레스를 줄일 수 있는 일상생활에서의 실천에 열중하지 못한다. 따라서 교사들은 스트레스를 악화시키는 습관에 빠질 수 있다. 건강한 식단, 적절한 휴식, 규칙적인 운동은 분명히 웰빙을 유지하는 데 필수적이다. 그러나 바쁘고 스트레스에 지친 교사들은 스트레스를 줄이기 위한 방법으로 과식이나 음주, 회피행동과 같은 해로운 대응방법을 선택할 수 있다. 이러한 잘못된 선택은 만성질환으로 이어져 악영향을 미친다.

스트레스에 대한 반응은 신체의 거의 모든 시스템에 영향을 미친다. 만성적인 스트레스는 질병을 예방하기 위한 우리의 자연적인 방어체계인 면역체계를 약화시키고, 질병에 걸릴 가능성을 증가시킨다. 교사들은 자신의 일을 효과적으로 수행하고 학생들의 요구를 충족시키는 데 있어서 자신의 신체적·정신적 건강이 중요함을 간과한다. 교사들은 스트레스의 징후에 주의를 기울이도록 끊임없이 경계해야 한다. 이 책에서는 다양한 측면에서 교사의 소진을 해결하기 위한 일련의 전략들을 제공한다. 이러한 전략들의 실행과 통합을 강화하기 위해서 다양한 성찰적 개인 훈련들이 함께 제시되어 있다.

『교사 심리적 소진의 예방과 대처방법』은 교사들이 회복주기에 머물도록 돕기 위한 많은 의도적인 실천방안들을 제공한다. 이러한 스트레스 관리 및 대처 전략에는 다음과 같은 것들이 포함된다.

- 스트레스를 유발하는 조건을 최소화하기
- 일과 삶의 균형 유지하기
- 지지 네트워크 활성화하기
- 스트레스를 줄이는 교실 관리 전략 구현하기
- 반성적 실천가 되기
- 교사 자기 효능감 구축하기
- 존경 어린 대화와 진정한 의사소통에 참여하기
- 스트레스에 강해지기
- 직무와 관련된 스트레스 해소방안 마련하기
- 자기패배적 신념과 기대에 도전하기
- 파괴적 사고방식 수정하기

- 스트레스를 유발하는 자기 대화 억제하기
- 감정 유발 요인 인식하기
- 흥분하지 않고 분노를 표현하기
- 연쇄적으로 부정적인 감정을 발생시키지 않기
- 마음챙김 연습하기
- 이완 기법 활용하기
- 성격 강점 구축하기
- 낙관과 희망을 배양하기

차례

1부

교사의 스트레스와 소진 이해하기

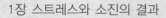

1장
스트레스와 소진의 결과

스트레스는 정서적 · 행동적 · 생리적 문제들과 관련지어 잘 정립된 관계 때문에 심리학 문헌에서 많은 관심을 받았다. 최근 미국심리학회의 스트레스 조사(APA, 2012)에서 미국인의 절반 가까이가 지난 5년간 스트레스가 증가했음을 보고하면서 스트레스의 신체적 · 정서적 징후가 국가의 건강에 타격을 주고 있음이 드러났다. 그중에서도 특히 교사들은 가장 스트레스가 많은 직업인 중 하나로 인식되고 있을 정도로 이들의 스트레스는 심각한 문제이다.

1. 스트레스와 그 충격

스트레스는 삶의 변화와 요구에 대한 신체적, 정신적, 그리고 감정적 반응이다. 스트레스는 인간의 일상적인 행동 방식이 상황의 요구에 적합하지 않을 때 발생한다. 간단히 말해, 스트레스는 일상에서 자신이 감당할 수 있는 것보다 더 많은 것들을 담당해야 될 때 발생한다. 교사들에게 스트레스는 그들이 도전적인 학생 행동을 지도해야 할 때, 그리고 그들이 가지고 있는 지도 전략들이 모두 소진되었을 때 발생한다.

어떤 스트레스는 정상적이고 유용할 수도 있다. Selye(1974)는 흥분이나 열정적인 스트레스의 형태로 느껴지는 아드레날린의 분비를 'eustress'로 분류했다. 이러한 종류의 생리적 자극은 생산적이고 활력 있는 에너지를 생성한다. 스트레스는 흔히 부정적인 것으로 볼 수 있지만, 특정 수준의 스트레스는 성과를 향상시킬 수 있고 마감일까지 보고서를 작성하는 것과 같이 당면한 일에 집중할 수 있도록 도와준다. 일시적인 스트레스는 꼭 해로운 것만은 아니다. 그러나 스트레스가 장기적이고 지속적일 때는 문제가 된다. 교사들에게는 매일매일이 예측할 수 없고 새로운 요구와 도전으로 가득하기 때문에 더욱 그렇다.

스트레스는 수준별로 경험되며 낮은 수준의 스트레스는 전혀 인식되지 않을 수도 있다. 때때로 적당한 스트레스는 인간들이 긍정적일 수 있고 창의적이고 지적인 방법으로 행동할 수 있도록 촉진할 수도 있다. 어느 정도의 불편함은 건강에 좋고 필요한 조치를 취할 수 있게 하므로, 우리의 목표는 스트레스를 없애는 데 있는 것이 아니라 누적된 스트레스의 폐해를 막는 데 있다. 스트레스가 만성화되면, 그것이 인간의 삶을 지배할 수 있다. Luskin와 Pelletier(2005)는 이러한 유형의 스트레스를 타입 2 스트레스라고 불렀다. 이는 일시적으로 작동하다 사라지는 것이 아니라 끊임없이 지속되는 스트레스이다. 그것은 우리에게 마음과 몸의 한계를 넘어서고 있다는 신호를 지속해서 보내는 것이다. 이러한 신호에 대하여 조기에 주의를 기울이거나 시정조치를 취하지 않고 계속 무시하면, 주의를 기울일 때까지 우리 몸의 증상이 계속 악화되거나 스트레스성 질환이 발생하게 됨으로써 결국 아무것도 하지 못하게 된다.

1) 스트레스의 교류 관점

스트레스 관련 문헌들에는 다양한 정의와 개념들을 제시하고 있다. 스트레스에 대한 가장 포괄적이고 널리 받아들여지는 관점은 개인이 가진 자원과 환경적 요구 사이의 동적인 교류(transaction)이다. 인간은 특정 사건에 직면하였을 때, 그 사건에 대처하기 위해 요구되는 능력과 그 사건에 대처하는 데 필요한 자신의 능력을 비교하여 저울질하는 교류가 발생한다(Lazarus & Folkman, 1984). 이 교류체계에서 문제를 처리하는 데 필요한 자원이 부족하다고 인식될 때 스트레스가 발생한다.

스트레스를 연구하는 연구자들은 개인이 유해한 스트레스 수준을 경험하는지 여부를 결정하는 데 있어서 중요한 변수들을 처리하기 위해 필요하다고 생각되는 인식된 요구와 그에 대응하는 데 필요하다고 생각되는 인식된 대처자원 사이의 균형에 대한 인식을 일관되게 확인했다(Sapolsky, 1998). 스트레스는 자신이 해야 할 일과 주어진 시간에 이용할 수 있는 자원(예: 에너지, 기술, 인내, 돈) 사이의 불균형에서 비롯되기 때문에, 금요일에는 스트레스를 주는 특정 사건이 좀 더 많은 시간과 도움과 지원을 받을 수 있는 토요일에는 스트레스를 주지 않을 수도 있는 것이다.

스트레스에 대한 이러한 교류적 접근은 환경에서 잠재적 스트레스 요인을 매개하는 개인의 적극적인 역할을 강조한다. 대처 능력의 부족이 정점에 달하면, 교사처럼 타인을 도와주는 직업을 가진 사람들은 극단적 형태의 스트레스인 소진을 경험한다.

이 교류모델을 적용하면, 교사들은 그들이 교직에서 직면하는 요구와 이러한 요구에 대처하기 위해 가지고 있는 자신의 자원 사이의 불균형을 인식하게 되면 스트레스에 취약해진다. 스트레스의 실제 영향은 직무요구가 위협이라는 인식과 위협을 줄이기 위해 사용되는 대응기제에 의해 조정된다(Kyriacou & Sutcliffe, 1978). 교사가 잠재적인 스트레스 요인을 행복이나 자존감에 대한 위협으로 인식한다면, 그것은 교사의 실제적인 스트레스 요인이 된다.

스트레스는 잠재적으로 스트레스를 받는 사건에 대한 주관적인 반응이기 때문에, 교사에 따라 스트레스의 양을 줄이기 위해 다양한 방법을 사용한다. 어떤 교사들은 엄청난 양의 스트레스를 관리할 수 있는 반면, 다른 교사들은 약간의 스트레스에도 압도된다. 교사의 대처 능력이 스트레스 관리에 얼마나 성공할지를 결정하는 것이다. 소진은 교실의 요구를 다루기 위해 시도한 것들의 누적적인 실패로 인한 최종 산물이다.

이러한 교류 관점에서 개별적인 교사 변인과 직무 관련 특징들은 소진에 대한 독립적인 기여자가 아니라, 오히려 동적이고 상호작용적인 기여를 하게 된다. 교사가 직무요구와 자신이 가진 자원 간의 불균형 상황에서 직무요구에 초점을 맞추었을 때, 결국 소진이 발생하는 것이다. 스트레스와 소진의 발생에 필수적인 것은 인식, 판단 및 평가와 같은 기존 요구와 가용 자원들을 비교하는 기본적인 인식과정이다. 교사 소진과 관련하여, 학생의 잘못된 행동으로 만들어진 평가는 아마도 이러한 교류요소들 중 가장 중요한 것일 것이다. 이 주제는 다음 장에서 더 자세히 설명한다.

2) 스트레스의 영향

Selye(1956, 1974)의 초기 연구는 스트레스와 신체의 생리적 반응 사이의 연관성을 강조했고, 스트레스 예방의 가치와 중요성에 관심을 집중한 최초의 사람들 중 한 명이었다. 스트레스 반응에 수반되는 생리적 변화를 고려할 때, 의사를 만난 환자의 50~80%가 스트레스와 관련된 의학적 질병 때문인 것으로 추정된다는 것은 놀라운 일이 아니다(Luskin & Pelletier, 2005).

스트레스 반응을 경험할 때 생리적으로 많은 일들이 일어나는데, 심장은 더 많은 혈액을 근육으로 보내기 위해 더 빨리 펌프질을 하고, 호흡은 더 많은 산소를 혈액으로 이동시키기 위해 더 빨라지며, 근육은 필요한 행동을 준비하기 위해 긴장한다. 이러한 반응은 뇌의 더 원시적인 부분으로 혈액을 더 많이 보내게 되고, 상대적으로 추론을 담당하게 되는 뇌 부위로의 혈류량은 감소시킨다. 혈압이 오르고, 뇌와 근육에 더 많은 혈액을 공급하기 위해 소화가 멈추고, 몸을 식히기 위해 더 많은 땀을 흘리며, 심장 주변의 동맥이 긴장되고, 면역체계는 저하된다.

스트레스는 두통과 요통, 심장 질환, 암 등에 이르기까지 다양한 질병의 원인이 되며 건강과 부적인 관련이 있다(Aldwin & Gilmer, 2004; Duijts, Zeegers, & Borne, 2003; Krantz & McCeney, 2002; Vitaliano, Zhang, & Scanlan, 2003). 스트레스는 면역체계(Schneiderman, Ironson, & Siegel, 2005; Segerstrom & Miller, 2004), 심혈관계(McEwen, 1998; Dimsdale, 2008), 호흡기계(Chen et al., 2006)를 포함하여 신체의 거의 모든 시스템에 영향을 미친다. 스트레스는 만성 질환을 앓고 있는 사람뿐만 아니라 건강한 사람에게도 사망 위험을 높이는 것으로 나타났다(Matthews & Gump, 2002; Nielsen, Kristensen, Schnohr, & Gronbaek, 2008; Rosengren, Orth-Gomer, Wedel, & Wilhelmsen, 1993; Turrell, Lynch, Leite, Raghunathan, & Kaplan, 2007).

심리학적으로 생활 스트레스는 그에 따른 우울증(Brown & Harris, 1989; Hammen, 2005) 및 다른 형태의 정신병리(Dohrenwend, 2000; Johnson & Roberts, 1995)와 관련이 있다. 또한 지속적인 스트레스는 정신 건강에 악영향을 미치고 회복력, 희망, 용서능력을 저해할 수 있다(Ong et al., 2006; Lopez, Snyder, & Pedrotti, 2003; Harris & Thoresen,

2005).

만약 스트레스가 너무 자주 발생하거나 너무 오래 지속된다면, 심각한 영향을 미칠 수 있다. 면역체계는 감염과 싸우는 것을 돕는 신체의 자연 방어체계이다. 인간이 스트레스를 받을 때, 우리의 몸은 마치 위험에 처한 것처럼 반응한다. 높은 수준의 스트레스는 면역체계를 약화시키고, 질병퇴치를 더 어렵게 만든다. 만성적인 스트레스는 우리를 더 자주 아프게 한다. 만약 이미 건강상의 문제를 가지고 있는 사람이라면, 스트레스는 그것을 더 악화시킨다.

3) 스트레스가 교사에게 미치는 영향

학교 환경에서는 일정 정도의 스트레스를 피할 수가 없는데, 만성 스트레스는 신체적 · 정신적 부작용을 초래한다. 연구 결과에 의하면, 가르치는 것에 내재된 스트레스 요인과 생리적 증상 사이에 명확한 관계가 있는 것으로 나타났다(Dunham & Varma, 1998). 가장 일반적인 증상은 하루를 마무리할 때쯤에 완전히 녹초가 된 느낌이 드는 것이다. 궁극적으로 소진으로 이어질 수 있는 스트레스로 인한 불균형 징후는 부정적 사고에의 몰두, 출근동기의 결여, 전반적인 짜증 등의 형태를 취할 수 있다. 교사의 스트레스에 대한 전형적인 반응에는 다음과 같은 증상들 중 일부를 포함한다.

교사 스트레스와 연관된 신체적 증상

○ **신체적 불편감**
- 육체적인 피로감
- 긴장 또는 긴장감
- 두통
- 허리 통증
- 잠을 자기가 점점 어려워짐
- 쉽게 피로해짐
- 잘 붓거나 또는 관절과 근육 통증

- 복통
- 호흡 곤란
- 음성 손실

○ **질병 및 만성 질환**

- 고혈압
- 신장 또는 방광 문제
- 관절염
- 호흡기 또는 호흡 문제
- 담낭 질환
- 심장 혈관 장애
- 불면증
- 위염
- 위궤양
- 대장염

교사 스트레스와 연관된 심리적 영향

- 감정의 소진
- 좌절
- 직업 불만
- 우울증
- 소진
- 자존감 부족
- 비판에 대한 과민성
- 과도한 걱정과 죄책감
- 긴장감
- 소외감, 분노, 적개심

- 우울함
- 집중력 결여
- 학생, 학부모 및 다른 교직원에 대한 냉소적인 태도

4) 스트레스가 사고와 정서에 미치는 영향

스트레스 징후는 신체적·심리적 문제뿐만이 아니다. 스트레스에 대한 반응은 다음과 같은 생각, 느낌 및 행동 방식에도 영향을 미친다.

- 아무 이유 없이 다른 사람에게 고함을 치고 싶은 이상한 기분을 느낀다.
- 패배자가 된 것 같은 좌절감을 느낄 수 있다.
- 종종 도망치고 싶은 기분을 느낄 수 있다.
- 작은 문제조차도 처리할 수 없을 것 같은 무력감을 느낄 수 있다.
- 나쁜 일들이 일어날 것이라는 상상을 하게 된다.

2. 교사의 스트레스와 소진에 영향을 주는 요인들

교사들은 다른 사람에게서뿐만 아니라 자신으로부터 받는 끊임없는 압력과 요구로 인해 스트레스를 가장 많이 받는 직업인 중 하나이다(Blase & Kirby, 1991; Farber, 1991; Friedman, 2000; Goddard, O'Brien, & Goddard, 2006; Montgomery & Rupp, 2005; Smylie, 1999). 교사는 아주 다양한 사람들을 응대해야 하기 때문에, 다양한 요소가 스트레스의 원인이 된다. 교사의 스트레스 근원에 대한 초기의 종합적 고찰에서 학교 환경, 학생의 부적절한 행동, 열악한 근무 조건, 교사의 개인적인 고민, 부모와의 관계, 시간적 압박감, 부적절한 훈육 등 일곱 가지 문제 영역이 일관되게 확인되었다(Turk, Meeks, & Turk, 1982). 열악한 학교 환경은 검토된 49개의 연구에서 가장 자주 확인되었으며 학생의 부적응 행동은 교사 스트레스의 두 번째 기여 요인으로 나타났다. 특히 최근의

연구는 저경력 교사의 경우 학생의 부적응 행동이 가장 높은 스트레스 요인임을 확인하였다. 교사들은 점점 더 관료주의적인 시스템에 대처하기 위해 고군분투하고 어려움에 처한 학생들이 증가하며, 책임이 갈수록 증가하면서 스트레스와 소진을 더 자주 경험한다. 오늘날 교사가 직면한 과제 중 일부는 다음과 같다.

- 학생들의 학업 성취도에 대한 교사의 책무성에 대한 지속적인 위협
- 학교 이동, 폐교, 직업 상실 등으로 인한 불안한 변화
- 교육과정에 대한 자율성 및 통제력 상실
- 과도한 업무로 인한 자율성과 창의력 저하
- 학교개혁을 위해 부단히 노력해야 한다는 지속적인 변화와 기대
- 학교정책과 자신의 전문적 신념 간의 갈등
- 관리해야 하는 업무량의 증가
- 교직이 전문화되기보다 관료화됨에 따라 양으로 대체되어 가는 질

큰 스트레스 외에도 '작은(little)' 스트레스, 즉 교사의 하루에 빠르게 축적될 수 있는 작고 거의 인식되지 않는 사건들이 있다. 작은 스트레스 요인들에는 비로 인하여 교사와 학생들이 하루 종일 교실에만 있게 되는 것, 중요한 순간에 수업을 방해하는 문 두드림 소리, 또는 학생이 수업에 지각하는 것 등이 있다. 주어진 하루 동안, 많은 작지만 귀찮은 일들이 겹치고 사소한 짜증이 연속적으로 축적되면 스트레스를 유발하기 쉽다.

Truch(1980)는 수많은 교사들의 스트레스에 대한 설문조사 결과를 요약하여 교사의 90%가 직무 관련 스트레스를 경험했다고 보고했으며, 95%는 스트레스 관리의 필요성이 있다고 보고하였다. Humphrey(1992)는 교사들을 대상으로 스트레스에 대해 설문조사를 실시한 결과, 49%가 스트레스를 어떻게 처리해야 할지에 대해 망설이고 있다는 것을 발견했다. 그는 교사들이 단순히 스트레스를 견디는 것 외에는 전략이 없는 경우가 많기 때문에 스트레스에 대처하는 데 있어 매우 비효율적이라고 언급했다. 교사 스트레스가 수십 년간 고민거리였음에도 최근에야 전면으로 부각된 것이다.

최근에 정부 명령을 통해 교사들에게 부과된 많은 요구들은 교사들로 하여금 환멸과 소외감을 갖게 하여 그들이 교육시스템 안에서 단순한 소모품처럼 느껴지게 만들고 있다. 교사들은 자신들의 교직 생활을 스스로 통제하고 변화를 일으키기 위해 자율적으로 행동할 수 있는 권한을 가진 의사결정자가 될 필요가 있다.

1) 교사 스트레스의 다양한 영역

스트레스는 단순히 오랜 시간 동안 너무 많은 업무로 발생하는 것만은 아니다. 오히려, 교사들의 욕구가 학교 환경의 요구와 충돌하면서 스트레스가 시작되는 것처럼 보인다. 이러한 문제의 원인은 일반적으로 스트레스 연구와 관련된 세 가지 광범위한 근거에서 나타난다.

- 학교가 제도적 · 정치적 조직이 되면서 갖게 되는 체계적 요인
- 교직에 내재된 직무 특화 요인
- 교사 개인의 취약성에 영향을 미치는 요인

교직 내부의 문제가 아닌 외부의 문제에서 기인하는 스트레스 요인들도 수없이 많다. 교사들의 개인적인 삶은 그들의 관점, 동기, 직무 수행 등을 변화시킬 수 있다. 재정적, 가족적, 또는 배우자 간의 스트레스 요인들이 교실에 스며들 수 있고, 그러한 문제들이 심각해지면 결국 이로 인해 교사를 혼란스럽고 산만하게 만든다.

Clausen과 Petruka(2009)는 그들의 연구에서, 교사가 한 영역에서 스트레스를 경험하고 있다면, 예를 들어 행정가와의 갈등을 겪고 있어도, 그들은 여전히 그 일을 합리적으로 수행할 수 있다는 것을 발견했다. 교사는 스트레스에 장기간 노출되거나 여러 부분에서 스트레스 요인의 조합이 동시에 나타나는 경우에만 소진이 발생했다.

2) 소진

소진은 만성적인 업무 스트레스와 좌절로 인한 신체적·정신적·정서적 피로를 말한다. 새로운 직업이 새로운 것을 배우고 새로운 영역을 계획하는 흥분과 함께 활력을 불어넣는 효과가 있는 반면, 그 직업에 익숙해지면 열정과 에너지가 시들기 시작할 수 있다. 소진은 대개 다음과 같은 두 가지 조건이 우세할 때 시작된다. 확실성(certainty)은 근무일(workday)을 특징짓기 시작하고, 직무요구는 근로자들로 하여금 통제성을 상실하게 만든다. 게다가, 조직이 엄격한 규칙으로 특징지어진다면, 창의적인 문제 해결이 너무 위험해 보이기 때문에 발생하는 문제들을 극복할 수 없다고 느낀다. 관료주의적 업무 환경이 '우리는 항상 이런 식으로 해 왔다.'는 사고방식으로 가득 차 있을 때, 일반적으로 소진이 발생한다(Langer, 1989). 성숙한 성인들이 통제성을 상실한 것처럼 보이는 환경에서 일하도록 강요받으면, 스트레스가 발생한다(Argyris, 1964).

소진의 개념은 대면 서비스 전문직의 업무에 대부분 일반적으로 적용된다. 이 개념은 Freudenberger(1974)가 서비스 전문가들이 그들의 고객, 환자, 학생들에게서 개선이나 회복, 학습이 일어나지 않음으로써 그들이 '지쳐 가는' 것을 기술하기 위해 만들어졌다. 근로자들은 더 이상 자신의 역할을 효과적으로 수행하지 못하고 때로는 그들이 봉사해야 할 의무가 있는 사람들에 대해 적대적이거나 무관심해진다. Freudenberger에 따르면, 가장 헌신적이고 열정적인 사람들은 소진이 되기 쉬운 사람들이다. 소진에 대한 그의 원래 생각은 근로자들이 다른 사람들을 도와야 된다는 압박을 그들 스스로가 가중시키며 자신이 줄 수 있는 것보다 더 많은 것을 주려고 하게 되고 궁극적으로 스스로를 지치게 할 것이라는 것이었다. (이 말은 익숙하게 들리나요?)

교사와 같은 전문적으로 타인을 돕는 사람들은 종종 '돌봄의 결과(consequence of caring)'로 소진되거나, 다른 사람들을 상대하면서 갖는 만성적 긴장감에 대한 감정적 반응에 의해 소진의 희생양이 된다. 다음은 소진 피해자의 전형적인 특성이다(Maslach, 1982).

① 다른 사람과 일에 대해 의논하는 것을 꺼림
② 현재의 곤경에서 벗어나기 위한 백일몽의 잦은 출현
③ 구성원에 대한 냉소적 태도와 부정적 태도
④ 일상 활동에 대한 흥미의 상실
⑤ 정서적 고갈과 소비된 느낌
⑥ 업무 수행 효율성 저하
⑦ 불행을 남 탓으로 돌리기
⑧ 상황을 바꿀 수 없다는 무력감

3) 교사의 소진

교사들의 소진에 관한 연구가 1980년대 초반에 시작된 이후로, 소진의 개념은 다른 집단보다 교사집단과 관련하여 더 많이 활용되었다. 이는 교직의 본질적인 특징을 고려할 때 놀라운 일은 아니다. 교사는 과도한 스트레스의 영향을 받기가 쉬우며 이를 방치하면 소진을 초래하게 된다. 여타의 직장과 마찬가지로, 학교도 직업 관련 스트레스로 인해 질병 및 건강 문제의 온상이 될 수 있다.

소진은 시간이 지남에 따라 진행되는 것이므로 소진이 발전하는 경로를 파악하는 데 관심을 갖게 되었다. 연구 결과들은 성취 부족에 대한 개인적이고 직업적인 감정에서 나타나는 인지적인 소진 경로와 과중하고 감정적인 피로감에 반영되는 감정적인 소진 경로라는 두 가지의 소진 경로가 있음을 확인했다. 이 과정은 일반적으로 파괴적인 학생 행동, 과도한 서류 작성, 상충되는 요구와 같은 외부 스트레스 요인으로 발전하기 시작하며, 이는 감정적인 피로로 이어진다.

연구자들은 소진의 경우 ① 정서적 고갈(emotional exhaustion), ② 비인간화 (depersonalization), ③ 개인적 성취감 결여(lack of personal accomplishment) 등의 세 가지 측면에서 나타남을 발견했다(Friesen, Prokop, & Sarros, 1988; Maslach, 1982). 정서적 고갈은 소진의 핵심차원으로 간주된다(Maslach, Leiter, & Schaufeli, 2008). 연구 결과에 따르면 정서적 고갈은 직무 관련 스트레스 요인과 가장 일관된 관계가 있음을 나타낸다(Maslach, Schaufeli, & Leiter, 2001).

- **정서적 고갈**은 대인관계 요구 등의 원인으로 인한 정신 에너지의 소모이다. 정서적 고갈은 좌절감, 분노, 우울증, 불만 등의 감정으로 특징지어진다. 정서적 고갈로 교사는 정서적 회복력이 부족함을 느낄 수 있다.
- **비인간화**는 타인들에 대해 비인간적이고 냉담한 시각을 보이고 타인들을 비난하게 되는 것이다. 탈개인화로 고통을 받고 있는 교사는 함께 일하는 사람들에게 부정적인 태도를 보이며 냉소적이고 비판적이다.
- **개인적 성취감 결여**는 직업에 대한 자기 효능감의 상실을 의미하며 자신의 가치를 부정적으로 평가하는 경향을 보이고 자신의 일과 타인의 일을 평가 절하하게 된다. 교사가 개인적 성취감을 느끼지 못할 때 도전, 인정 및 감사에 대한 그들 자신의 욕구를 충족시키지 못하기 때문에 환멸을 느끼게 된다.

교사들은 특히 그들이 자주 경험하는 고립감 때문에 탈개인화로 인한 스트레스를 경험할 위험에 처해 있다. 교사는 동료와 상호작용할 기회 없이 외로운 교실에서 하루 종일 보내게 될 수 있다. 교사들이 대부분의 시간을 혼자 보내는 것은 동료들과 이야기를 나눔으로써 그날의 축적된 스트레스 요인을 줄일 기회가 없기 때문에 교사의 소진 위험을 높이게 된다. 교사는 일상생활의 대부분을 직업상 고립되어 지내기 때문에 소진을 겪을 위험성이 크다(McCarthy, Lambert, O'Donnell, & Melendres, 2009). 고립감은 교실 구성과 근무 시간의 일정 제약이 맞물려 악화된다. 특히 이 문제를 해결하려면 교사가 동료와의 긍정적인 상호작용을 할 수 있는 기회를 전략적으로 찾는 것이 중요한다.

소진은 중요하고 의미 있으며 도전적인 일로 시작했던 것이 불쾌하고 무의미하며 충족되지 않는 것으로 느껴지는 열정(sense of engagement)의 점진적 쇠퇴를 의미한다(Maslach & Leiter, 1997). 활력보다 피로감이 오게 되고 희망적인 것보다 냉소주의로 바뀌며 자기 효능감이 환멸로 대체될 때 소진이 발생한다.

교직 생활을 하면서 주기적으로 사기가 저하되는 것은 정상적이고 예측이 가능하다. 소진은 갑자기 일어나는 것이 아니라, 교사의 열정과 동정심을 모두 약화시키는 느린 해체, 즉 자기 태만의 장기적인 패턴에서 비롯된다. 교사는 스트레스의 징후에 스스로 주의를 기울이도록 끊임없이 경계해야 한다.

4) 의욕상실: 교사가 열정적인 학습자가 되기를 중단할 때

Gmelch(1983)는 열정이 식어 가는 교사의 전문성 소진을 설명하기 위해 '의욕상실 (rustout)'이라는 용어를 사용했다. 교사가 일시적으로 또는 영구적으로 열정적인 학습자가 되는 것을 중단하면 '의욕상실'이 작동한다. 자신을 평생 학습자로 보는 것은 학습에 대한 흥분을 유지하는 데 필수적인 위험 감수, 발명, 탐구를 촉진한다.

학습을 계속하려는 욕망이 쇠퇴할 때 교사는 단지 가르침의 동작만 피상적으로 따라가게 된다. 모든 교사는 학습자로서 성장을 추구하거나, 아니면 성장을 거부하는 것 중 하나를 선택한다. 학습을 중단하는 선택을 하게 되면 학생들의 학습 또한 위축될 것이며 가르치는 것의 주요 만족 요인 중 하나를 잃게 될 것이다. 지속적인 성장을 추구함으로써 교사는 자신이 될 수 있는 최고가 되기 위해 노력한다. 이것이 Maslow가 자기실현이라고 말한 것이다.

교사들은 소진의 초기 징후에 대응하기 위한 자원에 접근하고 기술을 개발할 필요가 있다. 좌절과 환멸이 시작되면 스트레스를 악화시킬 수 있는 습관에 빠지기 쉽다. 스트레스를 유발하는 조건들을 더 잘 인식하게 되면, 교사들은 고통의 증상들을 더 빨리 알아차리기 시작할 수 있고, 스트레스의 영향에 강력하게 대항하기 위한 구체적인 조치들을 취할 수 있다.

5) 소진의 3단계 모형

소진을 이해하는 한 가지 방법은 3단계 모형이다(Girdin, Everly, & Dusek, 1996). 〈표 1-1〉에 제시된 이 단계들은 일반적으로 1단계에서 3단계까지 순차적으로 발생하지만, 이 과정은 어느 시점에서나 중단될 수 있다. 불행하게도, 대부분의 교사들은 종종 고갈 단계가 되어서야 뭔가 잘못되었음을 깨닫는다. 소진은 보통 단계적으로 진행되는 순차적인 과정이므로 증상을 인식하고 과정 초기에 필요한 조치를 취할 기회가 있음을 명심해야 한다.

〈표 1-1〉 소진의 3단계

1단계: 스트레스의 각성	
1. 지속적인 과민 반응	6. 건망증
2. 지속적인 불안	7. 심장 두근거림
3. 고혈압 기간	8. 비정상적인 심장 박동
4. 밤에 이 갈기	9. 집중력 저하
5. 불면증	10. 두통
2단계: 에너지 보존	
1. 지각	7. 친구 및 가족으로부터의 사회적 회피
2. 미루기	8. 냉소적인 태도
3. 3일간의 연휴 필요	9. 분개함
4. 성욕 감소	10. 커피, 차, 콜라 소비 증가
5. 아침의 지속적인 피로감	11. 음주량의 증가
6. 늦게까지 일하기	12. 무관심
3단계: 고갈	
1. 만성 슬픔 또는 우울증	5. 만성 두통
2. 만성 위 또는 장 문제	6. '퇴직(drop out)' 욕구
3. 만성 정신 피로	7. 일, 친구, 가족으로부터 멀어지는 경향
4. 만성 육체 피로	8. 자살하려는 생각

* 각 단계에서 두 가지 이상의 증상에 해당할 경우 소진 사이클 단계에 있다고 볼 수 있다.

 ## 3. 소진경험 가능성이 높은 교사들

특정 성격 경향을 가진 일부 교사들은 감정적으로 스트레스를 더 많이 받는 교수경험을 하게 될 가능성이 더 크다. 몇몇 교사들에게 있어 이러한 성격적 측면들은 스트레스와 소진의 위험에 빠질 가능성을 증가시킨다. 소진과 관련하여 가장 자주 연구되는 두 가지 성격 특성은 신경증과 내향성이다. 신경증은 높은 불안과 정서 불안정을 특징으로 한다. 신경증 성향을 띤 사람들은 부정적인 감정을 더 많이 표현하며 스트레스 반응이 더 커서 대부분의 정신병리학적 장애뿐만 아니라 소진에도 더 취약하다 (Watson, Clark, & Harkness, 1994). 내향성은 수동성과 사회적 교류에 대한 관심 부족으로 특징지어진다. 내향적인 사람들은 외향적인 사람들보다 긍정적 정서 성향이 덜하기 때문에 정서적 소진과 탈개인화에 더 취약하다. 구체적인 연구 결과는 다음과 같은 관계를 입증한다.

- 신경증적인 성격은 소진과 상당히 관련이 깊다(Burisch, 2002; Cano-García, Padilla-Muñoz, & Carrasco-Ortiz, 2005; Fontana & Abouserie, 1993; Kokkinos, 2007; Mills & Huebner, 1998; Swider & Zimmerman, 2010; Teven, 2007; Zellars, Perrewe, & Hochwarter, 2000; Zellars, Hochwarter, Perrewe, Hoffman, & Ford, 2004).
- 내향성은 소진을 예측한다(Cano-García et al., 2005; Dunham & Varma, 1998; Fontana & Abouserie, 1993; Mills & Huebner, 1998; Swider & Zimmerman, 2010).
- 부정적 정서라고 불리는 적대감과 짜증을 포함한 불쾌감을 느끼는 경향은 소진과 밀접하게 연관되어 있다(Brotheridge & Grandey, 2002; Carson et al., 2011; Houkes, Janssen, de Jonge, & Bakker, 2003; Kahn, Schneider, Jenkins-Henkelman, & Moyle, 2006; Thoresen, Kaplan, Barsky, Warren, & DeChermont, 2003).
- A형 성격은 소진을 예측한다(Maslach et al., 2001; Montgomery & Rupp, 2005).
- 경쟁적이고 참을성이 없고, 완벽해야 하며, 감정을 통제할 수 없다고 느끼는 것은 교사들을 소진의 더 큰 위험에 처하게 한다(Mills, Powell, & Pollack, 1992).
- 소진될 가능성이 가장 큰 교사는 야심차고 추진력 있으며 외톨이가 될 수 있는 경향이 있고 우울한 경향이 있는 교사들이다(Gold, 1988).
- 타인들이 자신에 대해 매우 긍정적인 견해를 가지고 있다고 생각하는 교사들은 타인들의 기대와 기준에 부응하기 위해 심리적으로 지쳐 있기 때문에 더 높은 수준

의 소진을 경험한다(Mazur & Lynch, 1989).

- 사회적으로 불안한 교사들은 가르치는 과업에 대해 더 큰 스트레스를 받는다 (Dunham & Varma, 1998).
- 경력이 적은 교사는 더 많은 비합리적이거나 비논리적인 신념을 가지고 있어서 학생들뿐만 아니라 자신들에게도 무리한 요구를 하게 되고, 이는 스트레스를 유발한다(Bernard, 1988).
- 어려움에 대해 자신을 탓하는 경향이 있으면 소진을 예측할 수 있다(Bibou-Nakou, Stogiannidou, & Kiosseoglou, 1999).
- 수동적이고 방어적인 방법으로 문제에 대처하는 사람들은 소진에 더 취약하다 (Schaufeli & Enzmann, 1998; Semmer, 2003).
- 습관적으로 두려움을 유발하는 상황에 골몰하는 소심한 교사들은 부적절한 감정을 느끼는 경향이 가장 높고 대처 능력이 부족하여 스트레스를 악화시킨다 (Dunham & Varma, 1998).
- 좌절감에 대한 내성이 낮은 교사들은 시간과 업무량의 압박에 의해 극심한 스트레스를 받게 될 가능성이 높다(Forman, 1990).
- 교사의 자아상이 낮을수록 소진감은 더 강렬하다(Friedman & Farber, 1992).

이러한 성격 특성을 가진 교사들은 스트레스를 줄이기 위해 더 열심히 노력해야 한다. 걱정되거나, 불안하거나, 긴장하거나, 짜증이 자주 나거나, 적대감을 느끼는 등의 신경질적 경향이 있는 사람은 특히 소진의 위험성이 높다. 마찬가지로 교사들이 자신을 소극적이거나, 내성적이거나, 타인들이 생각하는 것에 대해 걱정하거나, 교사로서 부족하다고 지속적으로 느끼고 있다면 소진에 대한 위험은 더 커질 수 있다. 만약 교사가 스스로를 힘들게 하는 경향이 있고 가르친 경험이 적거나 혹은 좌절감에 대한 내성이 낮은 경향성이 있다면, 소진을 예방하기 위해 특별히 주의해야 한다.

1) 교사의 스트레스와 자기 효능감

자기 효능감의 개념은 교사의 소진과 관련이 있다. 자기 효능감은 미래의 특정 과제를 효과적으로 그리고 현실적으로 대응할 수 있는 정도에 대한 자신의 판단이다(Bandura, 1997). 교사의 자기 효능감이란 교실 문제에 대한 합리적인 해결책을 찾고 학생들에게 긍정적인 변화를 유도하며 이를 유지시키는 자신의 능력이 효율적이라고 인식하는 것을 말한다. 자기 효능감이 강한 교사들은 장애물에 직면한 후 빠르게 자신감을 되찾고, 그러한 장애물을 지식, 기술 또는 노력의 부족 탓이라 여기고 더 노력한다. 그들은 그러한 단점을 인정하고 극복하기 위해 노력함으로써 모든 것을 통제할 수 있게 된다. 교사가 자신이 직면한 일상적인 문제들에 대한 합리적인 해결책을 찾을 수 있다고 믿는 것은 교사로 하여금 지속적으로 직무에 적극적으로 참여하고 열정적으로 임할 수 있게 도와준다.

직무와 관련된 장애물과 좌절에 직면하여 이를 극복할 수 있는 것이라고 믿는 교사들은 스트레스의 보호벽인 스트레스 내성뿐만 아니라 신체적 내성까지 발달시킨다. 연구자들은 자기 효능감이 높은 교사가 스트레스 호르몬 수치가 낮다는 것도 발견하였다(Schwerdtfeger, Konermann, & Schonhofen, 2008).

자기 효능감을 특징짓는 독창성, 문제 해결 및 자기 관리에 필요한 노력은 분명히 소진의 특징인 정서적 공허감, 고갈, 감소된 자기 만족감과 배치된다. 소진은 통제감과 자기 주도성의 대척점에 있다.

2) 교사의 스트레스와 이상주의

교사의 스트레스와 소진에 대한 또 다른 주요 원인은 교직에 대한 이상적 기대와 교실의 냉혹한 현실에 대한 그들의 인식 사이의 불일치이다(Friedman, 2006). 좋은 교사의 특징을 묻는 질문에 교사의 92%는 이상적이며 절대적인 용어들로 응답하였고, 이는 나중에 높은 수준의 스트레스와 연관이 있었다(Chorney, 1998). 연구자들은 좋은 교사가 되는 것이 무엇을 의미하는지에 대한 이상과 학교 현실 사이의 불일치가 소진과 지속적으로 유의미하게 관련되어 있음을 발견하였다(Dworkin, 1986; Brown & Ralph, 1998; Esteve, 2000; Troman & Woods, 2001).

언론매체는 여교사들을 최고의 어려움을 겪고 있는 학생조차도 구할 수 있는 성스러운 어머니상으로 일관되게 묘사해 왔다(Vanslyke-Briggs, 2010). 이러한 고정관념은 막 교직에 입문한 이들이 본받으려는 '영웅 교사(teacher hero)'라는 개념을 구체화한다(Joseph & Burnaford, 2001). 대중문화는 발달하는 교사의 정체성에 형성적인 역할을 한다(Weber & Mitchell, 1995). 그러한 사회화된 기대와 교실의 실제 현실의 균형을 맞추려는 시도는 교사가 되는 것이 무엇인가에 대한 내재화된 고정관념과 조화시키려고 노력하기 때문에 신규 여교사들에게 또 다른 스트레스의 원천이 된다.

3) 교사의 스트레스와 의미의 결여

소진은 교사들이 더 이상 자신의 업무에서 의미를 찾지 못하고 전문적 역할을 수행하는 데 있어서 무력감을 느낄 때 발생한다(Pines, 2002). 소진은 교사가 일을 통해 성취하기를 기대하는 의미가 결여되어 있다는 느낌을 받을 때 경험하게 된다. 개인이 자신의 직무 수행에 실패하거나, '반드시 수행해야만 하는' 직무 수행 방식이 그들이 실제 수행하는 방식과 다르거나, 직무가 더 이상 자신의 삶에 목적의식을 부여하지 않을 때, 그들은 소진된다(Malach-Pines, 2000).

교사들이 자신의 노력과 성취한 결과 사이에 아무런 연관이 없다는 것을 인식하면 절망감이 생길 수 있다. 그러한 감정은 의욕상실 및 스트레스를 유발하며 궁극적으로 소진으로 이어지게 한다. 학생들의 삶에 변화를 줄 수 있다는 믿음을 상실하게 되었을 때, 교사들은 소진의 길로 한 발짝 더 나아가게 된다. Schoeberlein과 Sheth(2009)가 설명한 바와 같이, 교사의 소진은 순손실, 즉 비용이 편익을 초과할 때 발생하며, 자신이 가지고 있는 에너지를 훨씬 초과하여 에너지를 사용함으로써 더 이상 자신이 베풀 수 있는 것이 적거나 아예 남아 있지 않다는 느낌을 받았을 때 발생한다.

4) 교사의 스트레스와 정체감

교사들은 대개 업무 수행을 통해 자신의 자아개념과 자존감을 정립하기 때문에 소진은 자신의 정체성에 대한 위협과도 연관된다(Pines, 1993). 일부 교사들은 자신의 일에 본질적으로 지나치게 몰두하여 자신의 복지와 가정생활에 어려움을 겪는다. 왜냐하면 그들은 자신의 일을 잘 수행하는 데 너무 집중하기 때문이다. 역설적으로, 가르치는 데서 얻는 일부 만족감은 자신에 대한 걱정보다 다른 사람에 대한 걱정을 더 많이 하는 데서 기인한다(Nias, 1996). 교사들은 학생들의 요구를 들어주기 위해 기꺼이 자신을 희생하려는 의지로 인하여, 종종 스트레스와 피로의 위험성을 증가시키고 자신의 신체적 · 정서적 건강은 무시하게 된다.

5) 교사의 스트레스와 학급행동 관리

교사들이 그들의 업무 환경 내에서 이루어지는 상호작용과 그들이 함께 일하는 사람들(학생, 동료 교사, 관리자, 부모 및 지역사회)과의 관계는 교사들에게 가장 보편화된 스트레스와 소진의 원인이다. 요구가 많고 때로는 화를 내는 부모들과의 갈등이 스트레스의 원인이 되기도 하지만, 교사들의 업무 스트레스의 가장 큰 원인은 학생들과의 상호작용에서 비롯된다는 데 의견이 일치한다.

소진은 사회적 · 조직적 · 개인적 요인을 포함하지만 교사에게는 학생의 도전적인 행동으로 인한 스트레스에 의해 유발되는 경우가 종종 있다. 학급행동 관리(classroom behavior management)와 교사 스트레스 간의 관계는 수십 년간의 연구를 통해 입증되었다. 업무량과 더불어 학생의 부적절하고 비생산적인 행동을 다루는 것은 종종 교사의 스트레스와 소진에 가장 일반적인 두 가지 요인으로 확인된다(Billingsley & Tech, 1993; Clunies-Ross, Little, & Klenhuis, 2008; Cooper & Kelly, 1993; Geving, 2007; Griffith, Steptoe, & Cropley, 1999; Whitehead & Ryba, 1995). 교사가 이직을 하는 주요 원인중 하나는 학급관리와 관련된 스트레스이다(Beaman & Wheldall, 2000; Ingersoll, 2001).

학생들의 행동을 관리하는 것은 교사 업무의 중요한 일부이며 교사 역할 정체성의 필수적인 부분이다. 학생들의 파괴적인 행동은 교사들의 전문성에 대한 만족감을 저해하고 시간이 지남에 따라 자신들의 지위를 스스로 낮추게 만든다(Farber, 1991; Travers & Cooper, 1996). 교사의 스트레스 및 소진이 학급관리 및 학생과의 관계와 관련이 있음을 입증하는 연구 결과들이 많기 때문에, 이 주제에 대해서는 다음 장에서 다룬다.

6) 초임 교사와 소진

연구에 따르면 과도한 초기의 업무요구 때문에 많은 초임 교사들(beginning teachers)이 특히 소진에 취약하다(Cano-Garcia et al., 2005; Carlson & Thompson, 1995; Conderman & Stephens, 2000; Friedman, 2000; Goddard et al., 2006; Gold, Roth, Wright, & Michael, 1991; Kokkinos, 2007; Leung & Lee, 2006; McCarthy, Kissen, Yadley, Wood, & Lambert, 2006). 소진에 대한 연구에 따르면 30세 이하의 젊은 교사들은 소진 성향이 더 높다(Farber, 1984; Friedman & Farber, 1992). 저경력 교사들(early career teachers)은 도전적이고 비생산적인 학생 행동을 성공적으로 해결하기 위한 행동관리 기술이 부족하며 이는 종종 스트레스의 요인으로 작용한다.

초임 교사들은 스트레스를 해소하고 소진의 초기 징후에 보다 효과적으로 대처할 수 있는 도구를 갖추기 위한 명확한 지원을 필요로 한다. 교사들은 잠재적으로 파괴적인 스트레스의 영향에 강력하게 대처할 전략을 개발함으로써 당면한 도전과제에 대비할 필요가 있다. 신규 교사들(new teachers)은 그들이 소진되는 것을 예방할 수 있는 태도, 습관 및 연습을 일찍부터 개발함으로써 소진으로부터 자신을 보호하는 적극적인 자세를 취하는 것이 중요하다.

7) 교직을 떠나는 사람들

공립학교 교사들, 그중에서도 특히 신규 교사들의 감소는 큰 관심사가 되었다. 이러한 우려는 신규 교사의 거의 절반 정도가 교직경력 5년 이내에 교직에서 '이탈한다(flee)'는 보고서에 의해 촉발되었다(Alliance for Excellent Education, 2005; National Commission on Teaching and America's Future, 2003).

더 젊은 나이에 교직에 입문하여 대개 30세 정도에 도달한 교사들은 교직을 떠날 가능성이 더 높다(Feng, 2006; Kirby, Berends, & Naftel, 1999; Quartz et al., 2008; Theobald & Laine, 2003). 최근 몇 년간 그 차이가 훨씬 완화되기는 하였지만, 많은 연구들은 여교사들이 남교사들보다 일찍 교직을 떠날 가능성이 더 높다는 것을 보여 준다(Grissmer & Kirby, 1992; Imazeki, 2005; Quartz et al., 2008; Stinebrickner, 1998, 2002; Theobald & Laine, 2003). 예를 들어, Grissmer와 Kirby는 1965~1982년 사이에 교직에 입문한 신규 교사집단에서는 7~12%의 성별 차이를 보였으나 Theobald와 Laine은 1990년대 중반부터 교직에 입문한 교사집단에서 4%의 성별 차이만 발견했다.

지원이 충분하게 제공되지 않는 상황에서 교사에게 요구되는 정서적 요구가 증가함에 따라, 교사의 소진 비율과 교사가 직업을 떠나는 비율이 증가하고 있는 것은 놀라운 일이 아니다(Ingersoll, 2001; Ingersoll & Smith, 2003; MetLife, 2004; Provasnik & Dorfman, 2005). 그 어느 때보다 교사들은 소진에 취약해지고 있으며, 아주 많은 교사들이 교직을 떠나고 있다. 정서적 투자를 동반한 과도한 업무요구는 교사가 회복하는 데 필요한 도구들을 지속적으로 개발하지 않으면 소진될 가능성이 아주 높아지게 된다.

2장

소진과 안녕감에 영향을 미치는 직무 특성

1970년대 이후 연구자들은 스트레스와 소진(burnout), 그리고 그와 상반되는 안녕감(well-being)과 몰입(engagement)을 이해하고 해석하기 위한 다양한 모델을 제시해 왔다.

1. 소진과 안녕감에 대한 여러 가지 모델

소진과 안녕감에 대한 여러 모델을 종합해 보면 교직이 스트레스와 소진에 특히 취약한 직업이라는 점이 뚜렷하게 드러난다. 그와 함께 이 모델들은 다시 직무에 몰입하고 소진을 회복하기 위해 시작할 수 있는 대안적 방법으로 무엇이 필요한지 구체적으로 제시하고 있다.

1) 직무요구-통제모델

Karasek(1979)은 부정적인 직무 특성이 건강과 안녕감에 미치는 영향을 설명하는 모델로 직무요구-통제(Job Demand-Control: JDC)모델을 제시하면서 직무요구와 직무통제를 안녕감에 영향을 미치는 필수적인 직무 특성으로 설명하였다. 이 두 가지가 함

께 작용하여 요구도가 높으면서 직무에 대한 통제력이 낮다면 '고긴장(high strain)' 직
무라 할 수 있으며, 이러한 직무는 질병의 발생과 안녕감 저하의 위험이 높고 직무 관
련 안녕감에 있어 가장 심각하고 장기적인 손상 상태인 소진으로 이어진다. 직무요구
와 직무통제에 관하여 이러한 특징은 교사의 직무에서 뚜렷하게 나타난다.

직무요구-통제모델은 교사의 직무 특성상 매우 높은 요구를 받는다는 점에서 교사
의 안녕감을 연구할 때 특히 적합하다. 뿐만 아니라 표준 교육과정에 따라 가르쳐야
하고 학생들의 시험 성적을 향상시켜야 하는 압박이 더해지고 있어 교사의 직무통제
력은 제한될 수밖에 없다. 이러한 상황에 비추어 많은 사람들은 교사교육과 전문성 개
발 프로그램이 교직에서 받는 스트레스를 알아차리는 데에만 그치는 것이 아니라 구
체적으로 스트레스 관리 전략을 가르쳐야 한다고 강조하고 있다.

직무요구(job demand)에는 전형적으로 업무량, 시간적 압박, 역할 갈등 및 모호성
과 같은 양적인 측면과 함께 신체적 및 정서적 요구를 포함한다(Karasek et al., 1998).
역할 갈등과 역할 모호성은 각각 독립적으로 발생할 수 있지만, 이 두 가지는 모두 직
장에서의 역할에 대한 불확실성과 관련이 있다. 역할 갈등은 일관성과 공정성을 모
두 갖추는 것과 같이 둘 이상의 서로 다른 압박이 동시에 발생하였을 때 어느 한 가지
를 따르자면 다른 한 가지는 불가능하게 되는 것을 말한다. 가장 빈번한 역할 갈등에
는 ① 개인 가치관과 조직 가치관 사이의 갈등, ② 직업적 요구와 사생활 사이의 갈등,
③ 개인의 기술이나 능력과 행정 및 시스템의 기대치 사이의 갈등이 있다. 많은 연구
에서 역할 갈등은 낮은 직무 만족도, 높은 스트레스와 관련이 있는 것으로 확인되었다
(Leiter & Maslach, 2000; Schaufeli & Buunk, 2003; Vandenberghe & Huberman, 1999). 역할
모호성은 직무가 명확하지 않은 것, 또는 성공적으로 직무를 수행하기 위해 필요한 정
보와 자신이 이용할 수 있는 정보 사이에 불일치가 발생하는 것을 말한다.

직무통제(job control)는 개인이 자신의 업무와 일반적인 업무 활동을 조절할 수 있
는 정도이다. 교사가 교육하는 일에서 발휘할 수 있는 통제 역량이 점점 줄어들고 있
는 상황에서 교사들이 이전에 비해 더 많은 스트레스를 받는 것은 당연하다. 보다 구
체적으로 직무통제는 업무 재량과 결정 권한이라는 두 가지 주요 측면으로 나누어진
다. 업무 재량은 개인이 가지고 있는 특별한 직업적 역량을 펼칠 수 있는 기회를 의미

하고, 결정 권한은 직무와 관련된 결정을 내릴 때 개인이 자율적으로 결정할 수 있는 정도를 말한다.

최근 결과의 영향력이 높아 큰 부담을 주는 중요한 시험(high-stakes test)과 성적 향상에 대한 압박으로 제약이 증가하는 상황에서 교사는 점점 더 다양해지는 학생 집단을 어떻게 교육하여 자신의 학문적·직업적 잠재력을 구현해 낼 것인지 고민해야 한다. 정해진 기준에 맞춘 교육과정 안에서 성취도를 측정하는 시험에 대한 의존이 계속 증가하게 되면서 교사들이 교육방식에서 많은 자율성을 발휘하기가 점점 어려워진다. 또한 교사들의 창의적 재능은 억눌리게 되고 교육활동이 더욱 특별함 없는 흔한 일상이 되고 있다.

2) 직무요구-통제-지지 모델

이전의 직무요구-통제모델에서 사회적 지지가 근무 환경의 또 다른 중요한 특성으로 포함되면서 직무요구-통제-지지(Job Demand-Control-Support: JDCS) 모델이 등장하였다 (Johnson & Hall, 1988). JDCS 모델은 직무요구가 높고 자신의 업무를 통제할 가능성이 낮으며 사회적 지지가 거의 없는 근무 환경이 안녕감을 가장 위협하는 것으로 제시하였다. 반면 직무요구가 합리적이면서 업무 자율성이 보장되고 사회적 지지가 제공될 때는 안녕감이 지속될 수 있다. 이러한 측면에서 교직의 경우는 전혀 그렇지 못하다. 교직에서의 직무요구는 합리적인 것과 거리가 멀고, 교사에게 자율성은 거의 없으며, 동료들과 상호작용할 시간이 제한적인 상황을 고려할 때 사회적 지지도 부족하기 때문이다.

3) 직무요구-자원 모델

직무요구-자원(Job Demands-Resources: JD-R) 모델은 약간 다른 형태로 제시된 최신 모델로써 모든 직무가 고유한 특성을 가지고 있지만, 이러한 특성은 직무요구와 직무자원이라는 두 가지 일반적인 범주로 분류할 수 있다고 가정한다. 이 모델의 기본 전제는 두 가지 범주의 직무 특성이 직장 내 안녕감을 결정하는 건강 악화 과정과 동기 부여 과정의 비교적 독립적인 두 가지 과정을 불러일으킨다는 것이다. 높은 직무요구는 정신적·신체적 자원을 소모하여 에너지 고갈로 이어질 수 있다. 반면 직무 자원은 신체적·심리적·사회적·조직적 측면에서 일의 목표를 달성하고 생리적·심리적 부담에 대한 직무요구를 감소시키며 개인의 성장과 발전을 촉진하는 역할을 한다.

무엇이 사람들을 지치게 만드는지 확인하는 것도 중요하지만, 무엇이 업무에 열정을 느끼게 하는가에 대한 관심도 증가하고 있다. 점차 활력과 열의를 떨어뜨리는 요인보다 직장에서 동기 부여가 되고 열정적으로 열심히 일하게 하는 요인에 대한 관심이 높아지고 있다. 최근의 소진 개념은 소진과 반대되는 긍정적 측면인 직무열의(job engagement)에 초점이 맞추어지고 있는데, 직무열의는 활력(energy), 만족감(involvement), 효능감(sense of efficacy) 차원에서 소진과는 상반되는 개념이다.

JD-R 모델에서는 소진을 포함한 건강 악화, 직무열의와 같은 동기 부여와 근무 조건의 관련성을 구체적으로 설명한다(Bakker & Demerouti, 2007). 열의는 소진의 반대 개념으로 볼 수 있다. 직무열의는 사람들이 일을 수행하면서 갖는 꾸준하고 전반적으로 영향을 미치는 마음이며, 긍정적이고 정서적인 동기가 부여된 상태로 활력(vigor), 헌신(dedication), 몰입(absorption)의 세 가지 차원으로 구성된다(Schaufeli, Salanova, Gonzales-Roma, & Bakker, 2002). 헌신은 가족, 직장, 학생, 사회에 대한 헌신과 자기 자신을 보호하는 것을 포함하여 삶의 과업에 전념하는 것으로 의미, 의욕, 격려, 자부심, 도전의식을 갖게 한다. 몰입은 일에 온전히 전념하여 집중하느라 시간이 빨리 지나가는 특징을 보이는데, 일을 떼어 내기 어려울 수 있다. 이것은 너무 열중하여 시간 감각을 잃는 과정을 의미하기도 한다. 활력은 일하면서 높은 수준의 에너지와 정신적 회복력을 갖는 것, 노력을 아끼지 않고 끊임없이 도전하는 것이다.

심층 인터뷰를 통해 밝혀진 흥미로운 사실은, 몰입형 직장인은 장시간 근무하면서도 일중독자의 특징인 업무 집착이 없는 것으로 나타났다는 점이다(Schaufeli & Salanova, 2008). 몰입형 직장인들은 업무 외의 사회생활을 소홀히 하지 않고 오히려 일 외의 삶을 즐기며 친목 활동이나 취미생활, 자원봉사를 하면서 시간을 보낸다.

안타깝게도 현재 우리의 교육 환경은 이와 정반대로, 교사의 책임이 증가하고 복지와 관련된 자원은 감소하면서 교사의 업무가 더 까다로워지고 스트레스가 증가하고 있다. 가르치는 일의 무거운 부담을 감당하는 교사들은 새로운 에너지와 열정을 불러일으킬 수 있는 적절한 자원을 통해 보상받아야 한다. 가르치는 직업의 특성상 교사들은 끊임없는 요구를 받는다. 신체적·심리적 소모의 정도는 비교적 일정하고 예측가능하기 때문에 교사의 안녕감을 강화할 수 있는 신체적·심리적·사회적·조직적 자원을 제공한다면 교사의 소진에 대응하는 데에도 좋은 방법이 될 수 있다.

4) 자원 보존 모델

자원에 초점을 맞춘 또 다른 스트레스 이론은 자원 보존(Conservation of Resources: COR) 모델이다. COR 이론에서는 사람들은 자신이 소중히 여기는 자원을 얻고 유지하기 위해 노력한다고 전제한다(Hobfoll & Freedy, 1993). COR 이론에 따르면 심리적 스트레스를 유발하는 세 가지 상황은 ① 개인이 달성하고 유지하려는 목표가 위협을 받을 때, ② 자원이 감소하거나 손실되었을 때, ③ 개인이 투자한 만큼 예상한 수준의 수익을 거두지 못했을 때이다. 따라서 자원이 손실되거나, 수요를 충족하기에 부적절하거나, 기대한 수익을 얻지 못하면 소진이 발생할 가능성이 높다.

다음에 제시된 나머지 두 가지 이론과 모델은 개인적인 요구를 충족하는 것을 기반으로 한다.

5) 개인-환경 적합성 모델

스트레스를 이해하고 해석하는 이론 중 하나는 개인-환경 적합성(Person-Environment Fit) 모델이다(French, Caplan, & Van Harrison, 1982). 이 직무 스트레스 모델에 따르면 개인과 업무 환경 사이에는 두 가지 종류의 적합성이 존재한다. 첫 번째는 개인의 기술과 능력이 직무에서의 요구나 필요에 일치하는 정도에 관한 적합성이다. 두 번째는 환경이 개인의 필요를 얼마나 충족시키는지에 대한 것이다. 두 가지 유형 중 어느 하나라도 불일치하게 되면 개인의 안녕감은 위협받고 스트레스를 비롯하여 잠재적으로는 소진과 같은 다양한 건강상의 문제가 발생할 수 있다.

6) 자기 결정 이론

스트레스와 소진 현상을 이해하는 또 다른 방법은 Deci와 연구자들이 인간 행동의 주요 내재적 동기 결정요인으로 제시한 유능감(competent)의 욕구, 자기 결정성(self-determining)의 욕구, 관계성(interpersonally connect)의 세 가지 심리적 욕구를 살펴보는 것이다(예: Deci & Ryan, 1985, 2000, 2008). 이 관점에서 보면 스트레스와 소진은 이러한 욕구들이 위협받고 좌절될 때 발생하는 부정적인 결과 중 하나이다. 상당히 많은 것을 요구하는 데 비해 보상이 적은 학교의 일반적인 문화에서는 이와 같은 욕구가 위협받고 좌절될 수밖에 없다.

2. 소진에 영향을 미치는 직무 특성 연구

다양한 직종과 여러 나라를 대상으로 진행한 많은 연구에서 직무 특성이 소진에 일관되게 영향을 미친다는 사실이 밝혀졌다. 장시간 반복되는 까다로운 직무요구, 높은 요구와 낮은 자원 간의 불균형, 그리고 사람 간, 역할 요구 사이, 또는 중요한 가치 사이 어디에서든 발생하는 갈등은 직장인이 소진을 경험하는 상황에서 일관되게 발견된다.

일반적인 심리적 안녕감에 있어 요구, 통제, 사회적 지지의 부가적인 효과에 대한 근거가 연구에서 일관되게 발견되면서 JDC 및 JDCS 모델 모두 연구 문헌을 통해 지지되고 있다(Van der Doef & Maes, 1999의 리뷰 참조). 이제 고전적인 세 가지 변수가 각각 스트레스를 유발할 뿐만 아니라 그 영향이 누적된다는 증거가 축적되고 있다(de Lange, Taris, Kompier, Houtman, & Bongers, 2003; Hausser, Mojzisch, Niesel, & Schulz-Hardt, 2010의 리뷰 참조).

앞서 언급한 바와 같이, 소진은 정서적 고갈, 비인간화, 개인적 성취감 결여의 세 가지 차원으로 구성되어 있다. 연구 결과에 따르면 다양한 직무 조건이 소진의 정서적 고갈 차원과 더 밀접한 관련이 있는 것으로 나타났다(Greenglass, 2007; Maslach et al.,

2001). 몇몇 연구에서는 불리한 직무 조건으로 정서적 고갈이 일어날 수 있으며 개인적 특성에 의해 개인적 성취감 결여와 비인간화가 일어날 수 있다고 보았다(Burisch, 2002; Dorz, Novara, Sica, & Sanavio, 2003; McCarthy et al., 2009). 정서적 고갈과 비인간화는 업무 과부하와 사회적 지지의 부족이라는 외적 요인에서 비롯되는 반면, 개인적 성취감 결여와 관련된 자기 효능감 감소는 개인 자원이 부족할 때 비롯된다.

정서적 고갈은 주로 업무 과부하 및 기술 부족, 대인관계 갈등과 같은 직업적 스트레스 요인에 의해 발생할 수 있다. 또한 교사에게 있어 정서적 고갈은 개인적 성취감의 감소뿐만 아니라 비인간화로 이어지는 심리적 요인이 된다. 교사는 비인간화를 통해 학생을 개인이 아닌 대상으로 취급함으로써 정서적 에너지가 고갈되는 것을 막으려고 하는 것이다.

1) 성별 차이와 소진

연구에 따르면 남성의 경우 여성보다 비인간화의 정도가 의미 있게 높게 나타났다(Greenglass, 1991). Greenglass(2007)는 남성이 비인간화에 더 취약한 이유는 남성의 성 역할과 관련한 규범에서 남성에게 힘, 독립성, 불가침성을 강조하고 있기 때문이라고 설명하였다. 비인간화는 남성이 사람들과 함께 일을 계속하면서도 다른 사람의 고통에 크게 영향받지 않으려고 하는 대처방식의 하나로 나타나거나 업무 스트레스에 대처하지 못하는 무능력의 결과일 수도 있다. 사회적으로도 남성이 자신의 취약함을 공개적으로 드러내는 것이 용납되지 않기 때문에 감정을 표현할 수 있는 대안이 많지 않다. 한편 남성의 비인간화 수준이 높을수록 삶의 질이 낮아지는 관련성도 보였다.

남성에 비해 여성의 비인간화 수준이 낮은 이유에 대한 설명은 여성의 경우 대인관계 스트레스에 대처하는 능력이 더 뛰어나다는 점에 초점을 맞추고 있다. 그러나 동시에 여성은 더 많은 스트레스를 받는 측면이 있다. 여성의 성 역할은 돌봄과 타인에 대한 배려를 강조하기 때문에 여성은 사람들의 정서적 긴장을 다루는 능력이 남성에 비해 뛰어나다. 그 결과, 여성은 문제가 있는 사람에게 비인격적인 방식으로 대응할 가능성이 남성보다 낮을 수 있다.

일부 연구에서는 소진의 정서적 고갈 측면에서 여성이 남성보다 점수가 더 높았다 (Greenglass, 1991). 여성에게는 유급이든 무급이든 상관없이 하고 있는 모든 일을 합하여 업무의 총량이 더 많기 때문에 남성에 비해 더 큰 정서적 고갈을 경험할 수 있다. 또 다른 연구에서는 여성의 경우 업무량이 증가하면 스트레스가 많은 하루의 긴장을 해소하는 능력을 떨어뜨려 결과적으로 건강에 부정적인 영향을 미치는 것으로 나타났다(Greenglass, 2007).

2) 직무 특성이 교사의 소진에 미치는 영향에 관한 연구

소진과 관련한 교사의 직무 관련 변인을 조사한 연구자들은 일반적인 연구 결과를 도출하였다. 특히 Näring, Briët와 Brouwers(2006)는 더 많은 양적 요구, 낮은 통제력, 사회적 지지 결여는 소진의 구성 요인 중 정서적 고갈, 비인간화 요인과 유의미한 관련이 있다고 하였다. 반대로, 통제력과 사회적 지지가 많아지는 것은 비인간화 감소, 개인적 성취감 증가와 관련이 있다. McCarthy와 동료들은 교실에서의 요구가 정서적 고갈 및 개인적 성취감 감소와 유의미한 관련이 있다는 사실을 밝혔다(McCarthy et al., 2009). 이 연구는 1장에서 제시한 교사 스트레스의 교류모델을 뒷받침한다. 연구자들은 교사 대상 연구에서 실제로는 학교 환경에 차이가 없지만, 교사들이 요구와 자원에 대해 어떻게 인식하느냐의 개인차가 소진 증상을 예측한다고 하였다.

연구 결과를 요약하면 요구가 높고 통제력이나 결정 권한이 낮을 때 교사의 소진 위험이 증가한다(Santavirta, Solovieva, & Theorell, 2007). 교사의 성별에 따른 차이는 일반인들을 대상으로 한 연구 결과와 유사하다. 남자 교사는 여자 교사보다 비인간화가 훨씬 더 많이 나타났으며(Unterbrink et al., 2007; Yavuz, 2009), 여자 교사의 경우에는 일반적으로 정서적 고갈을 더 많이 경험하였다.

3. 안녕감에 영향을 미치는 직무 특성 연구

대부분의 연구가 교직 스트레스를 유발하는 요인에 집중해 왔지만, 무엇이 가르치는 일을 즐겁게 만드는지에 대해 생각해 보는 것도 중요하다. 연구에 따르면 교사들은 자신의 업무에 열의를 갖고 만족하면서 열정적으로 임하고 있다는 것을 알 수 있다(예: Hakanen, Bakker, & Schaufeli, 2006; Roth, Assor, Kanat-Maymon, & Kaplan, 2007). 만족감을 갖는 교사는 가르치는 일에 행복감, 자신감, 열정을 느낀다(Winograd, 2003).

Day, Sammons와 Gu(2008)는 100개 학교에 근무하는 교사 300명을 대상으로 3년 동안 연구를 진행하였는데 교사의 74%가 높은 수준의 헌신감과 자기 효능감을 보였으며, 13%는 어려운 상황에서도 헌신감과 자기 효능감을 유지한 것으로 나타났다. 반면 교사 26%에서만 자기 효능감과 헌신감이 감소한 결과를 보였다.

직무열의는 교사에게 긍정적인 결과를 가져오는 요인이다. 연구 결과, 직무열의는 교사의 헌신으로 이어지는 것으로 나타났다(Hakanen et al., 2006; Schaufeli & Bakker, 2004). 또 다른 흥미로운 사실은 열악한 학교 상황과 소진의 관계에서 교사의 만족감 수준이 소진의 구성 요인 중 정서적 고갈과 비인간화 요인을 매개하는 효과가 있다는 것이다(Grayson & Alvarez, 2008).

높은 수준의 업무 자원을 보유한 기관에서 개인과 집단의 열의가 더 높게 나타나는 것은 당연하다(Bakker, Van Emmerik, & Euwema, 2006). 연구자들은 자원이 풍부한 학교에서 근무하는 교사의 경우 학급에서 일어난 심각한 문제행동에 대처해야 하는 상황이 있거나 없거나 상관없이 열의를 갖는 것으로 보고하였다(Bakker, Hakanen, Demerouti, & Xanthopoulou, 2007). 즉, 교사들은 자신이 지원받을 수 있는 자원이 있다고 믿으면 매우 어려운 문제행동을 다루어야 할 때마저도 열의를 가질 수 있다는 것이다.

Bakker와 동료들은 관리자의 지원, 성과에 대한 인정, 긍정적인 학교 분위기가 교사에게 중요한 직무 자원이 된다는 사실을 밝혔는데, 이러한 직무 자원은 학생의 잘못된 행동이 직무열의에 미치는 부정적인 영향을 상쇄하는 역할을 한다. 또한 교사가 학생과의 상호작용에서 어려움을 겪는 상황에 대처하는 데 도움이 될 수 있기 때문에 스트레스가 많은 교육 환경에서 특히 중요하다는 것이 연구 결과로 나타났다. 반면, 자원이 부족한 학교에서 근무하는 교사들의 경우에는 학생들의 품행이 좋을 때만 열의를 보였다. 정리하자면, 직무요구가 많으면서 자원이 부족할 때 교사의 직무열의가 매우 크게 좌절될 수 있다.

 ## 4. 일과 삶의 균형 유지

자신의 필요와 타인의 요구 사이에서 건강한 균형을 유지하는 것은 필수적인 대처기술이다. 이러한 균형을 유지하려면 자신을 보호하면서도 다른 사람의 요구에 대응할 수 있는 행동이 필요한데, 이는 매우 어려울 수 있다. 기혼교사의 경우, 특히 부부가 모두 직장을 다닌다면 불화의 가능성이 커진다. 학교생활과 가정생활을 조화롭게 해내는 힘든 과정에서 매우 많은 요구가 따르게 되고 가족 구성원 사이에서 관계 갈등이 자주 발생할 수 있다.

교사들은 가끔 일을 집에 가져가기도 한다. 시험지를 채점하고 계획서를 작성하는일, 하루의 일과를 다시 숙고해 보거나 학생과의 관계를 검토하는 것, 또는 해결하지못한 갈등을 되짚어 보는 것들이다. 교사들은 스트레스를 완화하고 압도당하지 않으면서 자신을 보호할 수 있도록 '감정 방패(emotional shield)'를 세우는 방법을 익힐 필요가 있다.

일과 개인의 삶을 균형 있게 조화시키는 것은 필요하지만 어려운 과제이다. 시간과에너지의 자원이 제한되어 있기 때문에 대부분의 사람들이 직장과 가족에 대한 책임사이에서 발생하는 갈등과 어려움을 겪기도 하고 이를 해결하려 고민하며 살아간다.이처럼 직장인으로서의 역할과 그 밖의 역할 사이에서 균형을 맞추고 갈등을 적절히관리하는 것은 삶에서 안녕감을 높이는 매우 중요한 요인이 된다.

일과 가정의 균형이 안녕감과 전반적인 삶의 질을 예측한다는 사실은 놀라운 일이아니다(Fisher, 2002; Greenhaus, Collins, & Shaw, 2003). 반대로, 이러한 균형이 이루어지지 않으면 일과 삶의 만족도가 감소하고(Allen, Herst, Bruck, & Sutton, 2000; Kossek

& Ozeki, 1998), 안녕감과 삶의 질이 저하되며(Grant-Vallone & Donaldson, 2001; Noor, 2004), 스트레스가 증가하고 정신 건강이 악화된다(Grzywacz & Bass, 2003).

많은 연구에서 일과 가정 사이에서 갈등을 겪는 것은 소진과 우울을 포함하여 개인의 안녕감에 심각하게 부정적인 결과를 가져올 수 있다고 밝히고 있다(Allen et al., 2000). 연구 문헌에서 보면, 일과 가정의 갈등은 공동 역할에 대한 압박으로 직장과 가정의 영역에서 각각 주어진 역할을 동시에 수행할 수 없기 때문에 하나의 역할을 하는 동안 다른 역할을 하기 어려워지는 현상을 의미한다.

교사들이 일과 생활의 균형을 잘 유지하지 못하는 경우가 많다(Bubb & Earley, 2004). 교사들은 직업적 역할과 가족 안에서의 역할을 효과적으로 해내지 못하기도 한다. 직장에서의 역할과 가정에서의 역할을 균형 있게 조절하지 못하는 교사는 소진될 가능성이 높으며, 이는 의심할 여지없이 직무 만족도뿐만 아니라 건강에도 부정적인 영향을 미친다.

연구에 따르면, 교사들은 정해진 근무 시간에서 하루 평균 1시간 45분을 초과하여 근무하는 것으로 나타났다(Drago, 2007). 이것을 환산하면 주당 약 9시간에 해당한다. Bubb과 Earley는 교무 일지를 기반으로 세 가지 연구를 수행하였는데, 연구 결과 교사들이 주당 평균 약 51시간 근무한다고 하였지만 교사 6명 중 1명은 주당 60시간 이상 근무하는 것으로 나타났다.

대부분의 교사들이 직장 역할과 가정 역할을 모두 중요하게 생각하지만, 특히 여교사는 교육, 가사, 육아를 포함한 '3교대 근무(triple-shifts)'를 해야 하는 경우가 많다(Cinamon & Rich, 2005). 연구에 따르면, 여성은 일과 가정의 역할 사이에서 남성들이 느끼는 것보다 더 큰 역할 갈등을 경험한다. 관련 연구에서 남성과 여성의 소진을 예측하는 요인이 서로 다른 것으로 나타났는데, 여성의 경우 가정과 직장 역할 간의 역할 갈등이 소진의 중요한 예측 요인이 되는 반면, 남성의 경우 소진의 예측 요인이 업무에 국한되는 경향이 있다. 직장 여성은 일반적으로 가정과 가족에 대한 주요 책임을 지고 있으므로 남성보다 더 자주 역할 갈등의 부담을 떠안는다는 것이다.

1) 자기 보존

교사가 일의 일부를 집으로 가져가서 하는 상황을 생각해 보면, 학교 밖에서 업무를 하는 시간은 결과적으로 가족들에게 할애해야 하는 시간을 빼앗는 셈이다. 예상할 수 있는 바와 같이, 집에서 이루어지는 업무 관련 활동이 교사의 안녕감에 부정적인 영향을 미친다는 것은 연구 결과로도 드러나 있다(Sonnentag, 2001). 이는 오늘날 기술의 발달로 교사가 집에서도 업무시스템에 연결할 수 있게 되면서 근무 시간과 근무 외 시간의 경계가 점점 더 모호해지고 있는 상황에서 특히 중요한 의미가 있다.

교사들이 업무 관련 스트레스가 생활의 일부가 되지 않도록 능동적으로 대처할 필요가 있다. 특히 업무 몰입도가 높은 교사라면 업무 외 시간에 업무에서 벗어나 재충전을 할 수 있는 능력이 안녕감을 유지하기 위해 꼭 필요하다.

Anderson(2010)은 『균형 잡힌 교사: 교실 안팎에서 더 똑똑하게 일하고 건강을 유지하는 방법(The Well-Balanced Teacher: How to Work Smarter and Stay Sane Inside the Classroom and Out)』에서 교사가 자신의 건강을 긍정적으로 관리해야 한다고 하였다. Holmes(2005)도 『교사 웰빙: 교실에서 자신과 경력 돌보기(Teacher Well-Being: Looking After Yourself and Your Career in the Classroom)』에서 교사들은 자기 자신을 보호하면서 일을 할 수 있는 방법을 찾아야 한다고 하였다. 이 2명의 교사들은 자신의 신체적·정신적·정서적 안녕감을 책임지고 지키기 위해 개인의 주도적인 역할을 익힌 것이다. 그들의 주요 메시지는 건강한 교사는 역할의 경계를 정하고 자신에게 필요한 것을 우선적으로 고려하고 돌보아야 함을 안다는 것이다.

Holmes는 교사들이 한계와 경계를 설정할 수 있는 몇 가지 방법을 제시하였다.

- **마감 시간 정하기**: 하루 일과가 끝날 때 마감 시간을 정하고 정해진 마감 시간 이후에는 활동을 중단하는 습관을 만들고 이를 지켜야 한다.
- **가방 없는 날 갖기**: 적어도 일주일에 한 번은 '가방 없는 날'을 정하고 이날은 집에 일을 가져가지 않는다.
- **전환 시간대(transition zone) 정하기**: 학교생활과 학교 밖 생활을 구분하여 업무에서

개인 생활로 전환할 수 있는 시간대를 마련한다. 이는 매일 일상의 중요한 일들을 기록하거나 긍정적인 것이나 부정적인 것, 혹은 둘 다를 포함하여 일상을 요약하여 작성하는 것과 같이 여러 형태로 이루어질 수 있다. 일일기록을 마무리하는 행동은 업무로부터의 전환을 의미한다.

3장
소진에 대응하기 위한 사회적 지지의 중요한 역할

이전 장에서 설명한 것처럼, 교사들의 스트레스 수준과 심리적 소진을 낮추는 데 있어 사회적 지지의 효과를 입증하는 연구는 상당히 많다. 다양한 분야의 연구에서 다른 사람들과 긍정적으로 관계를 맺는 것이 스트레스 해소 방법 중 가장 효과적이라는 것이 지속적으로 밝혀지고 있으므로, 사회적 지지가 스트레스 수준과 심리적 소진을 낮추는 데 효과가 있다는 것은 더 이상 놀라운 일이 아니다(예: Luskin & Pelletier, 2005; Seligman, 2011a).

1. 동료 및 상사로부터 받는 사회적 지지의 중요성

많은 연구는 심리적 소진과는 대조적으로 사회적 지지가 개인의 안녕감과 직무 만족도에 미치는 긍정적인 효과를 지지하고 있다(Bakker & Demerouti, 2007; Matthiesen, Aasen, Holst, Wie, & Einarsen, 2003; Schaufeli & Bakker, 2004). 사회적 지지는 직무열의, 직무 만족도, 정신 건강을 매개할 수 있기에 중요한 직무 자원으로 간주된다(Simbula, 2010; Xanthopoulou, Bakker, Demerouti, & Schaufeli, 2009).

연구에 따르면, 동료 및 상사의 사회적 지지는 교사의 소진과 부적인 관계가 있는 것으로 나타났다(Lee & Ashforth, 1996; Näring et al., 2006; Russell, Altmaier, & Van

Velzen, 1987). 지지적인 환경에서 근무하는 교사가 높은 수준의 스트레스와 심리적 소진을 경험할 가능성은 낮다. 반대로 심리적 소진 수준이 높은 교사는 소진 수준이 낮은 교사보다 학교 환경에서 사회적 지지를 덜 받는다고 인식한다(Greenglass, Burke, & Konarski, 1997). 몇몇 연구에 따르면, 동료 교사들의 지지가 교사의 심리적 소진을 완화하는 데 가장 중요한 방법이라고 한다(Greenglass, Fiksenbaum, & Burke, 1996).

사회적 지지는 직간접적으로 심리적 소진을 낮추는 데 효과가 있다(Burke & Greenglass, 1995). 직접적인 효과로 사회적 지지는 업무 스트레스의 유무와 관계없이 신체적 건강 및 심리적 건강과 정적인 관계가 있다.

사회적 지지는 스트레스를 받는 개인이 더 잘 대처할 수 있도록 돕기 때문에 스트레스와 심리적 소진의 영향을 완화할 수 있다. 완충 이론(the buffering argument)은 스트레스가 일부 교사에게 부정적인 영향을 미칠 수 있지만, 사회적 지지 자원이 있는 교사는 스트레스 사건의 부정적 영향에 상대적으로 더 잘 견딜 수 있다는 것을 시사한다.

연구에 따르면, 일반적인 직무열의, 직무 만족도, 정신 건강 수준과 관계없이 동료로부터 적절한 사회적 지지를 받는 교사는 업무에 더 몰입할 가능성이 높으며, 결과적으로 업무에 더 만족하고 더 나은 건강을 누릴 수 있는 것으로 나타났다(Halbesleben, 2006). 또한 잘 조직된 팀에서 일하는 사람들은 업무 조건에 관계없이 몰입도를 구성하는 세 가지 차원인 활력, 헌신, 몰입 수준이 더 높다고 보고한다(Bakker et al., 2006). 이러한 결과는 어려운 교육 환경에 대처하기 위해 동료와 협력하는 것이 중요하다는 것을 뒷받침한다.

동료와의 관계는 심리적 소진이라는 부정적 차원과 직무열의라는 긍정적 차원 모두에서 전파 효과가 있다는 증거가 있기에 더욱 중요하다(Kelchtermans & Strittmatter, 1999). 정서적 전파는 한 사람에서 다른 사람으로 부정적 또는 긍정적 경험이 전달되는 것으로 정의된다. 즉, 동료들은 정서적 피로와 그에 상응하는 긍정적인 부분인 직무열의를 통해 서로에게 영향을 미칠 수 있다. 연구에 따르면, 부정적인 감정이 긍정적인 감정보다 더 쉽게 전파될 수 있다(Westman, 2001). 이러한 결과는 학교의 교사 모임에서 교사 대화에 쉽게 퍼질 수 있는 냉소적인 태도를 부분적으로 설명할 수 있다.

여성이 스트레스를 받을 때 사회적 지지를 찾을 가능성은 남성보다 훨씬 높다

(Taylor et al., 2000). 그러나 연구에 따르면, 남성은 종종 여성보다 더 큰 사회적 네트워크를 가지고 있으며, 여성보다 다소 덜하나 남성도 스트레스가 많은 상황에서 사회적 지지를 찾는 것으로 나타났다(Taylor, 2007). 또한 여성뿐 아니라 남성도 스트레스를 받으면 가족과 친구를 보호하고 싶다고 느낀다(Aldwin & Gilmer, 2004). 이는 곧 남성과 여성 모두 다른 사람, 특히 어린 자녀를 더 보호하기 위해 스트레스 반응을 바꿀 수 있음을 의미한다.

사회적 지지는 이직률과도 관계가 있다. 동료 및 상사의 낮은 사회적 지지는 교사가 동료 또는 상사와 갈등을 겪을 때 이직을 원할 수 있다는 점에서 이직 의도에 직접적으로 부정적인 영향을 미친다(Houkes, Janssen, de Jonje, & Nijhuis, 2001; Leung & Lee, 2006; Schaufeli & Enzmann, 1998).

초임 교사는 고립감을 느낄 수 있으므로 사회적 지지와 지도를 받는 것이 더욱 중요하다(Whitaker, 2000). 다른 사람들과 자기 경험을 공유할 수 있는 것은 초임 교사가 첫해를 넘기는 데 매우 중요하다(Conderman & Stephens, 2000). 교생실습 중인 참가자들을 연구한 결과, 높은 수준의 교사 지원과 지도를 많이 경험한 참가자는 실습이 끝날 때까지 낮은 수준의 심리적 소진을 경험한다는 연구 결과가 나타나고 있다(Fives, Hamman, & Olivarez, 2007).

초임 교사를 위한 사회적 지지, 지도 및 오리엔테이션 프로그램(통칭하여 입문 프로그램)의 효과에 대해 수행된 연구를 검토한 Ingersoll과 Strong(2011)은 초임 교사를 위한 사회적 지지와 지도가 교사의 헌신 및 유지, 교사의 교실 수업 실제와 학생 성취도라는 세 가지 결과에 긍정적인 영향을 미친다는 사실을 발견했다.

 ## 2. 시스템 지원

수년에 걸쳐 수행된 연구를 바탕으로 Greenglass(2007)는 실제로 업무 환경을 변화시키는 개입을 통해 교사의 심리적 소진을 줄일 수 있는 여러 가지 방법을 제안한다. 몇 가지 구체적인 권고 사항은 다음과 같다.

- 학교 내에서 이뤄지는 의사 결정에 교사의 관여와 참여를 요청하기
- 사회적 지지의 개발 및 제공을 촉진하기
- 역할 모호성을 줄이기 위해 업무 목표를 명확히 하여 관리 감독 개선하기
- 역할 갈등을 줄이기 위해 권한과 책임에서의 명확한 경계를 설정하기

학교 공동체의 모든 구성원은 각 구성원이 최적의 업무 수행을 위해 중요하다고 생각하는 근무 조건의 설정, 평가 및 지속적인 개선에 참여하는 것이 바람직하다. 교사의 직장 생활에 영향을 미치는 영역에 대해 교사의 의견을 구하면, 교사의 참여와 헌신을 높이는 데 도움이 된다. 교사들 간의 사회적 지지는 상호작용을 위한 적절한 시간과 장소를 제공함으로써 개발될 수 있다. 교육 경험이 많은 교사와 젊은 교사 간의 멘토링 관계를 장려하는 것 또한 헌신적인 관계를 형성하는 데 유용할 수 있다. 문제가 병리적으로 발전하기 전에 교직 생활을 시작하는 교사에게 도움이 되는 상호작용과 즉각적인 기능적 조언을 제공하는 것이 중요하다.

교직 생활을 이제 막 시작하는 교사에 관한 글에서 Intrator(2006)는 동료의 지지 수준의 중요성을 언급하며 다음과 같이 말한다.

> 교직 생활을 시작하는 교사들은 자신의 교실에서 솔로로 리프(riff)를 연주할 준비가 되어 있다. 그러나 그들의 삶과 함께 '음악을 만드는 것'은 초심자의 의미를 존중하는 방식으로, 이 훌륭한 직업으로 인도해 줄 수 있으며, 자기 인식과 권위를 세울 수 있는 방식으로 교육의 감정적 드라마를 조율할 수 있고, 학생들의 진정한 관심을 끌어낼 수 있으며, 자신의 건강과 영혼을 돌볼 수 있도록 공감해 줄 수 있는, 학교의 다른 성인들로 구성된 '밴드나 오케스트라'를 찾을 수 있는지 여부에 달려 있다(p. 238).

지지적인 학교 환경은 부족할 수 있는 자원을 공유하고 학교의 성공을 위한 기회를 공유하는 교사들을 포함한다. 수요가 많은 교육 환경에서는 종종 학교가 개인이나 가족의 역량을 넘어서는 지지를 제공해야 하는 경우가 있다.

심리적 소진을 예방하는 데 있어 공동체적이고 협력적인 학교 문화가 얼마나 중요

한지는 의심할 여지가 없다. 성공적인 학교는 다양한 협업 구조를 갖추고 있다. 이러한 팀워크 사고방식 덕분에 자원이 부족한 초임 교사들은 '바퀴를 재발명(reinvent the wheel)'[1]하지 않아도 되고 일상 업무에서 실질적인 문제를 해결할 수 있도록 지지를 받는다. 불안감에 시달리는 초임 교사들은 종종 동료 교사들에게 의문과 걱정을 숨기곤 한다. 조언을 구하는 것은 실패를 인정하는 것으로 여겨지며, 자신의 부적절함을 나타내는 것처럼 보이기 때문이다. 따라서 초임 교사는 협력적인 의식이 있는 학교에서만 안정감을 느껴 자신의 취약성을 드러낼 수 있다. 이러한 시스템적인 지지 구조는 지식이 풍부하고 배려심이 많은 관리자가 마련하는 것이 가장 이상적이지만, 그렇지 않은 때는 교사들이 서로를 지지할 수 있는 협의회를 적극적으로 요청하고 계획할 수 있다.

관리자는 교사의 업적을 인정하기 위한 의식을 지속적으로 마련하고, 교사의 성취를 확인하는 체계적인 방법을 마련하는 것이 중요하다. 유능한 교장은 비전 있는 리더십을 제공할 뿐만 아니라 진정한 지지라는 목표를 달성하는 데 필요한 자원을 배정한다. 현재 많은 교육 영역에서는 조직적 차원에서 초임 교사를 위한 멘토 프로그램을 제공하고 있다. 어떤 영역에서는 특정 학년에 맞는 자료, 전략 및 과제를 공유하기 위해 학년별 월례 모임을 촉진하기도 한다.

1) 동료 지지를 위한 다양한 형태

사회적 지지는 교사들이 함께 문제를 해결할 수 있는 구조가 마련될 때 강화된다. 만약 사회적 지지가 마련되지 않았다면, 교사들 자체가 협업 기회를 마련하는 원동력이 될 수 있다. 교사들이 정기적으로 모여 서로가 직면하는 많은 문제를 더 잘 이해하고 해결할 수 있도록 돕는 교사 작업 집단은 수십 년 동안 연구를 통해 검증되었다.

---

1) 역자 주: Reinvent the wheel은 이미 있는 것을 다시 만드느라 쓸데없이 시간을 낭비한다는 관용적 표현이다. 이 글에서는 자원이 부족한 초임 교사가 사회적 지지를 받기 때문에 헛수고하지 않아도 된다는 의미이다(출처: 옥스퍼드 영한사전).

사회적 지지를 제공하기 위한 다양한 형태가 있다. 역사적으로 이러한 구조는 팀 또는 동료 지지 집단이라고 불렀으며, 최근에는 전문적 학습 커뮤니티로 불리고 있다. 기본적으로 이러한 동료 지지 집단은 공통의 상태, 상황, 증상 또는 경험을 공유하는 구성원들로 구성된다. 이러한 집단은 대체로 자치적이고 자율적으로 운영된다.

동료 지지 집단은 고도로 구조화된 회의 형식부터 친구나 동료들의 비공식적인 모임에 이르기까지 다양한 형태를 취할 수 있다. 상호 지지 집단의 형태는 구성원의 필요와 독창성의 영향을 받는다. 동료 지지의 이점으로는 상호 이해와 공감을 발전시켜 신뢰, 개방성, 소속감을 구축하는 데 도움이 되는 것이며, 이는 결국 대처 능력과 문제 해결 및 셀프 임파워먼트를 향상하는 데 도움이 된다. 또한 이러한 지지 집단은 구성원들이 자신의 문제가 그리 심각한 것이 아니며, 비슷한 문제를 가진 다른 사람들이 문제 해결을 위해 노력하고 있다는 사실에 안도하면서 자신에게 도움이 되는 긍정적인 동료 비교의 기회를 제공한다. 다음은 교사들이 서로를 돕는 방법의 두 가지 예시이다.

(1) 동료를 위한 전문적 조력 집단

이 유형의 집단은 특히 전문적인 문제와 스트레스가 많은 상황에 대처하는 교사들에게 도움을 제공하는 데 맞춰져 있다(Friedman, 2000). 이러한 집단에서 참가자들은 직업적 장애물을 극복하기 위한 정보를 수집하고, 서로의 능력과 전문성을 신뢰하며, 비슷한 문제와 경험을 공유할 수 있도록 서로를 돕는다.

이러한 집단의 기본 가정은 동료가 문제와 관련된 노하우를 제공함으로써 고립감을 완화하고 스트레스 수준을 낮춤으로써 업무 수행의 문제를 가장 잘 다룰 수 있다는 것이다. 동료를 위한 전문적 조력 집단은 일반적으로 참여자가 우려하는 특정 전문적 문제 또는 집단 대다수와 관련된 일반적인 스트레스 상황을 다룬다. 그리고 참가자들은 현재 문제에 대한 이슈, 문제점 및 가능한 해결책들을 제기하게 된다.

이러한 집단의 일반적인 작업 패턴은 대략 다음과 같다.

• 구체적인 토론과 설명을 위한 특정 이슈 또는 문제가 선택된다.
• 특정 이슈 또는 문제를 제기한 참가자가 그 문제를 다루는 자신의 방식을 설명한다.

- 참가자들은 특정 이슈 또는 문제에 대해 다양한 해결책을 제안하고 검토한다.
- '문제 제기자(problem-raiser)'는 제안된 해결책 중 한두 가지를 골라 시도해 본다.
- '문제 제기자'는 문제 해결의 장애물과 문제 해결 진행 상황을 공유할 집단원을 선택한다.
- 이 절차는 참가자들이 공유하는 다른 문제에 대해서도 반복된다.

(2) 동료 협업 프로그램

동료 지지를 위한 보다 정기적인 기회를 만들 수 있는 또 다른 구체적인 형태는 한 쌍의 교사가 서로를 지지하고 건설적인 대화에 참여하는 방법을 배우는 동료 협업 프로그램이다(Cooley & Yovanoff, 1996). 이 과정은 학생 관련 문제 및 기타 업무 관련 문제를 파악하고 해결하는 데 서로를 돕는 4단계의 동료 대화로 구성된다.

① 1단계: 명료화

먼저 이야기를 시작하는 교사는 문제에 대한 간략한 서면 설명을 제공하고 동료 교사의 명료화 질문에 대답한다. 이 단계는 문제를 다양하고 확장된 방식으로 생각하도록 돕기 위해 고안되었다. 이 단계는 이야기를 시작하는 교사가 관련 문제들이 모두 다루어졌다고 생각할 때까지 계속된다.

② 2단계: 요약

이 단계에서는 이야기를 먼저 시작한 교사가 문제의 세 가지 측면을 요약한다. 첫째, 문제가 되는 특정 행동 패턴, 둘째, 그에 대한 교사의 전형적인 반응, 셋째, 교사가 통제할 수 있는 문제의 특정 측면이다.

③ 3단계: 개입 및 예측

교사들은 협업을 통해 세 가지 가능한 행동 계획을 함께 만들고, 먼저 이야기를 시작한 교사는 각각의 계획에 대해 가능한 긍정적 및 부정적 결과를 예측한다. 그런 다음 이야기를 시작한 교사는 하나의 계획을 선택한다.

④ 4단계: 평가

먼저 이야기를 시작한 교사는 해결 방안의 효과를 평가하기 위해서 두 부분으로 구성된 계획을 만든다. 이는 '내가 해낼 수 있었나?' 및 '그 해결 방안이 효과가 있었나?'라는 질문에 답하기 위한 계획으로 구성된다.

3. 서로 지지하는 마음가짐 조성하기

만약 사회적 지지에 대해 관리자가 관심이 없는 경우 교사들은 서로를 지지할 수 있는 구조를 만들기 위해서 개인적 자원을 할애할 수 있다. 교사들에게 그러한 권한이 없을지라도 공식적인 동료 지지 시스템을 요청하고 조직하는 데 교사는 존재 그 자체로 촉진제가 될 수 있다.

1) 서로를 지지하는 방법들

교사들은 능동적이고 독창적인 방법으로 서로 지지하고 격려하는 분위기를 조성할 수 있다. 다음은 몇 가지 예이다.

(1) 감사 상자

교사들은 학생들이 직접 경험했거나 목격한 교사의 친절에 대한 메모를 넣을 수 있는 감사 상자(appreciation box)를 통해 감사 표현을 촉진할 수 있다. 감사 상자를 학교 곳곳에 전략적으로 배치하여 학생과 교직원이 익명으로 감사하고 싶은 행동에 관한 메모를 넣을 수 있다. 또한 교사들은 이러한 메모를 전시할 수 있는 공간을 만들 수도 있을 것이다.

(2) 감사 리포터

또 다른 전략은 '감사 리포터(gratitude reporter)'를 지정하는 것이다. 감사 리포터는 교사들의 친절한 행동을 관찰하고 노트에 간략히 기술한 후 매주 보고하도록 하는 역할을 한다. 감사 리포터는 관리자를 포함하는 모든 교직원이 이 역할을 맡을 때까지 돌아가면서 맡을 수 있다.

(3) 비밀 팬클럽

교사들은 비밀 팬클럽(secret admirer club)을 운영할 수 있다. 이 클럽의 운영 방식은 학년 초에 모든 교직원이 추첨을 통해 뽑은 한 사람의 비밀 팬이 되는 것이다(Froyen & Iverson, 1999). 매월 두 번 등 규칙적인 일정에 따라 사려 깊은 '선물'을 주고받는다. 사려 깊은 선물은 감사의 마음을 담은 부모님의 쪽지, 특별한 도시락을 함께 먹자는 학생의 초대장, 과일 바구니 등이 될 수 있다. 이러한 선물을 개별 교사의 취향과 '약한 부분(soft spots)'에 맞게 조정하면 교사의 사기를 높이는 데 많은 도움이 될 수 있다. 어떤 교사들은 다양한 일정에 따른 선물을 통해 정기적으로 감사를 표현한다. 교사 팬클럽에서는 교사의 친절한 행동에 관한 이야기로 떠들썩하며, 모두가 각자의 특별한 선물을 통해 교육에 더욱 집중할 수 있게 한다. 비밀, 설렘, 기대감, 특별한 관심, 개인화된 애정이라는 요소들은 비밀 팬클럽을 더욱 의미 있게 만들어 준다.

(4) 스터디 그룹

『양육하는 교사: 돌봄으로 인한 스트레스 관리하기(The Nurturing Teacher: Managing the Stress of Caring)』의 저자인 Vanslyke-Briggs(2010)는 교사가 서로를 지지할 수 있는 몇 가지 방법을 제안한다. 그중 한 가지 방법은 구성원들이 번갈아 가며 지정된 관심사 및 걱정거리에 대한 전문적인 논문의 간단한 요약본을 제공하는 스터디 그룹을 구성하는 것이다. 스터디 그룹 참여 교사는 요약본을 읽은 후 교실에서 새로운 전략을 시도해 본다. 그런 다음 스터디 그룹이 다시 모여서 그들의 경험과 전략 적용 시 추천 사항을 공유한다.

(5) 함께하는 샐러드 데이

협업 집단을 변형한 '샐러드 데이'는 교사 집단이 매주 하루씩 함께 샐러드를 만드는 데 동의하는 날이다. 점심 식사 일주일 전에 지정된 재료를 각자의 이메일로 보내거나, 그 주 식사 시간에 다음 주에 각자 무엇을 가져올지 함께 결정한다. 이는 건강에 좋을 뿐만 아니라 참가자들에게 공동체 의식을 심어 준다. 혼자서 서둘러 식사를 끝내는 것보다 점심시간에 앉아서 음식을 먹으며 함께 즐기는 것은 긴장을 풀어 주는 좋은 기회가 된다.

2) 디지털 지지 집단

기술적으로 익숙한 사람이나 그렇지 않은 사람 모두 다양한 옵션을 통해 소셜 네트워킹을 할 수 있는 기회가 있다. 물론 디지털 집단은 대면 상호작용과 실시간 사회적 지지를 대체하기에는 부족할 수 있지만, 충분히 적용 가능한 옵션이 될 수 있다. 스카이프(skype)와 같은 디지털 집단은 친밀감이 부족하다는 단점은 있을 수 있지만, 다음과 같은 다른 가능성을 제공할 수 있다. 예를 들어, 한밤중에 잠이 오지 않을 때든 언제든 걱정되는 점을 게시할 수 있는 편리함이 있다. 또한 응답자는 언제든지 응답할 수 있는 옵션이 있어 응답하기 전에 심사숙고할 기회가 있다.

또 다른 장점은 디지털 집단을 통해 교사는 1~2명만 공유할 수 있는 단일 학교 환경보다 훨씬 더 큰 규모의 지지 커뮤니티를 구성할 수 있다는 것이다. 일부 초임 교사는 소속 학교 교사들과 어려움을 공유하는 것에 큰 불안감을 경험할 수 있는 한편, 학교 외부에서 지지 네트워크를 가지는 기회를 더 편하게 여길 수 있다.

만남의 한 가지 방법은 블로그를 이용하는 것이다. 그러나 블로그를 활용하는 형태는 정체될 수 있다. 따라서 디지털 집단의 바람직한 형태는 Ning 네트워크(ning.com)를 사용하는 것이다. Ning 네트워크는 비공개 커뮤니티 구성원을 위한 소셜 네트워킹 사이트로 많은 애플리케이션이 연결 상태를 유지할 수 있도록 해 준다. Ning 네트워크는 페이스북과 유사한 많은 기능이 있다. 즉, Ning 네트워크를 통해 교사들은 사진, 메모, 블로그, 토론, 실시간 채팅을 포스팅하는 등 다양한 방법으로 소통할 수 있다. 또한 Ning 네트워크에서는 개별 대화가 가능하며 개인 페이지에 직접 메모를 남길 수도 있다. 디지털 지지 집단은 접속 빈도와 같은 구체적인 지침을 결정해야 한다.

3) 변화를 일으키는 것을 인정하라

당신과 다른 교사들은 학생들의 삶에 변화를 가져오는 중요한 사람임을 인정하는 것이 중요하다. 교육이라는 큰 흐름에 묻혀서 교사가 학생들의 변화를 이끄는 사람이라는 것을 인식하지 못하는 일이 없어야 한다. 부정적인 뉴스 방송과 교사를 인정하지 않는 듯한 학생과 어른들의 시선 때문에 애초에 교사가 되기로 결심하게 된 비전은 사라지기 쉽다.

당신과 동료 교사들의 교육에 대한 공헌을 적극적으로 인정할 수 있는 간단한 방법이 있다. 만약 다른 교사가 변화를 일으켜 가는 모습을 보게 될 때 그 교사의 노력에 감사하는 마음을 전하는 기회를 가져 보라. 스스로를 위해 할 수 있는 한 가지 방법은 하루를 마무리할 때 긍정적인 마음으로 학교를 떠나는 것이다. 당신이 일으킨 변화를 알기 위해 교실에서 혼자 조용한 시간을 가져 보라.

4. 스트레스를 받는 교사를 위한 학교 차원의 위기 개입 계획

교사는 교육계의 진정한 '최초 반응자(first responder)'이다. 교사는 학교의 행정 정책이 실패하거나 동료 교사가 어려움을 겪고 있을 때 혹은 학생이 위기에 처했을 때 가장 먼저 알 수 있다. 하지만 안타깝게도 교사는 자신의 위기를 인식하는 데는 무방비 상태에 놓일 수 있다.

Maxfield(2009)에 따르면 5명 중 4명의 교사는 문제에 직면할 때 정면으로 맞서기보다는 회피한다고 한다. 그들은 움츠리고 자신의 상황이나 주변 환경을 개선하기 위해 아무것도 하지 않는다. 오늘날의 스트레스가 많은 교육 환경을 고려할 때 많은 교사는 이러한 환경에 압도당한다고 느끼며 무력감을 경험한다. 교사가 문제를 회피할 때 스트레스와 심리적 소진 사이의 경계를 넘나드는 경우가 많아지게 된다. 교사는 문제를 회피할수록 점점 더 무력감을 느끼고 극복할 수 없을 것 같은 비관주의적 소용돌이로 추락하기 시작한다.

오늘날 교사들은 점점 더 어렵고 문제의 소지가 있는 학생들을 상대하고 있으며, 종종 잘못된 행정 업무와 싸우고, 까다롭고 때로는 화를 내는 학부모를 상대하고 있다. 여기에 시간과 일정의 제약, 막중한 책임감, 학교 자체의 위압적인 구조까지 더해져서 교사들의 스트레스와 심리적 소진이 만연한 것은 당연한 일이다. Vanslyke-Briggs(2010)가 표현한 것처럼 교육의 핵심과는 상관없는 외부적인 의무 사항이 너무 많다.

위기 개입이 필요한 학생을 위해 학교 차원의 위기 개입 계획을 마련할 것을 요구하는 것처럼, 교사가 일시적 또는 장기적 스트레스 요인에 대처할 수 있도록 돕는 계획을 마련하는 것은 필수적이다. 교사 개인의 심리적 소진은 학교 전체 분위기에 영향을 미칠 수 있으므로 공동의 노력을 기울여야 하기 때문이다.

스트레스는 교사의 즉각적인 인식 범위를 벗어난 영역에서 발생하는 경우가 많으므로 스트레스를 완화하는 데 도움이 될 수 있도록 학교 환경 내의 각 사람과 구조를 파악하고 필요할 때 이를 즉시 활성화해야 한다. 심리적 소진의 위험에 처한 교사들에게 구체적이고 개별화된 도움이 필요하다는 것은 분명하지만, 학교가 서로를 지지하고 협력하는 업무 환경을 조성할수록 개별 교사의 심리적 소진의 위험은 줄어들게 된다. 교사의 심리적 소진을 해결하려면 개별적인 해결책뿐만 아니라 사회적 · 조직적 대책도 필요하다.

심리적 소진은 개인적 · 사회적 · 상황적 요인이 복합적으로 작용하여 발생하기 때문에 다층적인 대응이 필요하다. 심리적 소진과 관련된 배경은 지역 학교 현장의 수준을 넘어 교육 정책 전반의 수준과 사회 문제까지 확장된다. 개인적 요인과 상황적 요인의 영향은 상대적이지만 교사의 근무 조건은 심리적 소진 위험에 큰 영향을 미친다. 스트레스로 고통받는 사람들을 구제하기 위해서는 스트레스의 원인을 정확히 파악하는 것이 중요하다. '소진 방지(antiburnout)' 개입을 개발하는 것은 가치 있는 투자가 될 것이다.

교사의 스트레스에 적극적으로 대처하고 교사의 소진을 예방하는 것은 학교에서의 생활과 업무의 통합적인 부분이 되어야 한다. 특히 초임 교사의 경우 스트레스를 너무 많이 받아 어디에 도움을 요청해야 할지조차 모르는 경우가 많다. 교사들이 자신이 감당할 수 있는 것보다 더 많은 일이 있을 때 도움을 요청하는 것은 낙인찍히는 것이 아니라는 것을 알아야 한다. 이러한 사고방식이 널리 퍼지면 심리적 소진은 더 이상 교사 개개인의 목에 매달려 건강을 위협하고 실패감과 죄책감을 유발하는 골칫덩어리가 되지 않는다.

1) 중대한 사건으로 인한 스트레스 완화

교사에게 도움이 될 수 있는 한 가지 방법은 스트레스가 큰 사건이 발생한 후 교사를 위한 스트레스 완화(debriefing) 과정을 마련하는 것이다. 스트레스가 큰 사건이 발생한 후 스트레스를 완화하기 위한 메커니즘을 만드는 것은 위기 상황 근무자를 위해 개발된 전략이다. 스트레스 감소 전략으로서 완화과정은 스트레스로 인한 악영향을 줄이려는 시도이다. 이러한 맥락에서 스트레스 완화는 스트레스가 많거나 충격적인 사건에 대해 전문적으로 지도되는 집단 토론이다. 스트레스 완화는 학생, 학부모, 동료 교사 또는 관리자와의 스트레스를 많이 받은 경험이 있는 개별 교사에게도 적용할 수 있다. 학교 심리학자나 학교 상담자가 이 역할을 수행할 수 있다. 이는 스트레스 사건의 영향을 줄이고 스트레스 사건에 대한 반응의 정상적인 회복을 촉진하는 심리적 과정이자 교육적 과정이다. 일반적으로 이러한 과정은 사건 발생 후 24시간에서 72시간 사이에 실시하는 것이 좋다.

스트레스 완화과정이 구축되면 스트레스와 그 영향에 대한 정보를 공유하고, 스트레스에 대해 예측 가능한 증상과 반응을 미리 안내하며, 억눌린 감정을 표출할 수 있는 장을 마련하고 안심시키며 지지를 제공할 수 있다. 여기에는 교사가 이러한 자원에 접근할 기회를 가질 수 있도록 해당 교사의 학급을 관리할 계획을 세우는 것이 포함된다.

4장
가르치는 일은 감정 노동이다

교육현장의 일선 교사들은 다양한 교육적 역할을 훌륭하게 수행하기 위해서 학교에서 자신의 감정을 다스려야 하거나, 감정 노동을 기꺼이 수행해야 한다.

1. 감정 노동: 직장에서 감정 다스리기

Hochschild(1983)는 특히 서비스 직종에서 일하는 사람들이 고객의 기분을 좋게 하기 위해 특정한 감정을 드러내야 하는 상황에 처음으로 주목했다. 그는 이런 식으로 업무를 위해 감정을 조절하는 행위를 가리키고자 **감정 노동**(emotional labor)이라는 용어를 도입했다. 감정 노동은 일의 수행에 필요한 감정을 드러내거나, 억제하거나, 혹은 만들어 내는 노력을 말한다. 요컨대, 실제로 느끼지 않은 감정을 보여야 하거나, 혹은 감정 표현이 적절하지 않아 보일 때 그것을 숨기는 게 바로 '감정 노동'의 핵심이다. Hochschild는 실제로 느끼지 않았음에도 불구하고 적절하다고 생각되어 가짜 감정을 보여 주게 되는 행위를 **표면행위**(surface acting)라고 이름 붙였다. 반면에, 원하는 감정을 진심으로 체험하려 하거나 자신의 것으로 받아들이려 하는 행위를 가리켜 **내면행위**(deep acting)라고 불렀다.

표면행위는 실제로 느끼지 않은 감정을 연기하거나, 반대로 진심으로 느낀 감정을 숨기는 것을 포함한다. 표면행위를 하는 사람들은 마치 가면을 쓴 듯, 자신의 진짜 감정을 숨기고 가짜 감정을 보여 준다. 그들은 자신이 진심으로 느끼지 않은 감정을 연기하고 있다는 것을 스스로도 잘 알고 있다. 타인은 속일 수 있을지언정 자기 자신은 속이지 못하는 것이다. 이런 표면행위의 결과로 대부분 **감정부조화**(emotional dissonance)라고 부르는 내부의 실제 감정과 표현된 감정 사이의 괴리감이 따르게 된다. 이러한 괴리감은 감정 노동에 따른 심리적인 부담 때문에 생겨나며, 이는 냉소적인 태도, 스트레스, 심리적 소진 등을 유발할 수 있다.

반면에 내면행위는 표현하려는 감정을 진심으로 경험하려는 시도를 의미한다. 이 과정에서 사람들은 표현하려 하는 그 감정을 진심으로 느끼도록 스스로를 심리적으로 조종해야 한다. 내면행위에는 자신이 보여 주고 싶어 하는 모습의 감정을 진심으로 느낀다거나, 특별한 상태의 기분을 유도하기 위해 적극적인 노력이 수반된다.

1) 사회적 규범과 감정 표현규칙

사람들은 성별, 민족, 정치적 혹은 종교적 성향, 조직 구성원 등 무수히 많은 사회적 범주에 따라 분류된다. 그 결과로, 사회적 정체성은 집단 구성원 간의 상호작용을 통해 형성되고 정의되며, 이는 개인의 신념, 태도, 행동에 영향을 미친다. 사회적 상황에 따라 개인은 다양한 종류의 감정을 표현한다. 따라서 이런 감정들은 그것이 일어나는 맥락과 분리될 수 없다(Hochschild, 1983; Kemper, 2000).

감정 노동은 **감정 표현규칙**을 준수하기 위한 감정 관리를 포함한다(Hochschild, 1983, 2003). 특히 교사와 같이 대인 서비스 직종에 종사하는 근로자는 조직의 규범에 부합하는 적절한 감정을 보여 주어야 한다. 따라서 감정 노동에서는 종종 실제로 느끼는 감정과 보여 주는 감정 사이에 차이가 생기게 되므로 대부분 연출된 혹은 꾸며낸 듯한 감정이 나타나게 된다(Ashforth & Humphrey, 1993).

Hochschild는 우리가 어떤 감정을 경험하고 보여 줘야 할지를 결정하는 **감정 규칙** (feeling rules)이 사회적 기대의 결과라고 지적했다. 교사들 역시 다른 직업군과 마찬가지로 특정한 사회적 기대를 받는다. Zembylas(2003, 2007)는 교사들이 학교 문화에서

은연중에 전달되거나 침묵 속에서 부여받은 역할과 규범을 내면화하고 실행하는 법을 배운다고 설명했다. 만약 교사가 느끼는 감정과 '교육적으로 바람직하다고 여겨지는 감정' 사이에 일치하지 않는 부분이 있다면, 그 차이를 줄이기 위한 많은 노력이 필요하게 된다. 이러한 교육적으로 바람직하다고 여겨지는 감정을 인식하고 조절하는 태도는 사회적 규범을 유지해야 하는 필요성에서 비롯된다.

2. 감정 노동과 교사

감정 노동이라는 용어는 이후 교육 분야에서, 특히 Hargreaves와 그의 동료들의 연구를 통해 널리 사용되기 시작했다(Beatty, 2000; Hargreaves, 1998a, 1998b, 2000, 2001, 2004; Lasky, 2000). Hargreaves는 교사의 업무와 전문성 발전 과정에서 감정이 어떤 방식으로 작용하고 나타나는지를 이해하기 위해 감정 노동이라는 개념을 도입했다.

'교육에서의 감정 운영'[1]에 대한 Hargreaves(1998a, p. 319)의 이론적 구조는 학교라는 환경에서 개인이 어떤 감정 경험을 하게 되는지에 대해 다음과 같이 일곱 가지 기본 가정을 전제로 한다.

① 가르치는 행위 자체가 감정적인 것이다.
② 가르치고 배우는 과정에는 감정적인 이해가 포함된다.
③ 가르치는 것은 일종의 감정 노동이다.
④ 교사의 감정은 그들의 도덕적 목표와 그 목표를 달성하는 능력과 밀접하게 연결되어 있다.
⑤ 교사의 감정은 그들의 정체성에 뿌리를 두고, 그것에 영향을 미친다.

---

1) 역자 주: 교육에서의 감정 운영은 교사들이 자신의 감정을 관리하고, 그것이 학생들과의 관계에 어떠한 영향을 미치는지 파악하는 데 중점을 둔다. 이는 교사의 감정 노동이 교육 환경에 큰 영향을 미치며, 교사와 학생 사이의 감정적 상호작용이 학생의 학습 동기와 성취도에 결정적인 역할을 한다는 인식에서 비롯된 것이다.

⑥ 교사의 감정은 힘을 느끼거나 무력감을 경험하는 과정에서 형성된다.

⑦ 교사의 감정은 문화와 맥락에 따라 다르게 나타난다.

교사라는 직업은 높은 수준의 감정 노동을 수반한다. 학생이 올바른 답을 내놓았을 때, 교사는 칭찬의 의미로 약간 들떠 보여야 할 수도 있다. 반면에 도전적인 학생에 대처할 때는 차분하고 단호한 태도를 유지하기 위해 노력할 수 있다. 이처럼 일상적인 교육활동을 위해 교사들은 종종 특정 감정을 과장하여 표현하거나, 반대로 어떤 감정은 의도적으로 억제하거나 줄여야 할 필요가 있다.

교사들은 자신의 감정 노동을 관리하면서 묵시적으로 부여받는 직업 규범과 사회적 기대를 고려한다. 이는 학생, 동료, 관리자, 학부모, 지역사회 구성원 등과의 다양하고 복잡한 사회적 상호작용을 일상적으로 처리해야 하는 교사의 업무에 있어 특히 중요하다.

여교사에게 감정 노동은 특히 중요한 의미를 가진다는 주장도 있다. 가정과 직장에서의 전통적인 성 역할 기대치에 따라 여성이 남성보다 훨씬 많은 감정 노동을 수행하도록 기대되기 때문이다. Blackmore(1998)는 우리 사회에서 여성들이 종종 성별 고정관념에 따라 타고난 배려심과 양육능력을 가진 것으로 묘사되곤 한다고 주장했다. 그러나 반대로 Guy, Newman, 그리고 Mastracci(2008)의 연구 결과에 따르면 동일한 업무를 수행하는 남성과 여성 간에 감정 노동 경험에서 유의미한 차이가 없었다는 것도 밝혀졌다. 따라서 감정 노동과 관련된 성별 차이에 대한 결론은 아직 확실치 않으며, 보다 신중하게 접근해야 할 필요가 있다.

1) 양육 고통과 교사

Vanslyke-Briggs(2010)는 감정 노동의 개념을 바탕으로 교사가 학생들과 맺는 정서적 유대관계에서 비롯되는 자질구레한 스트레스를 설명하기 위해 **양육 고통**(nurturing suffering)이라는 개념을 도입했다. 이 양육 고통은 여교사만의 문제라고 보일 수 있지만, 실제로는 남교사 역시 이에 시달릴 수 있다. 양육하는 역할을 잘 수행하는 것은 홀륭한 교사의 상징으로 여겨질 수 있지만, 한편으로는 스트레스 수준을 높이는 요인이 될 수도 있다.

양육 고통은 몇 가지 특징을 가진다. 우선 양육 고통은 학생들의 안녕과 밀접하게 연결되어 있기 때문에 오래 지속되는 경향이 있다. 그리고 학생의 해결되지 않은 문제는 교사의 마음을 계속해서 불안하게 만들기 때문에, 양육 고통은 사라졌다가 금세 다시 나타나는 모습을 보인다.

앞서 언급했듯이, 직무 스트레스는 역할 과다 외에도 역할 갈등과 역할 모호성의 형태로 나타나는 경우가 많다. 이러한 요인들은 양육 고통에 각각 다른 영향을 미친다. 역할 갈등은 교사로서 지식을 전달하는 역할과 학생들의 정서적 안정을 도모하는 상담자 역할 사이에서 경계가 흐릿해질 때 발생한다. 교사이면서 동시에 양육자가 되려는 노력은 역할 모호성으로 이어진다. 모든 교사들이 잘 알고 있듯, 학생들은 자신들의 개인적인 삶까지 교실 안으로 들여오곤 한다. 이때 학생의 정서적 요구가 교사가 다룰 수 있는 범위를 넘어설 때, 교사는 역할 과다를 경험한다(Vanslyke-Briggs, 2010).

Palmer는 그의 저서 『가르칠 수 있는 용기(The Courage to Teach)』에서 가르치는 일이 감정적으로 얼마나 힘든 일이지 설득력 있게 풀어냈다.

> 가르치는 일이 마음을 사로잡고, 마음을 열고, 심지어는 마음을 아프게 한다는 것은 당연한 일이며, 가르치는 일을 사랑할수록 그것은 더 마음 아픈 일이 될 수 있다. 가르칠 수 있는 용기는 바로 그 순간에 자신의 능력보다 더 많은 것을 품으라는 요청을 받았을 때 마음을 열어 놓을 수 있는 용기이다(1998, p. 11).

2) 감정 노동과 스트레스 그리고 소진

자신이 실제로 느끼는 감정과 다른 감정을 표현해야 한다는 부담감이 스트레스를 유발한다는 사실은 그다지 놀라운 일은 아니다. 표면행위와 내면행위 모두 어느 정도의 의식적인 노력을 필요로 하지만, 여러 연구에 따르면 표면행위가 개인의 안녕감에 더 큰 악영향을 미치는 것으로 나타났다. 연구에서 표면행위는 감정 소모와 상관 정도가 높으며, 특정 감정을 연기하듯 내보여야 하는 압박감이 개인에게 큰 스트레스를 줄 수 있음을 보여 주었다(Barber, Grawitch, Carson, & Tsouloupas, 2011; Bono & Vey, 2005; Brotheridge & Grandey, 2002; Carson, Plemmons, Templin, & Weiss, 2011; Grandey, 2003; Montgomery, Panagopolou, de Wildt, & Meenks, 2006; Pugliesi, 1999; Totterdell & Holman, 2003; Zammuner & Galli, 2005). 또한 표면행위는 교사의 비인간화와도 상당한 관련이 있는 것으로 밝혀졌다(Carson et al., 2011; Näring et al., 2006).

그러나 반대로 내면행위 혹은 긍정적인 기대에 맞춰 특정한 감정 상태를 불러일으키려는 노력은 소진을 낮추는 역할을 한다. 대인 서비스 종사자를 대상으로 한 연구에 따르면, 내면행위는 소진과 부적인 관계가 있는 것으로 나타났다(Brotheridge & Grandey, 2002; Brotheridge & Lee, 2003). 마찬가지로 교사를 대상으로 한 연구에서도 내면행위와 소진 사이의 부정적인 관계가 확인됐다

일부 연구자들은 기존의 감정 노동 개념이 표면행위와 내면행위에만 초점을 맞추고 있어, 이에 **진솔성**(authenticity)이라는 세 번째 차원을 포함해야 한다고 주장을 제기했다(Ashforth & Humphrey, 1993; Diefendorff, Croyle, & Gosserand, 2005). 그들이 말하는 진솔성이란 외부 요구와 무관하게 자발적으로 진실한 감정을 표현하는 것을 의미한다. 연구자들의 관찰에 따르면, 직장에서 요구되는 감정 표현이 실제로 내면에서 경험되고 외부로 표현되는 경우도 상당수 있었다. 이를 바탕으로 Diefendorff와 그의 동료들은 자신이 느끼는 대로 감정을 표현하는 것이 감정 노동의 세 번째 차원이며, 이는 표면행위나 내면행위와는 명확하게 구별되는 전략임을 발견했다. 또한 연구 결과, 이러한 진솔한 감정 표현은 직무소외감 및 소진의 감소와 관련이 있는 것으로 밝혀졌다(Adelmann, 1995; Kruml & Geddes, 2000).

한편, **감정조화**(emotional consonance)는 특정 상황에서 요구되는 감정을 자연스럽게 느끼는 상태를 설명하는 데 사용되는 용어이다. 감정 노동은 스트레스 상황에 대처하고자 내적인 경험이나 외적인 감정 표현을 조절하기 위한 노력과 연관되어 있지만, 감정조화는 그러한 노력 없이도 원활하게 상황에 맞는 감정을 유지할 수 있는 상태를 의미한다. 교사를 대상으로 한 연구에서, 감정조화와 개인적 성취감 사이에는 높은 상관관계가 있는 것으로 나타났다(Brotheridge & Lee, 2002; Näring et al., 2006).

3. 교사가 지켜야 할 감정 표현규칙에 도전하기

교사의 감정 표현과 관련하여 어떤 행동이 '전문적'이라고 간주되며, 그것이 어떻게 개발되고 지원되어야 하는지에 대한 더욱 명확한 이해를 제시하는 것은 교사교육자의 책임이다. 내면행위, 거짓연기 및 감정 억압의 정도가 어떠할 때 교사와 학생 모두에게 적절하고 유익한지, 아니면 해로운지 판단하기 위해서는 기존에 옳다고 생각되던 것들을 재평가해 보아야 한다. 예를 들어, 부정적인 감정을 억압하지 않고 의도적으로 적절히 표현하는 모습은 학생에게 유용한 모델링이 될 수 있다. 반대로 부정적인 감정을 조절하는 법을 배우는 것은 교사의 스트레스를 줄이는 데 매우 중요한 도구가 될 수 있다.

교사교육자는 예비 교사가 일정한 **감정 표현규칙**에 따라 어떤 감정을 어느 정도로 표현하는 것이 적절한지를 이해할 수 있도록 도움을 주어야 하는 것뿐만 아니라, 필요한 경우 이들 규칙을 바꿀 수 있도록 지원해 주어야 한다(예: 너무 적은 애정이나 너무 많은 분노를 표현하는 경우). 감정은 강력한 교육 도구가 될 수 있지만, Oakes와 Lipton(2003)이 지적했듯이 교사의 감정을 부정하는 문화는 학생의 감정 또한 부정하게 만들 수 있다.

1) 정서 이론과 감정

앞서 언급한 바와 같이, 스트레스에 대한 교류 모델은 스트레스 경험 여부가 환경적 요구와 개인의 자원에 대한 인지적 평가에 따라 결정된다고 가정한다(Lazarus, 1991). 개인이 환경적 요구를 위협으로 인식하고, 이에 대처하는 능력에 따라 스트레스 요인의 영향이 결정되는 것이다.

이런 관점에서 보면, 개인은 인지적 평가 능력을 통해 현재 상황이 위협인지 아닌지 판단하고 그 상황에 반응한다(Aldwin, 2007). 그리고 나서 개인은 해당 상황을 극복하기 위해 인지적이고 행동적인 적응 전략을 어떻게 활용할지 결정하게 된다.

Lazarus와 Folkman(1984)에 따르면, 스트레스를 평가하는 방식에는 크게 네 가지 유형이 있다. 개인은 스트레스 자극을 손해와 상실, 위협, 그리고 도전 중의 하나로 평가할 수 있다. 이러한 평가는 항상 의식적이고 논리적으로 이루어지는 것이 아니며, 대부분 무의식적이고 자동적인 수준에서 발생한다(Lazarus, 1991; Smith & Kirby, 2004). 후속 연구에서 연구자들은 이 네 가지 분류만으로는 스트레스 상황을 완전히 설명하기 부족하다고 판단하여 귀찮음, 막막함, 타인에 대한 걱정 등 세 가지 범주를 추가했다(Aldwin, Sutton, Chiara, & Spiro, 1996).

감정 프로세스는 이런 인지적 평가를 포함하여 더욱 복잡한 단계를 거치며 여러 구성 요소들이 함께 작용한다. 감정 프로세스의 주요 구성 요소들은 다음과 같다(Lazarus, 2001).

- 주관적 경험
- 평가
- 생리적 변화
- 감정 표현
- 행동 경향성

감정 프로세스는 상황을 판단하거나 평가하는 것에서 시작된다(Roseman & Smith, 2001). 평가는 복잡한 상황에서도 대개 즉각적이고 무의식적으로 이루어진다. 그러나 초기 평가를 수정하는 재평가 과정을 포함하여, 좀 더 천천히 진행되는 의식적인 평가도 수행된다(Scherer, 2001). 감정에는 행동 경향성이라는 요소도 포함된다. 예를 들어, 분노와 관련된 행동 경향성에는 화내기, 공격하기, 복수하기 등이 있다(Lazarus, 1993). 한편, 감정들 사이의 행동 경향성은 종종 겹치기도 하는데, 좌절과 분노의 경우에도 누군가를 때리거나 소리치고 싶다는 행동 경향성이 공통적으로 나타난다(Roseman, Wiest, & Swartz, 1994).

이 모델을 적용하면, 교사의 감정은 수업 행동과 교실 상황에 대한 판단에 기반하여 발생한다는 것을 알 수 있다. 상황의 원인을 어떻게 판단하고 평가하는지는 교사의 감정 종류와 그 강도에 영향을 준다. 다양한 감정들은 다양한 평가를 통해 나타난다. 이러한 평가는 상황과 관련된 목표 적합성, 중요성, 책임, 통제 가능성, 대처 가능성, 기대 등 여러 요소를 고려하여 이루어진다.

2) 일차적 평가와 이차적 평가

Lazarus(1993, 2000)에 따르면, 감정의 강도는 상황의 중요성을 어떻게 평가하는지에 따라 달라지며, 이 평가 방식은 주로 **일차적 평가**(primary appraisal)와 **이차적 평가**(secondary appraisal)로 나뉜다. 일차적 평가의 두 가지 핵심 요소는 상황이 가지는 의미와 그것이 목표와 얼마나 부합하는지이다. 이런 일차적 평가에서는 상황의 중요성과 추구하는 목표와의 일치성을 판단하여 긍정적인 감정이나 부정적인 감정을 불러일으킨다. 예를 들어, 좌절, 분노와 같은 감정은 상황이 중요하지만 추구하는 목표와 맞지 않다고 판단하는 일차적 평가와 관련이 있다. 이차적 평가에서는 책임과 비난, 대처 가능성, 기대에 대한 평가가 이루어진다(Smith & Lazarus, 1990).

분노, 좌절, 불안, 그리고 죄책감은 교사에게 중요한 목표를 저해하는 공통된 인식을 바탕으로 발생한다. 이는 교사가 특정 사건이나 상호작용을 얼마나 중요하게 여기느냐에 따라 그 감정의 강도가 결정된다는 것을 의미한다. 만약 교사가 학생들에 대해 관심을 더 많이 가진다면, 그러한 감정적인 경험의 중요성은 커진다. 학생들과 더 밀접한 관계를 가진 교사는 그 관계를 자신의 목표와 더욱 연관되어 있다고 인식할 수 있다. 반대로, 교실에서 어떤 상황이 발생했을 때, 교사가 학생이나 수업에 대한 관심이 적을수록 상황을 중요하게 여기지 않을 가능성이 커지고, 이에 따라 부정적인 감정이 발생할 가능성도 줄어들게 된다.

Folkman와 Lazarus(1988)는 감정과 대처방식이 여러 방면에서 밀접한 관계가 있다고 주장했다. 예를 들어, 교사가 특정 상황을 목표 달성에 방해가 되는 것으로 판단하면, 불안이나 분노와 같은 불쾌한 감정을 느낄 가능성이 커진다. 이런 경우, 그런 감정들은 상황에서 벗어나고자 하는 욕구를 증폭시켜, 방어적인 대처 전략을 채택하게 만들 수 있다. 이로 인해 교사는 학생에 대해 비인간적인 태도를 보일 수 있게 되며, 이것은 교사 소진의 주요 요소가 될 수 있다. 이러한 태도 변화는 단기적으로 감정의 세

기나 질에 변화를 가져올 수 있지만, 실제로 교사에게 스트레스를 증가시켜 결국에는 소진으로 이어질 수 있으며, 최악의 경우 교직을 그만두는 결과를 초래할 수 있다.

교사는 질서를 유지하고, 학생들의 행동을 관리하며, 수업을 제시간에 마치고, 학생들이 학습 목표를 이루는 데 도움을 주는 등 다양한 목표를 설정한다. 그러나 교실에서 이런 목표들은 종종 충돌하게 되어, 교사가 어느 것을 먼저 처리할지 결정해야 하는 상황이 자주 발생한다. 학생의 파괴적인 행동은 교사에게 큰 감정적인 부담을 주는 주요 원인이며, 이런 행동은 그들의 목표 달성을 위협하여 감정 반응의 강도를 증가시킨다(Schutz et al., 2004).

책임을 평가하는 데 있어 중요한 고려 사항은 통제 가능성, 투입된 노력 및 의도이다(Ben-Ze've, 2000). 각각의 감정의 종류와 그 강도는 대체로 이차적 평가에 의해 결정된다. 이차적 평가 과정에서 교사는 종종 다음과 같은 질문을 자기 자신에게 던지게 된다.

- 누구의 책임인가?
- 의도적인 행동인가?
- 얼마나 통제할 수 있는가?
- 얼마나 많은 노력이 필요한가?
- 어떻게 대응해야 하나? 필요한 일을 내가 할 수 있나?
- 행동하거나 하지 않을 때 어떤 결과가 초래되나?

이런 질문들에 대한 대답은 어떤 감정이 나타날지에 큰 영향을 미친다. 예를 들어, 학생이 책임져야 한다고 판단하면 분노를 느낄 가능성이 크고, 교사 자신이 책임져야 한다고 판단하면 죄책감을 느낄 수 있다. 교사 스스로 효과적으로 대처할 수 있다고 생각하는지, 그리고 앞으로 어떤 상황들이 예상되는지에 따라 교사의 감정 반응의 강도가 결정된다. 만약 교사가 자신의 대처 능력에 의문을 가지거나 비슷한 상황이 다시 일어날 것 같다는 생각이 든다면, 그 감정 반응은 더욱 강해질 수 있다.

평가는 교사의 과거 경험, 바라는 목표, 그리고 개인적 자원에 따라 다르게 이루어진다. 즉, 교사의 평가는 여러 요소들이 복합적으로 작용하기 때문에 매번 달라질 수 있다. 한 교사는 수업을 계속 방해하는 학생에게 분노를 느끼며 그 학생이 고의로 문제를 일으켰다고 비난할 수 있다. 반면에 다른 교사는 학생의 행동이 오랫동안 앉아 있어야 하는 환경 탓이라고 생각하며 좌절감을 느낄 수 있다. 또한 다른 교사는 같은 상황에서도 학생의 행동을 가정에서 제대로 돌봐 주지 않은 결과로 보고 슬픔을 느낄 수도 있다. 1명의 교사조차도 같은 상황을 시각에 따라 다르게 해석할 수 있으므로, 같은 사건에 대해 분노하거나 좌절하거나 슬퍼하는 각기 다른 반응이 나타날 수 있다. 교사가 맞닥뜨리는 상호작용의 범위와 일상적인 개인적 자원 변화를 고려하면, 감정이 복잡해지는 것은 어쩌면 당연한 결과일지도 모른다.

〈표 4-1〉은 교사의 평가에 따라 분노, 좌절감, 불안, 죄책감 등 다양한 감정이 어떻게 유발되는지를 요약한 것이다(Lazarus, 2001; Roseman & Smith, 2001).

〈표 4-1〉 부정적 감정에 대한 내재적 평가

평가	부정적 감정			
	분노	좌절감	불안	죄책감
중요성	높음	높음	높음	높음
목표 불일치	높음	높음	높음	높음
책임	타인	자신/환경	환경	자신
통제 가능성	높음	낮음	낮음	높음

3) 교사가 흔히 경험하는 감정

교사라는 직업의 특성을 고려할 때, 교사들이 흔히 마주하는 세 가지 주요 감정은 분노, 좌절, 그리고 죄책감이다. 분노를 일으키는 평가에는 여러 형태가 있다. 첫째, 책임에 관한 관점에서 보면, 분노는 대체로 다른 사람이 책임져야 한다고 느낄 때 발생한다. 반대로, 죄책감은 자신이 책임져야 한다고 느낄 때, 그리고 좌절감과 불안은 상황 자체가 원인일 때 발생한다. 둘째, 분노와 죄책감은 상황을 통제할 수 있다고 생각할 때 주로 발생한다. 예를 들어, 교사가 학생이 과제를 완료하는 것을 통제할 수 있다고 판단한다면 학생에게 화를 낼 가능성이 높아진다. 비슷하게 교사가 어떤 일에 대해 크게 화를 내었다가 이것을 제어할 수 있었다고 생각하면 그 결과로 분노보다는 죄책감을 느끼게 된다. 마지막으로, 좌절감과 불안은 일반적으로 상황을 통제하기 어렵다고 인식될 때 발생한다. 이런 경우는 대개 아무도 책임지지 못하는 상황에서 나타난다.

분노는 대체로 목표가 좌절되었을 때, 오만한 권리를 주장할 때, 또는 불공정함이 있을 때 이에 대한 책임이 누군가에게 있다는 판단이나 평가를 동반한다(Kuppens, Van Mechelen, Smits, & De Boeck, 2003; Roseman, 2001; Smith & Kirby, 2004). Lazarus의 말을 인용하면 분노는 누군가가 "나 혹은 내 소유물에게 모욕적인 행위를 할 때" 종종 터져 나온다(1991, p. 222).

다른 사람이 우리의 불행에 책임이 있다는 평가는 분노 경험의 핵심적인 요소이다. 분노를 느낄 때, 사람들은 주변의 학생들, 동료들, 친구들, 그리고 사랑하는 이들을 게으르고, 교활하며, 고집불통이라고 생각하게 된다. 그러나 슬픔을 느낄 때에는 같은 행동을 심신의 과부화 혹은 도움이 필요하다는 징후로 해석할 수 있다(Keltner, Ellsworth, & Edwards, 1993). 추가로, 평가는 우리가 사건에 부여하는 의미에 기초한다(Smith & Kirby, 2001). 즉, 더 중요해 보이는 일일수록 그것은 분노 반응을 유발할 가능성이 커진다.

분노는 대개 모욕에 대한 반응으로, 특히 교사가 그 행동이 부당하며 자신이 통제할 수 있었다고 생각할 때 더욱 강하게 나타난다(Ben-Ze've, 2000; Lazarus, 2001). 예를 들어, 어떤 학생의 행동이 부당하다고 느껴지고 그 행동이 학생 스스로에 의해 조절될 수 있다고 판단되면 교사는 해당 학생에게 분노를 느낄 가능성이 크다. 교사는 자신의 존엄성이 다른 사람에 의해 침해되거나 권위가 위협받는다고 느끼면 분노를 경험할 수 있다.

각각의 감정은 그에 특유한 생리적 반응과 연결되어 있다. 연구에 따르면, 분노는 심박수와 심박출량 증가, 혈압 상승, 위산 분비 자극 및 면역 반응 억제 등의 신체적 결과를 가져와 스트레스에 대한 취약성을 높일 수 있다. 더욱이, 지속적인 과도한 분노는 고혈압, 당뇨병 및 심장병의 위험을 증가시키는 것과 관련이 있다고 알려져 있다 (Cacioppo, Bernston, Larsen, Poehlmann, & Ito, 2000; Herrald & Tomake, 2002).

좌절감은 교사가 가장 자주 경험하는 부정적인 감정 중 하나이다(Chang, 2009a; Sutton, 2007). 좌절감의 핵심 요소는 원치 않는 상황을 계속해서 제어할 수 없다는 느낌이다. 좌절감은 일반적으로 특정 인물보다는 환경이나 상황 또는 사건의 결과로 발생한다.

교사들은 특정 학생보다는 자신이 제어할 수 없는 상황으로 인해 문제가 발생할 때 좌절감을 느낀다. 그러나 Sutton(2007)의 연구에 따르면, 좌절감과 분노를 구분하는 것이 종종 모호한 경우가 많다. 이는 대부분의 교사들이 분노보다 좌절감이 사회적으로 더 받아들여질 것이라고 생각하여, 분노를 표현하는 대신 좌절감을 보고하는 경향이 있기 때문이다(Liljestrom et al., 2007). 반복적인 부정적 행동이나 상황에 대해 교사가 할 수 있는 일이 없다고 느낀다면, 분노는 종종 좌절감으로 변하게 된다. 이처럼 좌절감과 분노 사이에는 약간의 모호성이 존재하지만, 기본적인 차이점은 책임에 대한 평가라고 볼 수 있다. 교사가 사건을 상황 때문에 발생한 것으로 판단하면 좌절감을 경험하게 되며, 특정 인물(대체로 학생)로 인해 사건이 발생했다고 판단하면 분노를 느끼게 된다.

죄책감은 자신의 도덕적 의무나 내면화된 사회적 규범, 가치를 위반했다고 느낄 때 발생한다. 교사들이 학생들에 대한 배려심과 책임감을 품기 때문에, 죄책감은 교사들이 흔히 겪는 불편한 감정 중 하나이다(Hargreaves & Tucker, 1991; Prawat, Byers, & Anderson, 1983; Van Veen & Lasky, 2005; Zembylas, 2003). 죄책감은 교사가 자주 느끼는 감정으로서 그것은 교사의 직업적 사명에 내재된 도덕적 목표와 연결되어 있다. 때론 교사의 죄책감은 책임감에서 비롯된다. 학생이 배우는 것을 포기하게 되면 교사는 죄책감을 경험하게 된다(Prawat et al., 1983). 일부 교사들은 학생과 그들의 가족을 돕는 것이 자신의 직업적 역할과 도덕적 의무라고 생각하며 이러한 의무를 충분히 이행하지 못할 때 죄책감을 느낀다(Liljestrom et al., 2007).

Hargreaves와 Tucker는 교육에서의 죄책감의 본질을 분석하면서, 교사들이 느끼는 죄책감이 학생을 가르치는 것에 대한 헌신, 학생들에게 미치는 영향을 판단하는 것의 모호성, 개인적 완벽주의, 그리고 점점 커지는 책임 요구 등 여러 요인 간의 충돌로부터 생긴다고 지적했다. 이 연구자들은 교사가 겪는 죄책감을 **박해형 죄책감**(persecutory guilt)와 **우울형 죄책감**(depressive guilt)으로 구분하여 설명했다. 박해형 죄책감은 책임에 대한 강한 요구와 엄격한 관리로 인해 발생한다. 우울형 죄책감은 어린 시절부터 형성되기 시작하여 선한 사람이나 좋은 가치를 지키지 못했다는 느낌이 들 때 나타난다. 예를 들어, 박해형 죄책감은 교사가 타협 없이 필요한 내용을 다루도록 이끌 수 있는 반면, 우울형 죄책감은 교사가 가정에서 학대받는 아동을 발견하지 못했을 때 나타날 수 있다. 이러한 죄책감은 결과적으로 분노와 냉소를 유발하며, 결국엔 소진으로 이어질 수 있다.

4. 감정 조절과 대처 전략

감정 조절은 단순히 감정을 표현하는 것뿐 아니라 감정 경험의 방식을 바꿔서 감정의 세기와 지속 시간에 영향을 미친다(Ochsner & Gross, 2004). 감정 조절에 관한 연구는 사람들이 감정을 느끼고 표현하는 과정에서 감정에 어떻게 영향을 미치는지 이해를 제공한다(Gross, 1998). 연구에 따르면, 다음과 같은 경우에 사람들은 행복하다고 느낄 가능성이 높다.

- 자신이 중요하게 생각하는 가치를 추구할 수 있도록 감정에 집중하고 조절하는 능력을 발전시킨다.
- 감정의 미묘한 변화를 감지하고, 이에 대해 세밀하게 주의를 기울이고 경험할 수 있는 높은 감정 민감성을 가지고 있다.
- 다양한 방법으로 감정 반응을 조절할 수 있는 능력을 키워 나간다.

감정의 발생 과정은 개인이 중요한 일이 위험에 처할 수 있다는 신호를 받았을 때 시작된다. 이러한 감정적 신호는 특정 방식으로 주의를 집중시키고 평가하며, 조절된 반응 경향을 촉발한다(Gross, Richards, & John, 2006). 감정 반응 경향이 일어나면, 이는 다양한 방법으로 조절되어 개인의 실제 반응을 형성하게 된다.

Gross(1999)는 감정이 발생하는 시간 순서에 따라 감정 조절 전략을 다섯 가지 유형으로 제시하였으며, 이를 선행 중심 전략과 반응 중심 전략 두 가지로 분류했다. 선행 중심 감정 조절은 감정 반응의 초기 단계에서 또는 가능한 경우 그 이전에 사용된다. 이러한 선행 중심 전략은 예상되는 감정 상태를 미리 예측하거나 차단하여 감정 상태를 관리하는 방법이다. 반면, 반응 중심 감정 조절은 감정을 유발하는 사건이 발생한 후에 사용된다.

1) 다섯 가지 감정 조절 전략

Gross(2009)는 감정이 발생하고 표현되는 과정의 여러 지점에서 감정 조절이 가능하다고 설명했다. 이러한 감정 조절 전략 중 네 가지 예방적인 전략(선행 중심 전략)은 감정이 완전히 활성화되기 전에 적용될 수 있는 방법이다. 다섯 번째 전략은 반응적인 전략(반응 중심 전략)으로, 이미 경험한 감정의 표현과 생리적 반응을 조절하는 방법이다.

네 가지 선행 중심 전략은 다음과 같다.

- **상황선택**(situation selection): 자신에게 원하는 감정 상태를 가져다줄 수 있는 사람이나 상황에 선택적으로 접근하기
- **상황변경**(situation modification): 자신의 감정 반응을 바꾸기 위해 주변 환경이나 상황을 변화시키기
- **주의배치**(attentional deployment): 원하는 감정 상태를 달성하는 데 도움이 되는 특정 대상에 집중하거나, 필요에 따라 주의를 다른 대상으로 옮기기
- **인지변화**(cognitive change)/**인지재평가**(cognitive reappraisal): 현재의 감정 상태를 바꾸기 위해 특정 상황을 다르게 해석하거나 재평가하기

반응 중심 전략은 감정 반응 경향이 생성된 후, 이미 감정이 표출되기 시작할 때 적

용되는 방법이다. 이 전략은 이미 형성된 감정을 다룰 때 사용된다. 예를 들어, 누군가는 마음속으로 큰 분노를 느끼지만 상처 받는 말에 당황하는 것처럼 보이지 않게 노력할 수 있다. 이렇게 감정 반응이 일어난 후 그것을 조절하려는 시도들은 주로 반응 조절 범주에 속한다. 다른 사람이 서툴게 넘어지는 상황에서 웃음을 걱정스러운 표정으로 숨기거나, 화난 기색을 감추며 맞대응을 자제하는 등 기존의 감정 반응을 적극적으로 바꾸는 것도 반응 조절에 포함된다.

다섯 가지 감정 조절 전략을 구체적으로 설명하자면 다음과 같다. 우선, 자신의 상태가 변화하기 시작하면 **상황선택** 전략을 통해 특정 사람, 장소 또는 상황에 접근하거나 그것들로부터 멀리하는 방법으로 감정을 조절한다. **상황변경**에서는 주변 환경의 변화를 통해 자신의 감정적 영향력을 바꾸려고 노력한다. 다음으로, 하나의 상황에는 여러 가지 요소가 있으므로 어느 부분에 집중할 것인지 결정하기 위해 **주의배치** 전략을 사용한다. **인지변화**를 통해서는 여러 가능한 해석 중 하나를 선택하여 이해하는 과정을 거친다. 마지막으로, **반응 조절**에서는 이미 나타난 감정 반응 경향에 영향을 미치려고 노력한다.

선행 중심 전략은 감정 반응이 완전히 활성화되기 전에 적용할 수 있는 방법으로, 이를 통해 행동 변화와 그에 따른 생리적 반응을 막을 수 있다. 예를 들어, 동료의 비판적인 말을 듣게 되면, **인지변화** 전략을 사용해 그 말을 동료의 불안함 표현으로 해석하게 된다. 이렇게 해석하면 화내는 대신 동료에 대한 연민이나 공감 감정을 느끼게 되어, 감정의 전체적인 흐름이 바뀌게 된다.

2) 인지재평가 대 억압

인지재평가(cognitive reappraisal)는 감정 조절 전략 중 하나로, 감정이 발생하는 초기 단계에서 상황을 다른 방식으로 해석함으로써 감정을 바꾸는 방법이다. 이 전략은 강한 감정이 발생할 가능성이 있는 상황에서 그 영향을 줄일 수 있게 도와준다. 반면, **억압**(suppression)은 이미 감정 반응이 일어난 후에 적용되는 조절 전략 중 하나이다. 이는 지속적인 감정 표현 행동, 예를 들어 얼굴 표정이나 언어적 반응을 조절하여 감정을 억제하는 것을 포함한다(Gross & Levenson, 1993).

스트레스 사건을 긍정적이거나 유익하거나 의미 있는 방식으로 재해석하는 인지 재평가는 일반적인 대처 전략 중 하나이다. 이는 대처 관련 문헌에서 종종 **재평가**(reappraisal), **긍정적 재평가**(positive reappraisal) 또는 **이득 찾기**(benefit finding)라고도 불린다. 이 개념은 '긍정적인 면을 찾아내려는 의도적 노력'을 의미하며, 그 효과에 대한 충분한 증거가 있다. 앞으로 이 책의 여러 장에서 이 전략에 대해 자세히 다룰 예정이다.

인지재평가는 감정 반응이 완전히 형성되기 전, 즉 감정 발생 과정의 초기 단계에서 적용되므로, 상대적으로 적은 인지적 자원을 사용하여 전반적인 감정 흐름을 바꿀 수 있다. 이와 반대로 억압은 감정 반응이 일어난 후 행동적 측면을 수정하는 데 사용되며, 부정적인 감정 경험을 줄이는 데에도 그다지 효과적이지 않다. 게다가 억압은 감정 발생 과정의 후반부에서 나타나므로, 감정 반응이 계속 일어날 때마다 이를 조절하기 위해 노력을 기울여야 한다. 이런 지속적인 노력은 인지적 자원을 소모하며 업무 집중을 방해한다.

Gross와 그의 동료들이 수행한 연구에서는, 인지재평가가 부정적인 감정을 유발하는 상황에서 감정 경험과 감정 표현 행동을 모두 효과적으로 줄일 수 있다는 것을 발견했다(Gross & John, 2002, 2003, 2004). 반면, 억압은 감정 표현 행동을 줄이는 데는 어느 정도 효과가 있지만, 부정적인 감정 자체를 완화하는 데는 한계가 있는 것으로 나타났다. 또한 억압은 심혈관계 활성화 증가(Richards & Gross, 2000)와 사회적 상호작용 만족도 저하(Butler et al., 2003) 등 상당한 생리적·인지적 비용을 초래하는 것으로 나타났다. 게다가 장기간에 걸쳐 억압을 더욱 자주 사용하는 사람들은 정서 상태나 대인관계, 그리고 안녕감 영역에서 더 나쁜 기능을 보인다는 것이 밝혀졌다(Gross et al., 2006).

연구 결과에 따르면 인지재평가를 사용할 때 여러 긍정적인 효과들이 있다. 인지재평가의 사용 빈도가 높아짐에 따라 나타나는 긍정적인 결과는 다음과 같다.

- 긍정적인 감정 경험의 증가
- 부정적인 감정 경험의 감소

- 우울증 증상 완화
- 친밀한 관계의 증가
- 호감도 상승
- 삶의 만족도 향상
- 낙관적인 태도 증가

억압을 사용하는 경우에는 그 반대의 결과를 볼 수 있다. 억압의 사용은 긍정적인 감정 경험의 감소, 부정적인 감정 경험의 증가, 사회적 지지의 감소, 우울증 증상 증가, 삶의 만족도와 기분 상태 저하, 미래에 대한 비관적인 태도 등과 연관되어 있다. 억압을 자주 사용하는 사람들은 대개 다른 사람들과의 긍정적인 관계에 가장 큰 영향을 주며, 전반적으로 낮은 수준의 안녕감을 보이는 것으로 나타났다. 이런 연구 결과들은 인지재평가 전략이 건강한 기능과 연결되는 반면, 억압 전략은 건강하지 않은 기능과 연결됨을 보여 준다.

놀라운 점은 성별 간에 감정 조절 전략 사용에 크게 차이가 없다는 것이다. 남성(82%)과 여성(85%) 모두 부정적인 감정 조절에 더 많은 노력을 기울인다고 응답하였으며(Gross et al., 2006), 이는 우리가 일반적으로 가지고 있는 성별과 감정에 대한 고정관념과 다르다. 뿐만 아니라 성별에 상관없이 분노(23%), 슬픔(22%), 불안(10%)이 가장 일반적으로 경험되는 감정 경험인 것으로 나타났다.

앞서 설명했듯이, Gross와 John(2002, 2003)의 연구에 따르면, 감정을 억압하는 것은 감정 경험이 계속될 때마다 지속적으로 자신을 모니터링하고 행동을 수정하는 노력을 필요로 한다. 이는 다른 활동에 필요한 인지적 자원을 많이 소모시킨다. 반면에 인지재평가는 지속적인 자기 모니터링이 필요하지 않아 다른 활동에 사용할 수 있는 인지적 자원을 더 많이 확보할 수 있다. 즉, 이는 억압 대신 인지재평가를 사용하는 교사들이 학급 활동 모니터링에 더 많은 인지적 자원을 사용할 수 있음을 의미한다.

3) 대처 전략

심리학 문헌에서 **대처**(coping)와 **감정 조절**(emotion regulation)이라는 용어는 대체로 유사한 의미를 지닌다. 여기서 대처란 스트레스가 많은 상황을 관리하는 전략을 포괄적으로 나타내며, 부정적인 감정을 수정하는 데 초점을 맞춘다는 점에서 감정 조절의 범주에 속한다. Gross가 감정 조절 전략을 예방적인 전략과 반응적인 전략으로 구분한 것과 유사하게, 일반적인 대처 전략도 그와 비슷한 방식으로 구분할 수 있다. Schwarzer와 Knoll(2003)이 제시한 모델에서 대처는 불리한 상황에 대응하거나 다가올 스트레스를 예상하는 것뿐만 아니라, 더욱 적극적인 대응까지 포함한다. 이들은 과거, 현재, 미래의 사건에 대처하는 네 가지 유형의 대처를 구분한다.

- **반응적 대처**(reactive coping): 과거나 현재의 스트레스 상황에 대응하기 위해 사용된다.
- **예상적 대처**(anticipatory coping): 가까운 미래에 확실히 일어날 것이거나 일어날 가능성이 있는 잠재적 위험에 대응하기 위해 사용된다.
- **예방적 대처**(preventive coping): 장기적으로 보았을 때 불확실한 잠재적 위험이 발생할 경우를 대비하기 위해 사용된다.
- **사전 대처**(proactive coping): 다가올 위험이 발생할 경우를 예측하고 그것에 필요한 자원을 준비하는 데 사용된다.

예방적 대처와 사전 대처는 불확실한 상황을 앞두고, 전반적인 대비 자원을 구축하여 미래에 스트레스를 감소시키려는 장기적인 노력을 의미한다(Aspinwall & Taylor, 1997; Folkman & Lazarus, 1985; Greenglass, 2002). 대부분의 잠재적 스트레스 요인은 이런 방식으로 사전에 대비하고 준비하게 하는데, 이를 통해 예상되는 부정적인 결과를 방지하거나 그 심각성과 영향을 줄일 수 있다.

4) 대처방식과 소진

연구 결과에 따르면, 심리적 소진의 하위요인 중 정서적 고갈 및 비인간화가 회피라는 방어적 대처방식과 관련이 있는 것으로 나타났다(Leiter, 1993). 또한 문제를 부정하는 것은 정서적 고갈 및 비인간화와 관련이 있는 반면, 문제 해결을 위한 더 적극적인 대처방식은 개인적 성취감을 높이는 것으로 확인됐다(Dorz, Novara, Sica, & Sanavio, 2003). Lee와 Ashforth(1990, 1996) 또한 적극적인 대처방식을 사용하는 것이 개인적 성취감과 긍정적으로 관련되어 있음을 밝혔다.

다른 연구자들도 교사의 적극적인 대처방식과 심리적 소진 사이에 부적 관계가 있음을 규명했다(Chang, 2009b; Greenglass, 2002). Schwarzer와 Taubert(2002)는 적극적인 대처방식을 사용하는 수준에 따라 교사를 낮은 수준, 중간 수준, 높은 수준으로 분류하여 적극적인 대처방식과 심리적 소진 사이의 관계를 분석했다. 분석 결과, 그들은 교사의 적극적인 대처방식 수준이 높을수록 심리적 소진은 감소하는 유의미한 경향성을 발견했다. 심리적 소진의 하위요인 차원으로 보면, 적극적인 대처방식 수준이 높은 교사는 적극적인 대처방식 수준이 낮은 교사보다 개인적 성취감은 높은 반면, 정서적 고갈 및 비인간화는 낮은 것으로 나타났다.

McCarthy와 동료들(2009)도 비슷한 연구 결과를 보고했다. 그들은 예방적 대처자원의 수준이 높은 교사들이 심리적 소진의 세 가지 차원에서 모두 낮은 수준을 보이는 것을 확인했다. 또한 그들은 정서적 고갈과 비인간화는 업무 과중과 사회적 지지 부족과 같은 외부 요인에서 비롯되는 반면, 개인적 성취감 저하와 관련된 자기 효능감 감소는 개인 자원 부족, 즉 스트레스를 예방하고 효과적으로 대응하는 전략이 없음으로 인해 발생한다고 결론 내렸다.

 ## 5. 교사가 감정을 조절하기 위해 사용하는 전략

감정 조절에 관한 다양한 이론적 관점이 있지만, Gross가 제안한 모델은 특히 교사의 감정과 관련이 깊다. 이 모델은 감정이 시간 경과에 따라 전개된다는 가정을 바탕으로 감정 조절 전략의 타이밍에 초점을 맞춘다. 감정 조절과 관련해 저경력 교사라면 특히 문제 상황을 예방하고, 감정적으로 격앙된 순간에도 침착함을 유지하며, 감정이 고조된 상황을 다루는 데 도움이 되는 전략 등이 포함된 다양한 감정 조절 전략을 배울 필요가 있다.

Sutton의 연구에서는 교사들이 다양한 전략을 사용하여 자신의 감정을 조절한다고 보고되었다(Sutton, 2007; Sutton, Mudrey-Camino, & Knight, 2009). 이러한 전략 가운데 Gross의 구분에 따라 예방적인 범주에 속하는 예는 이전 절에서도 자세히 설명했다. 예를 들어, 하루 시작부터 순탄치 않다면 교사는 **상황변경 전략**을 활용하여 수업 시작 전 준비가 잘 되어 있는지 확인하고 학생들로부터 적극적인 협조를 요청한다. 또 학생들이 수업 내용 이해에 어려움을 겪으면 그것을 알릴 수 있도록 하며, 필요할 경우 수업 계획 자체를 수정하여 학생들이 쉽게 따라올 수 있는 활동으로 바꾼다.

구체적으로 교사가 감정 조절 전략을 어떻게 활용하고 있는지 살펴보면 다음과 같다. 교사들은 매일 아침 동료와 대화를 나누거나 긍정적인 글귀를 읽는 등의 **주의배치 전략**을 자주 사용했다. 특히 경험 많은 교사들은 학생들의 사소한 행동에 너무 예민하게 반응하지 않음으로써 감정을 조절하고, 그 순간의 감정이 겉으로 드러나지 않도록 하는 방법을 배웠다고 보고했다. 또한 인지재평가의 예로, 부정적인 감정이 더 커지는 것을 막기 위해 교사들은 스스로를 진정시키거나, 학생의 말을 개인적인 것으로 받아들이지 말라고 자기 자신에게 되새긴다고도 하였다. 이는 Meichenbaum(1985)의 **스트레스 면역훈련**(stress inoculation) 중에 분노 반응이 시작될 때 스스로를 진정시키는 내적 대화의 예이기도 하다. 이 전략은 8장에서 자세히 설명할 예정이다.

또한 교사들은 교실에서 경험한 감정을 달래기 위해 교실 밖으로 나가거나, 심호흡을 하거나, 얼굴 표정을 조절하거나, 조용한 장소를 상상하는 등 다양한 반응 조절 전략을 사용한다고 보고했다. 방과 후에 교사들이 주로 사용하는 전략 중 하나는 동료 교사나 친구와 이야기를 나누는 것이었다. 그 외에도 조용히 앉아서 몸의 활동량을 줄이는 등 다양한 방법도 포함되었다. 경력이 많은 교사들은 교사 양성 프로그램에서 감정 조절과 관련된 교육을 거의 또는 전혀 받지 못했기 때문에 자신만의 방법으로 각자 감정을 관리하는 법을 배워야 했다고 답했다(Sutton & Knight, 2006).

Sutton과 Knight가 수행한 연구에 따르면 학생의 수업 참여 및 학급 운영에 대한 교사의 효능감과 인지재평가 사이에 긍정적인 관계가 있는 것으로 나타났다. 다만, 이러한 연구 결과는 초등학교와 중학교 교사에게는 유의했지만, 고등학교 교사에게는 유의하지 않았다.

다른 많은 직업과 달리, 교사들은 강한 감정을 일으키는 상황에 계속해서 노출되며, 자신의 감정을 조절할 수 있는 방법이 제한적이다. 더욱이, 강한 감정이 솟아오를 때 교사들은 스스로를 진정시킬 시간조차 가질 수 없을 때가 많다. 특히 어린 학생들의 정서적 미숙함을 고려하면, 한 학생의 행동은 쉽게 연쇄 반응을 일으킬 수 있다.

교사는 감정을 조절하는 방법으로 특정 사람, 장소 또는 상황에 접근하거나 피하는 **상황선택 전략**을 활용하기 어렵다. 이는 교사가 자신에게 배정될 학생을 고를 권한이 없기 때문이다. 즉, 교사는 교실에서 어떤 학생과 함께 지낼지 선택할 수 없다. 그러나 교사는 동료 교사 중 누구와 친구가 되어 학교에서의 시간을 함께 보낼지는 선택할 수 있다. 또한 교사는 학교에 학생이 없는 소중한 시간을 자신의 재충전을 위해 사용할 수도 있다. 이를 위한 전략은 다음 장에서 더 자세하게 설명할 것이다.

5장
교사의 감정이 중요한 이유

교사 자신의 감정에 대한 이해와 표현은 교실에서의 생활을 탐색하는 데 필수적이다. 많은 교사교육자들은 교사의 감정이 학생 및 학부모와의 유대감을 형성하는 데 중요하므로 교사 개발에 관련된 사람들이 더 심각하게 받아들여야 한다고 주장한다(예: Tickle 1991; Golby, 1996; Nias, 1996; Noddings, 2005). 그럼에도 불구하고 정서를 다루는 것은 대부분의 교육적 연구와 전문적 실습, 특히 교사교육에서 거의 무시되어 왔다(Hargreaves, 2001; Linston & Garrison, 2003; Ria, Sève, Saury, Theureau, & Durand, 2003; Rosiek, 2003).

감정은 교실 역동 관계 및 학생과 교사의 상호작용을 이해하는 데 항상 필수적인 요소였지만, 감정을 연구하는 것은 경쟁적인 의제들 사이에서 낮은 우선순위로 밀려났다. 최근 교사들이 감정적 스트레스로 인해 교직을 그만두는 경우가 많다는 사실은 교육자들이 감정 관리뿐만 아니라 교육에서 감정이 하는 역할에 대해 더 잘 이해하도록 만들었다.

자신의 부정적인 감정 반응에 대처하는 것은 교사에게 주요 스트레스 요인이 된다(Carson, Templin, & Weiss, 2006; Sutton, 2004). 정서적 스트레스와 감정 관리 기술의 부재는 교사가 교직에 불만족을 갖고 교직을 떠나는 주요 원인으로 꾸준히 지목되고 있다(Montgomery & Rupp, 2005). 연구에 따르면 분노와 불안과 같은 감정은 교사가 교직을 그만두기로 결정하는 데 영향을 미치는 핵심 요인으로 밝혀졌다(Gaziel, 1995;

Wilhelm, Dewhurst-Savellis, & Parker, 2000; Wisniewski & Gargiulo, 1997).

감정은 학생과 교사의 관심, 참여, 성과는 물론 그들의 발달, 건강, 전반적인 안녕감에 광범위한 영향을 미치기 때문에 교사의 감정을 다루는 것이 매우 중요하다. 표준기반교육[1])의 열기로 긴장이 고조되고 있는 지금, 그 어느 때보다 교사의 감정에 대한 현재 수준의 이해를 더욱 발전시키는 것은 중요하다.

이처럼 감정의 중요성에 대한 인식이 높아지고 있음에도 불구하고 교육에서 감정의 영역은 아직 상대적으로 연구되지 않은 분야이다. 하지만 최근 몇몇 관련 문헌이 등장하기 시작하면서 지난 10년간 교사와 학생 모두가 경험하는 감정의 본질에 대한 관심과 연구가 꾸준히 증가하고 있다(Efklides & Volet, 2005; Jennings & Greenberg, 2009; Linnenbrink, 2007; Schutz & Lanehart, 2002).

감정은 환경적 도전에 대한 적응을 향상시키기 위해 진화한 것으로 여겨진다. 연구에 따르면 감정은 개인 내, 개인 간, 그리고 시간이 지남에 따라 복잡한 방식으로 패턴화된다. 또한 시간이 지남에 따라 감정은 성별, 인종, 문화, 개인 성향 등의 요인에 의해 영향을 받는다(Pekrun & Schutz, 2007; Turner & Waugh, 2007).

기쁨과 분노와 같은 기본적인 감정은 문화에 관계없이 보편적이다. 연구에 따르면 분노, 두려움, 슬픔, 혐오, 놀라움, 행복 여섯 가지 표정 표현이 보편적인 것으로 밝혀졌다(Ekman, 1992). 일곱 번째 감정은 당혹감이 될 수 있다(Bocchino, 1999). 모든 문화에 걸쳐 핵심적인 감정이 존재하지만, 감정 경험은 문화와 개인에 따라 큰 차이가 있다. 즉, 감정의 구체적인 표현, 강도, 지속 시간은 문화와 상황에 따라 크게 다를 수 있다는 것이다.

감정은 문화에 따라 다르게 인식되기도 한다. 특히 서구 문화권에서는 감정은 휘발성이 강하기 때문에 조절이 필요하다고 여긴다. 전통적으로 감정과 이성은 서로 경쟁하는 관계로 간주되어 감정이 이성을 방해하는 것으로 여겨져 왔다. 그러나 최근의 뇌 연구에 따르면 감정과 이성은 감정적 과정과 인지적 과정이 불가분의 관계로 얽혀 있

---

1) 역자 주: 1980년대 이후 미국의 교육 개혁으로, 표준기반교육(standard movement)은 모든 학교 학생들을 위해 명확하고 측정 가능한 기준을 요구한다.

는 연속적인 과정으로 보아야 한다는 사실이 확인되었다.

감정을 연구하려면 여러 학문의 관점을 통합해야 하는데, 그중 일부는 전통적으로 교육 연구에서 제외된 분야였다. 감정을 완전히 이해하려면 교육과 심리학뿐만 아니라 신경과학, 사회학, 문화인류학 등 다양한 학문을 통합해야 한다.

 ## 1. 감정 유발 요인과 뇌

감정은 뇌에서 시작될 수 있지만 뇌에만 국한되지 않는다. 감정은 몸으로도 표현된다. 강한 감정은 보통 왔다가 사라지므로 정상적인 생리적 균형이 회복되지만, 정서적 스트레스가 장기간 지속되면 뇌와 신체의 화학물질 균형이 깨져 건강에 부정적인 영향을 미친다. 감정의 생리적 결과를 고려할 때 교사는 삶에서 정서적 균형을 잡는 방법을 찾기 위해 노력할 필요가 있다. 이러한 균형은 교실 안팎에서 학생들이 세상에 반응하는 방식으로 인해 발생할 수 있는 많은 건강 문제를 피하는 데 도움이 된다.

뇌는 내부 및 외부 세계를 모니터링하는 특수한 '온도 조절기'를 통해 우리 몸의 필요를 지속적으로 감지한다. 무언가 잘못되었다고 감지하면(예: 신체가 스트레스를 받고 있다고 감지하면) 뇌의 경보 시스템이 활성화된다. 그러면 스트레스 반응 시스템이 작동하여 신체가 필요한 것을 얻을 수 있도록 도와준다. 이러한 조절의 대부분은 우리가 의식하지 못하는 사이에 자동으로 이루어진다. 외부 세계가 압도적이거나 위협적일 때 우리 몸은 싸우거나 얼어붙거나 도망칠 준비를 하라는 신호를 보낸다.

뇌가 정보를 처리, 저장, 검색하는 방법에 대한 최근의 지식은 교육과 학습에 대한 개념을 근본적으로 변화시켰다. 뇌의 핵심 임무는 생존을 촉진하기 위해 우리의 외부와 내부 세계의 정보를 감지하고, 인식하고, 처리하고, 저장하고 그에 따라 행동하는 것이다. 이를 위해 인간의 뇌는 효율적이고 논리적인 조직 구조로 진화했다.

아주 먼 과거, 위협에 얼마나 빠르게 반응하는지는 생존의 문제와 밀접했다. 오늘날까지 우리의 뇌는 말 그대로 실제로 위험한 상황이든 아니든 인지된 위험으로부터 우리를 보호하도록 프로그래밍 되어 있다. Goleman(1995)에 따르면 우리가 일상생활을 할 때 우리의 감정 반응은 세 가지 요소에 의해 형성된다고 한다.

- 이성적 판단(사실을 인식하고 평가하기)
- 개인사(나를 형성하기 위해 일어난 일)
- 조상의 과거(신경생물학)

이 세 가지 요인은 동시에 작용하며, 종종 현재의 사실과 관계없이도 작용한다. 즉, 정서적 트라우마를 경험한 적이 있는 사람은 현재 상황이 안전하더라도 기억의 유발 요인을 경험할 때 정서적 반응과 신체적 반응을 모두 보인다. 이는 뇌가 위험에 대한 신호를 보내기 때문에 발생한다. 이것은 여러분이 강한 '정서적 꼬리표'를 가지고 있는 모든 감정적 기억에서 발생할 수 있다. 역설적으로 뇌의 반응은 매우 이성적이다. 왜냐하면 신체적 반응의 유발 요인이 실제처럼 인식되어 뇌를 생존 모드로 전환하기 때문이다(Thomsen, 2002).

뇌는 하위의 단순한 영역부터 상위의 복잡한 피질 영역까지 계층적 조직을 가지고 있다. 아래쪽 영역은 호흡, 심박수, 혈압과 같은 가장 단순한 기능을 제어하는 반면, 위쪽 영역은 언어, 추상적 사고, 감정 조절과 같은 보다 복잡한 기능을 제어한다(Perry, 2006).

뇌는 경험에 반응하여 스스로 발달하고 수정한다. 경험의 결과로 변화하는 뇌의 능력, 즉 **가소성**이라는 것은 잘 알려져 있다(Diamond, 1988; Huttenlocher, 2002; LeDoux, 2002; Schwartz & Begley, 2002). 이러한 가소성 때문에 뇌는 경험, 특히 반복적이고 패턴화된 경험에 반응하여 변화할 수 있다. 비록 유아나 어린이의 '민감한(sensitive)' 뇌가 경험에 영향을 잘 받지만, 성숙한 뇌의 기능은 우리의 일생 동안 경험을 통해 계속해서 변화하고 있다.

1) 뇌가 정서 유발 요인에 반응하는 방법

과학자들은 정서적으로 중요한 경험을 기록하고 회상하는 뇌의 능력은 감정적인 사건에 생생한 기억의 표식(tag)을 붙이는 정서 유발 물질이 신체 전반에 걸쳐 방출되기 때문일 것이라고 믿고 있다(Cahill & McGaugh, 1998; Gazzaniga, Ivry, & Mangun, 2002). 실제로 감정은 기억력을 강화하기 위해 뇌 영역에 신호를 보내는 호르몬을 분비하여 기억력을 향상시킨다.

광범위한 뇌 연구에 따르면 정서와 인지는 과거에 사람들이 믿고 있던 것처럼 분리될 수 없다는 결론에 이르렀다(Calkins & Bell, 2010; Damasio, 1999, 2003; Pert, 1997). 정서 상태는 정서가 실제로 기억에 정보의 저장과 회상을 용이하게 하는 등 깊은 영향을 미친다. 또한 정서는 학습과 행동을 돕거나 억제하기 위해 이성과 상호작용한다 (Detweiler, Rothman, Salovey, & Steward, 2000). 정서는 모든 생각과 결정, 그리고 행동의 일부라고 할 수 있다.

정서 데이터는 우선순위가 높다. 당신이 어떤 상황에 감정적으로 반응할 때, 뇌의 정서 체계는 더 많은 뇌 과정을 중단시키는 주요한 역할을 한다(Sousa, 2006). 분노, 미지의 것에 대한 두려움, 심지어 즐거운 환희는 이성적인 생각을 빠르게 극복할 수 있다. 이러한 의식적 사고의 반사적 무시는 너무 강력해서 일시적으로 말하거나 움직일 수 없게 만들 수 있다. 이것은 사람들이 극단적인 정서 반응을 경험할 때 종종 하는 말에서 분명하게 드러난다. 즉, "**말이 안 나온다.**" "**얼어붙었다.**"와 같은 것이다.

교사가 교실에서 긍정적인 정서를 느끼면 엔도르핀이 분비되어 즐거운 기분이 활성화된다. 반대로 교사가 학생이나 수업에 대해 부정적인 정서를 느끼거나 스트레스를 받으면 코르티솔이 분비되어 뇌와 신체 전체로 이동하여 방어 행동을 활성화한다. 이것은 뇌 활동을 스트레스의 원인을 찾고 스트레스를 어떻게 다루어야 하는지에 집중하는 것으로 모이게 하고, 가르치는 일에 거의 주의를 기울이지 않게 한다(Kagan, 1989; Kuhlmann, Kirschbaum, & Wolf, 2005). 강한 감정은 사건에 대한 기억을 강화하는 동시에 그 사건에 대한 의식적 처리를 중단시킬 수 있다. Sylwester(2003)에 따르면 주의력은 감정에 끌리기도 하고 지속되기도 한다. 교사가 당면한 과제에 주의를 돌리기 전에 교사는 먼저 정서적으로 안정감을 느껴야 한다. 물론 이는 학생들에게도 해당된다.

2) 정서 기억

우리 모두는 자동화된 정서 반응을 가지고 있다. 아무 생각 없이 충동적으로 행동하는 것처럼 보일 수 있지만, 실제로는 습관적인 기억에 저장된 방어적 반응에 의존하고 있는 것이다. 뇌는 이러한 신호를 의식적으로 인식하기 전에 1/4초 이내에 적대감이나 거부를 감지하여 정서와 행동을 유발할 수 있다. 예를 들어, 매우 비판적인 부모 밑에서 자란 사람은 사소한 비판에도 화를 낼 수 있다. 이를 인지하지 못하는 관찰자에게는 충동적인 행동으로 보이는 것이 그들에게는 위협을 감지한 '즉각 반응'일 수 있다. 연구에 따르면 우리가 보고, 듣고, 만지고, 냄새 맡는 모든 것은 200밀리초 이내에 자동적이고 무의식적인 연상을 유발한다고 한다. 그 순간 뇌는 이미 이러한 입력을 평가하여 상황이 안전한지 위협적인지 판단한다(Azar, 1998).

정서 기억은 우리의 경험, 생각, 그리고 아이디어에 대한 느낌과 감정이 저장되는 장소이다. 이전의 경험은 개인의 저장고에 '정서 노트'와 함께 보관된다(Wood, Quirk, & Swindle, 2007). 우리는 화가 나면 차분하고 이성적인 마음 상태에서는 하지 않을 일을 충동적으로 하게 된다. 이처럼 항상 반응적인 상태가 되지 않으려면 교사는 감정이 어떻게 작용하는지 이해하고 스트레스를 유발하는 행동으로 이어지기 전에 감정을 차단할 수 있는 기술을 개발할 필요가 있다.

교실의 사건은 정서와 생각이 연결된 기억 속에서 매우 개인적인 연상을 유발한다. 같은 사건이라도 교사마다 각기 다른 연상을 불러일으킨다. 비록 이러한 연상은 의식적으로 떠올리지 않더라도, 저장된 과거 경험의 필터를 통해 인지 기억과 정서 기억을 모두 건드린다.

정서 기억이 문제가 되는 사건(예: '또 시작이네.')에 의해 촉발되면 교사의 행동을 지배하게 되고, 이러한 흥분된 감정에 대처하기 위해 정신 기능이 집중되어 다른 일에 집중할 수 있는 능력이 떨어지게 된다. 격렬한 정서 기억이 활성화되면 교사는 위축되거나 화를 낸다. 흥분된 감정의 강도가 감소하지 않는 한, 교사의 행동 반응은 방어적이며 일반적으로 비생산적이다. 이는 연상의 강도를 강화하고 저장된 정서 기억에 부정적인 연상을 확장하는 악순환을 만들어 문제를 더욱 복잡하게 만든다(Parrott &

Spackman, 2000).

위협을 받으면 우리의 몸과 마음은 적응 방식으로 반응하여 정신 상태와 몸의 생리에 변화를 일으킨다. Perry(2006)의 연구에 따르면, 위협에 대응할 때 우리는 평온에서 각성, 경보, 무서움, 공포로 이어지는 각성 연속체를 따라 움직이며(〈표 5-1〉 참조), 뇌의 여러 영역이 정신적·신체적 기능을 제어하고 조율한다. 위협을 많이 받을수록 우리의 사고와 행동 방식은 원시적(또는 퇴행적)으로 변하여 방어에서 공격으로 이동한다.

〈표 5-1〉 각성 연속체에 따른 행동 진행 과정

마음 상태	행동
각성(arousal)	경계(vigilance), 방어(defensiveness)
↓	↓
경보(alarm)	저항(resistanace)
↓	↓
무서움(fear)	도전(defiance)
↓	↓
공포(terror)	공격성(aggression)

2. 부정적인 감정과 감정과잉

부정적인 감정이 초래하는 최악의 결과 중 하나는 **감정과잉**(flooding)으로 이어질 수 있다는 것이다. 감정과잉은 감정이 주의력을 빼앗아 말 그대로 뇌의 사고 능력을 차단하는 극단적인 감정과잉을 설명하기 위해 심리학 문헌에서 사용되는 용어이다(Gottman, 1994). 감정과잉이 발생하면 현재 상황과 자신의 반응에 너무 압도되어 '시스템 과부하'를 경험하게 되고, 스트레스로 휩싸여 화가 치밀어 오르게 된다. 이러한 통제 불능 상태가 되면 극도로 방어적이거나 적대적이 되며 때로는 위축될 수 있다.

신경과학 연구에 따르면 부정적인 감정은 뇌 활동을 활성화하고 동기화하여 주의를 집중시키고, 의식을 자주 침범하며 범람시키는 것으로 나타났다(Derryberry & Tucker, 1994; LeDoux, 1996; Phelps & LeDoux, 2005). 교사의 부정적인 감정은 매우 강력하게 주의를 집중시키기 때문에 중요하다. 교사에게 부정적인 감정을 불러일으키는 학생들의 행동은 교사가 교육 목표에 주의를 집중하지 못하게 한다. 교사들은 종종 학생의 도전적인 행동과 당면한 교수 과제 사이에서 관심을 나눌 수 없기 때문에 주의가 산만해지고 집중력을 잃는다고 보고된다.

높은 불안감은 방해가 되는 생각과 걱정으로 인해 작업기억의 제한된 자원을 줄일 수 있다. 이러한 기억 자원의 손실은 '작업 관련 처리과정'을 손상시켜 불안한 사람이 사용할 수 있는 두뇌 능력을 감소시킨다(Eysenck, 1997). 즉, 수업 계획과 방해가 되는 학생 행동에 대해 매우 불안해하는 초임 교사는 순간순간 발생하는 무수한 교실 문제를 해결하기 위한 창의적인 선택에 접근할 가능성이 낮아진다.

불안의 부정적인 영향과 달리 기쁨, 흥미 또는 자부심과 같은 특정 긍정적 감정은 '순간적 사고-행동 레퍼토리'를 확장하여 더 많은 생각과 행동을 떠올리게 한다(Fredrickson & Branigan, 2005). 따라서 긍정적인 감정을 더 많이 경험하는 교사는 문제 해결을 위한 다양한 방법을 더 잘 만들어 낼 수 있다. 초임 교사들에게 전형적으로 나타나는 것으로 그들이 교실 문제에 대한 창의적인 해결책을 떠올리는 능력이 가장 필요할 때, 불안감이 높은 상태에서는 뇌의 인지 능력이 멈추게 된다.

격렬한 대화를 나누다 부정적인 정서와 생각이 떠오르는 것은 정상이다. 너무 극단적으로 치닫지 않는 한, 대부분의 사람들은 이를 감당할 수 있다. 우리 모두에는 각성 수준을 측정하는 측정기가 내장되어 있다. 수위가 너무 높아지면 바늘이 꼬이기 시작하고 감정과잉이 일어나기 시작한다. 얼마나 쉽게 감정과잉을 겪게 되는지는 개인마다 다르다. 극소수의 사람들은 매우 높은 임계값을 가지고 있는 반면, 다른 사람들은 비판이나 불만을 제기하는 것만으로도 스트레스가 넘친다고 느낀다. 당연히 현재 상황 외에 얼마나 많은 스트레스를 받고 있는지도 감정과잉에 영향을 미친다. 스트레스를 많이 받을수록 더 쉽게 감정과잉을 경험할 수 있다.

언쟁이 높아지거나 학생의 해로운 행동에 대응할 때 감정과잉을 느끼는 것은 드문 일이 아니다. 하지만 이런 일이 자주 발생하면 학생을 생각하는 방식에 매우 부정적인 변화가 발생할 수 있다. "이제 어떻게 하지?"라는 두려움으로 모든 것에 반응하기 시작한다. 공격에 대한 경계를 늦추지 않기 위해 끊임없이 과각성하게 되고, 스트레스를 유발하는 생각에 몰입하게 된다. 왜곡되고 괴로운 생각은 여지를 두지 않고 생각을 온통 지배한다. 사실상, 부정적인 생각과 각성된 신체가 공모하여 개인 체온계를 마이너스 범위로 영원히 떨어뜨리는 것이다.

시간이 지남에 따라, 부정적인 생각을 반박할 수 있는 행동보다 부정적인 생각을 확인하게 하는 학생의 행동에 더 많은 주의를 기울이게 된다. 예를 들어, 학생이 신뢰할 수 없고 이기적이라는 결론을 내린 경우, 학생이 신뢰할 수 있고 배려심이 많다는 예는 간과하게 될 수 있다. 부정적인 기대와 생각이 기준이 되고, 긍정적인 성격의 증거는 무시된다.

교사의 자기 대화가 부정적인 감정을 진정시키기보다는 악화시키는 생각에 의해 지배된다면 학생들의 방어성, 공격성 또는 분노에 대한 반응으로 감정과잉이 될 가능성이 높다. 감정과잉의 증상으로는 심박수 증가와 아드레날린의 분비가 있다. 신체가 이러한 감정과잉의 증상을 느낄수록 자신을 진정시키고 침착하게 상황에 대응할 수 있는 능력이 떨어지게 된다. 대신, 생각과 감정이 서로 결탁하여 압도당하게 하는 느낌을 더욱 가중시킨다. 시간이 지남에 따라 학생지도와 업무에서 부정적인 면을 찾아 반응하는 습관이 생기게 된다. 이는 자기 충족적 예언이 되어 부정적인 요소를 더 많이 기대하고 찾을수록 부정적인 요소를 발견하고 이를 중요하게 여겨 마음속에서 강조하게 된다.

감정과잉 상태가 수그러들지 않고 계속되면 그 결과는 치명적일 수 있다. 소진의 주요 원인인 정서적 고갈을 경험하는 교사는 정기적으로 감정과잉을 겪을 가능성이 높다.

1) 초임 교사는 감정 반응이 더 강하다

초임 교사의 감정 반응 강도는 불안감, 두려움, 지각된 무능감으로 인해 경력이 많은 교사보다 더 강하다(Sutton & Wheatley, 2003). 특히 초임 교사의 감정은 강렬하고 불규칙하다. Erb(2002)는 초임 교사의 감정을 소용돌이에 비유하며 다음과 같이 말했다.

한 경험에서 다른 경험으로 변화하며, 초임 교사의 세계는 결코 멈춰 있지 않다. 소용돌이의 방향은 예측할 수 있지만 활동의 정도는 예측하기 어렵다. 서로 반대되는 흐름이 작거나 큰 소용돌이를 만들 수 있다. 물체는 잔잔한 물살에 떠 있을 수도 있고, 압도적인 힘의 세기에 의해 수면 아래로 빨려 들어갈 수도 있다(p. 1).

생애 연구를 수행한 연구자들은 성인기 동안 부정적인 감정은 나이가 들면서 계속 감소한다는 사실을 발견했다(Carstensen, Pasupathi, Mayr, & Nesselroade, 2000; Mroczek & Almeida, 2004). 즉, 주관적으로 경험한 부정적 감정과 긍정적 감정의 비율은 나이가 많고 경험이 많은 교사보다 20대 초임 교사가 더 높을 가능성이 높다는 것을 의미한다.

3. 교사의 분노 표현

학교 상황에서 분노와 같은 다루기 힘든 감정에 관한 문헌은 일반적으로 연구에 기반하지 않는다. 대신, 이용 가능한 대부분의 문헌은 교사들이 학교에서 학교폭력과 공격성을 예방하는 방법뿐만 아니라 화가 난 학생이나 학부모를 대하는 방법을 제공한다. 몇몇 경험적인 연구들은 교사의 감정적인 삶, 특히 분노에 초점을 맞췄다. 분노는 학생과 교사 모두에게 잠재적으로 해로운 영향을 미칠 수 있기 때문에 교사와 함께 가장 많이 연구된 감정이다.

당연하게도 교사의 분노를 연구하는 연구자들은 분노가 교실에서 경험할 수 있는 만연한 감정이라는 사실을 발견했다. 실제로 중학교 교사를 대상으로 실시한 Sutton(2004)의 연구에서 90% 이상의 교사가 분노를 참거나, 분노를 줄이거나, 분노에서 한 발짝 물러나거나, 자신을 억제하려고 노력하는 것에 대해 이야기했다. Dorney(2000)는 여교사들의 이야기에서 분노에 대한 표현을 조사하면서, 분노는 바로 지금 그들의 직무에서 확인되는 주제라는 것을 찾아냈다.

Golby(1996)의 연구에는 업무 중 부정적인 감정, 특히 짜증, 분노를 어떻게 관리했는지에 대한 교사들의 설명이 포함되어 있다. 이 연구에서 교사들은 전문성이란 체제의 제약 내에서 효과적으로 일하기 위해서는 자신의 감정을 통제해야 한다는 관점을 갖고 있었기 때문에 분노를 조절하는 방법을 학습해야 했다고 보고했다. Golby는 통제에 대한 강한 욕구가 학교 환경에서 감정 반응의 제한을 초래할 수 있다고 제안했다.

Tickle(1991)은 초임 교사를 대상으로 한 연구에서 교사들이 주간 교사회의에 모일 때, 교사의 감정이 자주 토론의 초점이 된다는 사실을 발견했다. 그는 Golby와 유사한 연구 결과를 통해 신규 교사들이 감정을 관리하는 것은 그들이 전문적인 역할을 해내도록 성장하는 것과 관련된 분야로 인식하고 있다는 것을 확인했다. 이러한 연구 결과는 이전 장에서 논의한 교사가 전문직에서 인정하는 '감정 규칙'을 내면화한다는 개념을 뒷받침한다.

또한 분노라는 주제에 초점을 맞춘 deMarrais와 Tisdale(2002)은 교사들에게 분노를 경험한 구체적인 학교 및 교실 관련 상황을 설명해 줄 것을 요청했다. 이러한 교사들의 내러티브를 분석한 결과, 교사들의 분노 경험에 대한 묘사는 가르침, 학교교육, 교육 및 학생 복지에 대한 신념 및 가정과 밀접한 관련이 있는 것으로 나타났다. 논문 연구자들은 교사의 '도덕적 목적', 즉 교사로서 성취해야 한다고 믿는 것이 그들의 분노 경험에 대한 설명과 불가분의 관계에 있다는 사실을 발견했다. 이들은 업무에서 달성하고자 하는 목표가 매우 분명했으며, 이러한 목적을 달성하는 데 방해가 된다고 인식할 때 종종 분노를 표출했다. 다시 말해, 교사들은 자신들이 도덕적 목적을 달성하는 데 방해가 된다고 느낄 때 분노가 발생했다.

분노의 경험 자체가 도덕적 가책을 더욱 불러일으키는 경우가 많았다. 교사들은 학생들에게 또는 학생 앞에서 분노를 표출해서는 안 된다는 신념을 분명하게 밝혔다. 교사들은 학생 앞에서 또는 학생에게 분노를 표현하는 것을 꺼리는 경우가 많았지만, 학생들이 팀 플레이어가 되어 교사를 존중해 주기를 기대했다. 이 연구자들은 분노는 많은 교사들에게 복잡하고 문제가 되는 주제라는 결론을 내렸다.

여교사 집단을 연구한 연구자들은 이 교사들이 분노가 유발될 때 불편함과 도덕적 가책을 경험하면, 분노를 표현하거나 느끼지 않기 위해 상당한 에너지를 소비한다는 사실을 발견했다(Liljestrom et al., 2007). 교사들이 보기에 분노는 좋은 교사가 되는 것과 양립할 수 없는 것이었으며, 교사들은 종종 교사로서의 역할 중 하나로 자신의 감정과 다른 사람의 감정을 처리하는 데 전적인 책임을 져야 한다고 보고했다.

교사들은 전문성을 갖추기 위해서는 감정 관리와 분노 경험의 회피가 모두 필요하다고 생각했다. 분노의 표현을 피할 수 없는 경우에도 분노는 교사의 전문적 역할과 양립할 수 없는 것으로 인식했다. 교사들은 분노를 유발할 수 있는 수업 상황을 피하기 위해 잘 준비하고 학생의 배경과 상황에 대한 이해를 깊게 하는 등 특별한 교육학적 관행을 채택하고 있다고 말했다.

Liljestrom과 동료들은 교사들의 분노 경험에 대한 설명에서 실망, 좌절, 분노, 격분, 놀라움, 충격, 죄책감, 슬픔, 수치심, 두려움 등의 감정이 뭉쳐져 있는 것을 발견했다. 교사들은 종종 동시에 발생하는 이러한 어려운 감정을 분리하지 못하는 것처럼 보였다. 그들의 두려움은 종종 분노의 표현 그 자체였다. 왜냐하면 교사들은 종종 통제 불능에 대한 두려움에 대해 이야기했기 때문이다. 연구의 저자들은 가르치는 것과 배우는 것은 즐거움에서 분노에 이르기까지 모든 영역을 아우르는 매우 정서적인 경험이라는 결론을 내렸다.

Sutton(2004)의 연구에서 교사들은 긍정적 정서와 부정적 정서를 넓은 영역에 걸쳐 경험했다고 보고했지만, 부정적 정서 경험을 분노보다는 좌절감으로 묘사하는 경향이 더 높았다. 수업과 관련하여 떠오르는 정서에 대해 묻는 인터뷰 질문에 대해 교사 중 2/3가 좌절감에 대해 이야기한 반면, 1/3만이 분노에 관한 반응을 이야기했다. 일부 교사들은 분노를 표현하는 것을 불편해했으며, 분노보다는 좌절감을 자연스럽게 이야기하는 경향이 훨씬 더 높았다. Sutton의 연구에 참여한 교사들은 학생들의 잘못된 행동, 부주의 또는 동기 부족으로 인해 학업 목표가 막힐 때 가장 흔히 화를 내고 좌절한다고 답했다.

Sutton과 동료들은 후속 일지 연구에서 대다수의 교사가 다음과 같이 보고했다는 사실을 발견했다. 분노와 좌절의 경험은 사소하고 일시적인 감정이 아니라 강렬하고 한 시간 이상 지속되었다. 교사들은 방해가 되는 생각으로 인해 감정 에피소드가 발생하기 전에 하던 일을 집중하기 어려웠다고 보고했다(Sutton, Genovese, & Conway, 2005). 앞서 설명한 연구와 마찬가지로, 교사들의 머릿속에는 분노와 좌절의 에피소드가 흐릿하게 떠올랐으며, 두 감정에 대해 비슷한 반응을 보였다고 보고했다. 이는 분노와 좌절의 일상적 의미가 매우 다양하다는 연구 결과와 일치한다(Clore & Centerbar, 2004). 또한 교사들은 분노와 좌절의 원인을 다른 사람에게 돌리는 경우가 가장 많았다(83%).

4. 교사가 감정에 대해 알아야 할 사항

교사의 감정에 대한 연구 결과는 교사에게 중요한 함의를 지닌다. 그 의미 중 일부는 다음과 같다.

- 교사는 자신과 학생의 감정이 교실에 스며든다는 것과 교사가 가르치는 일에 대해 어떻게 느끼는지에 막대한 영향을 미친다는 것을 이해해야 한다.
- 강렬한 감정을 경험하는 것은 가르치는 일에 내재되어 있다.
- 가르치는 일은 기쁨부터 분노에 이르기까지 다양한 감정을 불러일으킨다.
- 감정의 변화는 특히 신규 교사에게 큰 영향을 미친다.
- 불편한 감정은 깊이 간직하고 있는 신념을 둘러싸고 일어난다. 특히 그 신념들이 어려움을 겪을 때 더욱 그렇다.

교사는 시시각각 변하는 감정의 기복에 대처하는 데 도움이 되는 전략을 배워야 한다. 예비 교사와 자기 개발 중인 교사들은 교사로서의 삶에 감정이 얼마나 중요한 역할을 하는지 잘 이해해야 한다. 교사는 스트레스를 줄이고 소진을 예방하기 위해 불편한 감정을 경험하는 것에 대한 회복력을 키우고 감정 반응을 조절할 수 있는 전략을 지녀야 한다. 교사가 교육활동의 정서적 특성을 잘 아는 것은 교실에서 자신의 감정과 학생의 감정을 잘 다룰 뿐만 아니라 감정적 사건을 잘 처리하는 전략을 갖추도록 돕는 첫 번째 단계가 된다(Schutz, Cross, Hong, & Osbon, 2007).

교사들이 가르침의 본질과 교실 환경에 대한 현실적인 믿음을 갖는 것은 중요하다.

교사는 가르치는 것이 본질적으로 정서를 다루는 과정이라는 것을 알아야 한다. 또한 교사는 자신이 지켜야 하는 '정서적 규칙'을 잘 인식해야 하며, 더 중요한 것은 이러한 정서적 규칙에 도전할 필요가 있다는 것이다.

교육 개혁이 만연한 상황에서 이러한 끊임없는 변화는 교사에게 직접적인 영향을 미치며 교사 스트레스의 또 다른 원인이 된다. 학교는 끊임없이 변화하고 있다. 이러한 변화는 교사의 책무성에 대한 국가 정책 의무, 주 전체 표준, 커리큘럼 개혁을 위한 지역 교육계획에 이르기까지 다양하다. 교사에게 이러한 새로운 교육계획은 종종 커리큘럼과 교육학에 대한 현재의 인식이나 믿음을 바꾸고, 자신의 정체성과 목표에 도전하는 것을 포함한다. 이와 같이 새로운 교육과정의 의무를 이행하는 것은 믿음을 바꾸기 위한 노력이 될 수 있으며, 이는 길고 느린 과정일 뿐만 아니라 감정적으로도 힘든 과정이 될 수 있다. 학교 개혁 노력은 그 자체로도 스트레스가 되지만, 효과적인 커리큘럼, 바람직한 교육법, 양질의 교육 관행에 대한 소중한 신념과 맞닥뜨리는 것은 훨씬 더 신경이 쓰이는 일이다.

1) 불편한 감정 다루기

우리는 실제로 선택권이 있다는 사실을 깨닫지 못한 채 자동 패턴에 빠지기 쉽다. 수업에 대한 압박감이 누적되면, 스트레스나 압도당하는 느낌을 받게 된다는 것은 논리적이고 합리적이라는 것을 인정하기 어려울 수 있다. 때때로 교실에서 일어나는 일의 복잡성을 고려할 때 분노, 절망감, 괴로움의 감정을 예측할 수 있다. 우리의 목표는 특정한 감정을 없애는 것이 아니라, 현재 일어나고 있는 일에 대한 이해를 높이고 감정을 인정하며 다른 사고방식을 이해하고 궁극적으로 감정을 탐색하는 것이다.

매일 일정 시간 동안 좁은 공간에서 학생들과 함께 밀접하게 접촉하면서 지내는 교사가 가끔은 분노를 느끼지 않을 것이라고 생각하는 것이 오히려 비현실적이다. 이렇게 밀접한 생활공간에서 교사가 분노를 전혀 느끼지 않는 것이 오히려 매우 드문 일이다. 교사라면 누구나 분노의 감정을 경험해 보았을 것이다. 교사가 때때로 분노를 느끼는 것은 정상적인 반응이며, 교사가 관리할 수 있어야 하는 것은 바로 이러한 분노의 표현이다. 또한 불편한 감정이 여러 가지 면에서 도움이 될 수 있는 잠재력을 가지고 있다는 사실을 인정하는 것도 중요하다. 이러한 감정은 다음과 같은 것을 할 수 있다.

- 자신의 욕구에 관한 가치 있는 정보를 제공할 수 있다.
- 오래된 상처를 확인하고 치유하는 데 도움이 될 수 있다.
- 두 사람의 관계에서 더 깊은 관계를 형성할 수 있다.
- 더 나은 선택을 할 수 있는 신호가 된다.

심리적 변화에 대한 많은 이론의 핵심은 자신을 완전히 받아들여야만 자유롭게 변화할 수 있다는 것이다. 불편한 감정을 해결하기 위해서는 먼저 자신을 인정하고 받아들여야 한다.

2) 몸의 신호를 읽는 법 배우기

몸의 신호를 읽는 법을 배우는 것은 스트레스 대처 능력을 개발하는 과정의 핵심이다. 몸의 균형이 깨졌을 때 느끼는 많은 감각은 갈증을 느끼는 것처럼 분명하다. 하지만 신체는 다양한 종류의 잠재적 위협에 대해 공통된 경보 감각을 사용한다. 좌절감으로 인한 경보 반응과 그로 인한 감정은 두려움으로 인한 경보 반응과 매우 유사하다. 즉, 불안, 불안전감 또는 압도되는 느낌에 대한 반응으로 화를 낼 수 있다. 배가 고플 때 느끼는 내적 고통도 화를 내는 반응으로 이어질 수 있다. 식사를 거르면 학생, 친구 또는 가족에게 화를 내며 반응하는 자신을 발견한 적이 있을 것이다. 불안감을 분노로 잘못 분류하면 과도한 정서 반응으로 이어지기도 한다. 그렇기 때문에 감정에 이름을 붙이는 방법을 배우는 것이 중요하다.

감정이 떠오를 때 감정에 이름을 붙이는 단순한 행위만으로도 감정에 어느 정도 거리를 두는 데 도움이 되고, 감정의 주체가 자신이 아니라 감정의 창조자라는 인식을 키울 수 있기 때문에 심리적으로 중요한 영향을 미칠 수 있다. Gottman, Katz와 Hooven(1997)에 따르면 감정에 이름을 붙이는 행위는 신경계에 진정 효과를 가져와 괴로운 사건에서 더 빨리 회복할 수 있도록 도와주는 기능을 한다고 한다. 감정을 경험하는 동안 자신이나 다른 사람에게 감정에 대해 이야기하면 언어와 논리가 있는 뇌 부위가 활성화된다. 이렇게 하면 초점을 감정이 활성화되는 뇌의 영역에서 다른 곳으로 옮길 수 있다.

3) 신체적 신호에 주목하기

힘을 잃게 만드는 행동 패턴을 알아차리는 방법을 배워 새로운 선택을 할 기회를 갖는 것은 중요하다. 그 핵심은 부정적이고 비난하는 생각이 들면 기다리지 말고 적극적으로 행동하는 것이다. 우리의 목표는 부정적 행동 패턴에서 적극적 대처로 더 빠르게 변경하는 법을 배우는 것이다. 신체적 신호에 주의를 기울이면 조기 경고에 더 잘 대처할 수 있다. 다음과 같은 질문에 스스로 답해 본다.

자신에게 하는 질문
- 열감을 느끼고 있는가?
- 말을 빨리 하기 시작했나?
- 손바닥에 땀이 나나?
- 속이 메스껍나? 심장이 두근거리나?
- 숨이 차나?
- 근육이 긴장되었나?
- 이를 악물고 있나?
- 목소리가 높아졌나?

신체 감각에 주의를 기울이는 것으로 생각을 전환하여 현재 경험하고 있는 감정을 잠시 멈추고 인정함으로써 과민 반응을 줄이는 데 도움을 받는다. 이 책의 나머지 부분에서 제공하는 다양한 전략은 감정을 관리하고, 스트레스에 더 효과적으로 대처하며, 자신을 지속하게 하는 더 나은 선택을 하는 데 도움이 될 것이다.

2부

스트레스와 소진의
예방 및 극복 방법

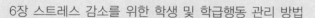

$$6장$$

스트레스 감소를 위한
학생 및 학급행동 관리 방법

　1장에서 언급하였듯이, 학생들의 도전적인 행동을 관리하려고 노력하면서 생기는 스트레스는 종종 소진을 촉발한다. 학생들의 행동을 관리하는 것은 교사의 본질적인 업무 중 하나이며 전문가로서의 정체성을 갖게 하는 핵심적인 요소이다. 지속적으로 훈육과 관련된 문제로 어려움을 겪는 교사들은 스트레스와 소진의 위험성이 높아진다.

1. 학급관리와 교사의 스트레스 및 소진

　학급관리와 교사의 스트레스 간의 관계는 선행연구에서 잘 정리되어 있다. 많은 연구들은 교사의 학생 행동문제에 관한 지각이 스트레스 수준과 관련성이 있음을 입증하고 있다(Boyle, Borg, Falzon, & Baglioni, 1995; Brock, 1999; Brouwers & Tomic, 2000; Center & Callaway, 1999; Friedman, 1995; Giallo & Little, 2003; Hastings & Bham, 2003; Kijai & Totten, 1995; Kinnunen & Salo, 1994; Kokkinos, 2007; Little, 2003; Miller, 1995).

　학생 행동관리와 스트레스 및 소진과 관련된 몇몇 연구 결과들은 다음과 같다.

• 학급 환경이 나빠졌을 때, 교사들은 정서적으로 고갈되고 학생들에 대한 부정적인 태도를 갖게 된다(Burisch, 2002; Evers, Tomic, & Brouwers, 2004; Näring et al., 2006;

Schlichte, Yssel, & Merbler, 2005).

- 격하고 정서적으로 고갈된 감정을 경험하는 교사들은 가용한 인적 자원이 적고 행동문제를 가진 학생들을 다루기 위한 정서적인 여유가 없다(Abel & Sewell, 1999; Egyed & Short, 2006; Hakanen et al., 2006; Quinn, 2003).
- 정서적으로 고갈된 교사들은 그들의 학생들에게 무심해지며 탈개인화의 감정이 증가하면서 개인적 성취감이 감소한다(Byrne, 1999; Durr, 2008; Maslach, Jackson, & Leiter, 1996).
- 스트레스를 경험한 교사들은 비행을 하는 학생들에게 효과적인 방법으로 대응할 가능성이 적어지는 경향이 있다(Maag, 2008).
- 학생과 학생의 훈육에 대하여 권위주의적이고 요구적인 태도를 가진 교사들은 파괴적인 학생의 행동에 직면하여 과도한 스트레스를 경험한다(Bernard, 1988).
- 꾸중, 위협, 부정적인 결과로 특징지어지는 반응적인 개입 전략을 사용하는 교사들은 예방적인 전략을 사용하는 교사들보다 더 많은 스트레스를 경험한다(Clunies-Ross et al., 2008).
- 교사가 언어적 공격을 사용하는 것은 교사 소진의 세 가지 차원인 정서적 고갈, 탈개인화, 개인적 성취감 결여 모두에 유의하게 관련된다(Avtgis & Rancer, 2008).
- 교사가 처벌을 사용하는 것은 소진의 개인적 성취감 결여와 관련된다(Bibou-Nakou et al., 1999).
- 학생 통제에 대한 처벌적이고 도덕주의자적인 태도를 가진 교사들은 높은 수준의 소진을 경험한다(Bas, 2011; Friedman, 1995).
- 가장 많이 소진된 교사들은 학생들과의 개인적인 관계에 가치를 덜 부여하는 반면에, 가장 적게 소진된 교사들은 학생들과의 개인적인 관계에 가치를 부여한다(Cano-Garcia et al., 2005).

정서적 소진은 도전하고 있는 학생들을 다룰 정서적 여유를 갖지 못하게 만든다. 학급 환경이 악화됨에 따라, 교사들은 학생들에 대한 부정적인 태도를 갖게 되며 그들을 거칠게 위협하거나 꾸짖거나 처벌하게 된다. 교사들이 지속적으로 학생들을 처벌할 때, 교사-학생 관계는 필연적으로 악화되며 교사들은 개인적 성취감이 낮아지게 된다.

교사들이 학급에서 직면하게 되는 사회적·정서적 도전들을 효과적으로 다루기 위한 자원이 부족할 때, 학생들은 과제집중 수준이 낮아진다는 것은 놀라운 사실이 아니다(Marzano, Marzano, & Pickering, 2003). 파괴적인 행동들은 교사들로 하여금 직면한 문제에 대한 효과적인 해결책을 찾을 수 있다는 자기 효능감 신념들을 약화시키며 변화시킬 수 있는 자신의 역량에 대한 신념을 파괴시킨다. 낮은 수준의 자기 효능감을 가진 교사들은 높은 수준의 행동문제를 보고할 가능성이 높다(Mashburn, Hamre, Downer, & Pianta, 2006).

교사들이 학생들의 행동을 자신들의 통제 욕구를 위협하는 것으로 볼 때, 그리고 의도적인 비행행동으로 볼 때, 교사들은 개선 가능성을 비관적으로 보게 된다(Brophy, 1996; Brophy & McCaslin, 1992). 도전적인 행동을 보이는 학생에 대한 교사의 성공경험 부족은 무력감을 고착시키고, 이는 차례로 비효과적이고 점점 더 적대적인 교사의 반응 패턴을 지속시키게 만든다.

교수 효능감에 관한 의심은 교사들을 점점 더 위축되게 만들 수 있다. 노력을 하지 않거나 쉽게 포기하는 것은 나쁜 결과를 초래하고 그것은 다시 교사의 효능감을 떨어뜨린다(Tschannen-Moran, Woolfolk Hoy, & Hoy, 1998). 교사들이 학급통제에 관한 문제에 직면하기 시작할 때 그들은 그것을 학급 전체 학생들을 관리하는 데 있어서 피할 수 없는 도전들 중의 하나로 보기보다는 그들의 개인적·전문적 무능력에 대한 직접적인 반영으로 보는 경향이 있다.

시간이 지남에 따라 교사들이 얼마나 낙담하고 의기소침해질 수 있는지 알 수 있다. 교사들은 수업 과제에 대한 자기 효능감이 약화되면서 교사-학생 관계에서 발을 빼게 되고, 그로 인한 소진을 경험하게 된다(Burke, Greenglass, & Schwarzer, 1996). 결과적으로 교사들이 관계에서 물러나면 물러날수록 학생들의 행동뿐만 아니라 자신들의 행동을 관리하는 데 있어서 더 큰 문제에 직면하게 되는 악순환에 빠지게 된다.

2. 교사의 소진과 회복 사이클

교실 분위기가 악화됨에 따라 Jennings와 Greenberg(2009)가 "소진 폭포(burnout cascade)"라고 언급한 것이 시작된다. 악화된 분위기는 문제가 있는 학생의 행동을 증가시키며 교사들은 그러한 행동들을 관리하려 노력하면서 정서적으로 소진된다. 그러한 상황하에서 교사들은 교실 파괴의 자기 지속적 사이클에 기여하는 반응적이고 과도하게 처벌적인 반응을 보이게 된다(Osher et al., 2007; Osterman, 2000). 반응적이고 처벌적인 개입방식은 더 많은 스트레스를 양산한다(Clunies-Ross et al., 2008).

Curwin과 Mendler(1988)는 이를 "훈육-소진 사이클(discipline-burnout cycle)"이라고 유사하게 명명하였다. 교사들이 학생들의 비행에 비효과적으로 반응할 때 대개 거부 또는 공격 행동을 사용하게 되며, 이러한 반응은 학생의 비행을 지속시키거나 악화시키게 되고 이는 교사들의 불안과 스트레스를 유발시킨다. 무엇을 해야 할지 모르는 상황에 직면한 교사는 긴장을 계속 유지하거나 폭발적인 감정 표현을 하게 된다. 만약 긴장이 지속적으로 누적된다면 교사는 회피하거나 공격을 하게 된다. [그림 6-1]에 있는 소진 사이클에서 볼 수 있듯이, 소진은 전형적인 순서로 발생하게 된다.

반면에 [그림 6-2]에서 볼 수 있듯이, 교사의 개입이 적절한 학생 반응을 유도하게 될 때 이는 자기 효능감을 강화시킨다. 그들이 직면한 일상적인 문제들에 대한 합리적인 해결책을 찾을 수 있는 능력이 있다고 믿는 것은 교사들이 적극적으로 그들의 활동에 대해 집중하고 열중할 수 있도록 하며 회복 사이클에 진입하도록 돕는다. 연구 결과들에 따르면 학급관리 효능감이 증가함에 따라 교사 소진은 감소함을 보여 주고 있다(Brouwers & Tomic, 2000; Durr, 2008; Ozdemir, 2007). 연구 결과들은 또한 학생의 비행을 잘 다룰 수 있다는 교사 효능감 신념 수준은 지각된 학생의 비행과 정서적 소진 간의 관계를 매개한다(Tsouloupas et al., 2010).

과도한 스트레스와 잠재적 소진을 완충시키는 최선의 방법 중 하나는 교사가 자신이 원하는 학생의 반응을 유도해 내는 개입 전략과 의사소통 방식을 배우는 것이다. [그림 6-2]에 제시된 몇 가지 효과적인 전략들은 예방적이거나 반응적인 것으로 범주화될 수 있다. 그러한 전략들은 학생의 비행을 단계적으로 감소시키는 데 이바지할 뿐

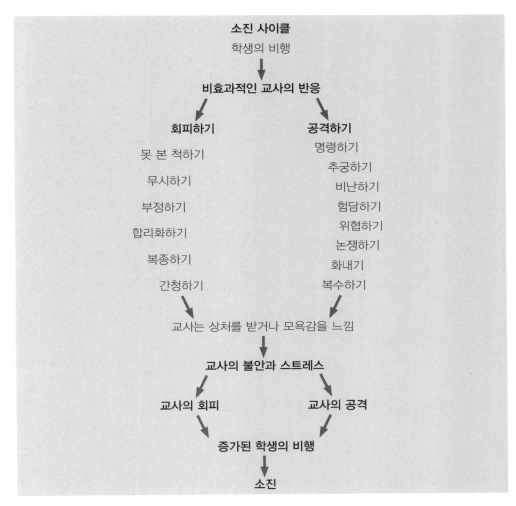

[그림 6-1] 소진 사이클

만 아니라, 예방적으로 사용되었을 때 그러한 비행이 처음으로 발생하는 것을 막을 수 있다.

교사들이 좀 더 효과적으로 반응할수록 학생들은 직면의 필요가 줄어들게 되고 학생들의 행동도 개선되며, 차례로 교사들은 문제 해결을 위한 그들의 자원에 대해 더 깊이 확신하게 된다. 도전적인 행동을 다루기 위해 효과적인 전략을 사용할수록 교사

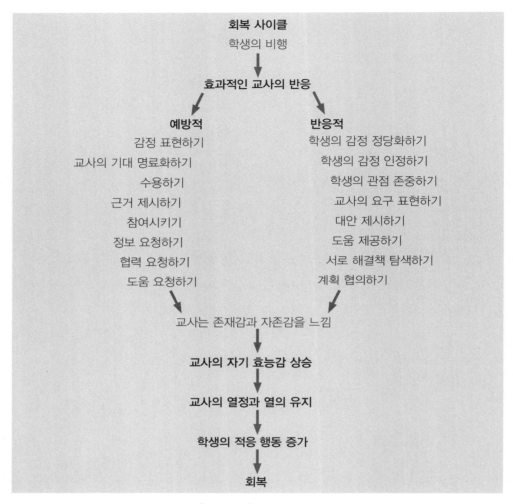

[그림 6-2] 회복 사이클

들은 점점 회복 사이클로 접어들게 된다(Larrivee, 2009). 반대로 교사들이 비효율적인 전략을 사용하면 소진의 나락으로 떨어지게 된다.

3. 학생들과 관계 형성의 중요성

학생들이 교사를 보호자 및 지원자로 인식할 때, 학생들은 학업에 더 몰두하고 자신의 행동을 책임감 있게 조절할 가능성이 높다는 사실은 많은 연구들을 통해 일관되게 밝혀졌다(McNeely & Falci, 2004; Murdock & Miller, 2003; Patrick, Anderman, Ryan, Edelin, & Midgley, 2001; Wentzel, 1997, 1998; Whitlock, 2006; Woolfolk Hoy & Weinstein, 2006). 교사가 개개인의 성장과 자기 계발을 격려한다고 인식하는 학생들은 자신감을 더 갖게 되고 자기 조절 전략을 더 많이 사용하게 되는 의미 있는 변화를 보인다(Wang & Holcombe, 2010; Middleton & Midgley, 1997; Pintrich, 2000; Wolters, Yu, & Pintrich, 1996). 학생들이 자신의 노력과 능력을 인정받고 있다고 느낄 때, 그리고 또래들로 인하여 곤란해지거나 또래들과 비교되는 것을 두려워하지 않을 때, 그들은 자신의 학습능력에 대한 자신감을 가질 뿐만 아니라 학업적 성공에 도움이 되는 인지적 전략을 더 많이 사용할 가능성이 높다(Ryan & Patrick, 2001).

교사들이 보호적이고 사회적으로 지지적인 환경을 만들면, 이러한 풍토는 학생들의 연계 욕구를 충족시킬 수 있기 때문에, 그들은 학교활동에 더 많이 참여하게 되고 학교와 유대관계를 맺기가 쉽다. 비록 연계 및 소속의 욕구가 학령기 전체에 걸쳐 높은 편이긴 하지만, 청소년기에는 상호 지지적인 관계를 통하여 타인들과 연계하려는 욕구가 가장 높다(Midgley, Feldlaufer, & Eccles, 1989).

많은 연구들은 학교와 학급 환경에 대한 학생들의 인식이 그들의 행동적 · 정서적 · 인지적 참여에 영향을 미치며, 이것은 차례로 학업 성취에도 영향을 미친다는 사실을 증명한다. 유치원생부터 고등학생에 걸친 99개의 연구를 기초로 한 최근의 메타분석 결과, 교사-학생 관계의 정서적 질과 학생의 학교 참여 및 성취 간에 유의한 상관이 있음을 밝혀냈다(Roorda, Koomen, Spilt, & Oort, 2011). 전반적이고 더 강한 영향은 고등학생들에게서 나타났지만, 부정적인 교사-학생 관계의 역효과는 중등학교에서보다는 초등학교에서 더 두드러진 것으로 밝혀졌다. 이러한 연구 결과들은 예방조치로서 조기 개입의 필요성을 지지한다.

행동문제를 최소화하는 데 있어서 교사-학생 관계의 질이 중요함을 밝힌 많은 연구들이 있다. 100편 이상의 연구를 대상으로 한 메타분석 연구 결과에 따르면, 학생들과 높은 수준의 관계를 맺는 교사들이 그렇지 못한 교사들보다 행동문제를 31% 정도 덜 경험하는 것으로 밝혀졌다(Marzano et al., 2003).

출생부터 청소년기까지의 대규모 전국적인 데이터베이스를 검토한 연구에서는 교사-학생 관계가 문제행동과 관련된 학교 환경에서의 유일한 요인임을 밝혀냈다 (O'Conner, Dearing, & Collins, 2011). 이 연구는 높은 수준의 교사-학생 관계를 맺을 때, 과잉 행동적이고 충동적이거나 공격적인 행동과 같은 외현화된 행동들의 발생 빈도가 낮아진다는 사실을 발견하였다. 이와 유사하게, Silver와 동료들도 유치원에서 높은 갈등 수준과 교사-아동 관계에서의 낮은 친밀감 수준은 유치원생에서 3학년생까지 외현화된 행동들의 급격한 증가와 관련이 있음을 발견하였다(Silver, Measelle, Armstrong, & Essex, 2005).

교사-학생 관계가 아동의 사회정서적 · 행동적 발달에 있어서 중요한 요인이며, 중요한 역할을 할 수 있고, 사회정서적 · 행동적 도전에 직면한 아동들은 학급에 가장 악영향을 미친다는 많은 증거들이 있다(Buyse, Verschueren, Doumen, Van Damme, & Maes, 2008; Entwisle & Alexander, 1988; Morrison & McDonald Conner, 2002; Rimm-Kaufman, La Paro, Downer, Pianta, 2005; Rutter & Maughan, 2002).

보호 요인인 높은 수준의 관계 행동은 아동 초기에 높은 수준의 내면화된 행동(우울 증상과 사회적 철수와 같은)을 보이는 아동들이 장기적인 내면화된 행동문제들로 악화되는 것을 막는 데 도움이 된다(O'Conner, Dearing, & Collins, 2011). 유아기에 높은 내면화 행동을 보였으나 교사들과 질 높은 관계를 형성한 아이들은 5학년이 되면서 그들의 내면화 행동 수준이 유아기에 내면화 행동의 수준이 낮았던 또래의 수준과 비슷해진다는 것이 입증되었다. 즉, 긍정적인 교사-학생 관계는 아동 중기에 문제행동을 예방하는 데 도움이 된다.

교사들과의 지지적 관계를 경험하는 것은 문제행동의 발생을 예방하는 반면, 낮은 수준의 관계는 보다 긍정적인 행동의 발달을 저해한다(Baker, Grant, & Morlock, 2008; O'Connor et al., 2011; Silver et al., 2005). 지지적인 교사-아동 관계 속에서 어린 아동들은 적응적인 대인관계 전략들을 사용하는 방법을 배운다. Baker(2006)에 의하면, 높은 수준의 관계는 아동들이 중요한 사회적 · 행동적 기술들을 익히는 데 있어서 발판 역할을 한다.

1) 권위주의적인 관리 방식의 해로운 영향

교육, 신경과학 및 정신 건강 영역에서 통합된 여러 연구 결과들에 의하면, 지시 (dictums), 강요, 처벌 및 보상 시스템으로 특징지어지는 권위주의적 방식에 기초한 징계 및 관리 관행의 해로운 영향들이 입증되었다. 긍정적인 행동보다 부정적인 행동에 더 집중하는 교사들은 아이러니하게도 학생들의 공격적인 행동을 유지하게 하고 심지어 증가시킬 수도 있다.

개별 교사 수준과 학교 수준의 연구는 학생 이탈에 대응하기 위해 함께 작용하는 것으로 보이는 지원(support)과 구조(structure)의 이중 과정(dual processes)의 중요성을 보여 준다. **권위주의적인**(authoritarian) 학교와 구별되는 **권위 있는**(authoritative) 학교를 연구한 결과, Gregory와 동료들은 학교 전체의 정학률이 현저히 낮다는 것을 발견했다(Gregory, Cornell, & Fan, 2011). 반면에, 지원과 구조가 모두 낮은 학교들은 가장 높은 학업중단율과 가장 큰 인종적 규율 격차를 보였다.

같은 맥락에서 Pellerin(2005)은 허용적이고 무관심한 학교들에 비해 권위 있는 학교에 참여도가 높은 학생들이 많다는 것을 발견했다. 전국적으로 표집한 10~12학년 학생을 대상으로 분석한 결과, 학업과 행동 수행에 대한 대응력과 기준이 모두 높은 학교는 결강율, 지각, 결석, 수업준비 부족 등이 가장 적었다.

최근의 뇌 연구는 학급관리를 포함한 교육 실제에 광범위한 영향을 미친다. 뇌 연구 결과는 학생들이 낮은 위협과 높은 도전의 상태에서 적극적으로 참여하고 활동할 때 최적의 학습이 이루어짐을 보여 준다(Caine & Caine, 1997; Caine, Caine, McClintic, & Klimek, 2009). 학생들을 지지하고 존중하는 학급의 정서적 분위기는 학생들에게 '적절한 긴장(relaxed alertness)'의 상태를 활성화시킨다. 이와는 대조적으로, 위협과 강요가 지배하는 학급 환경은 뇌를 '기능저하(downshift)' 상태로 만들고, 학생들로 하여금 일부의 뇌기능을 작동하지 못하게 만든다(Hart, 1983). 위협을 느끼거나 무력감을 느끼거나 두려움을 느끼는 것은 뇌의 위협 반응을 활성화시켜 방어행동을 하게 만든다 (Kuhlmann, Kirschbaum, & Wolf, 2005; Wallenstein, 2003).

뇌 연구는 사회정서능력 개발에 있어 필수적인 역할을 하는 감정과 학습 간의 복잡한 연결 관계를 설명하는 데 중요한 기여를 하였다. **사회정서학습**(Social-Emotional Learning: SEL)이란 용어는 학생들의 사회적 · 정서적 역량을 증진시키기 위한 교육적 노력을 의미한다(Elias & Schwab, 2006; Devine & Cohen, 2007). 취학 전부터 고등학교까지 700여 개의 SEL 프로그램을 검토한 결과, 이 프로그램에 참여한 학교들은 정학이 44%, 기타 징계가 27% 감소한 것으로 나타났다.

또한 SEL 프로그램은 학교에 대한 학생들의 애착과 태도를 상당히 개선하는 동시에, 폭력과 공격성, 징계 회부, 약물 남용의 비율을 감소시켰다(Weissberg, Dymnicki, Taylor, & Shellinger, 2008). 213개의 SEL 프로그램에 대한 보다 최근의 메타분석 결과는 참가 학생들이 통제 그룹의 학생들에 비해 성취도에서 11%의 향상을 보여 사회적 · 정서적 기술, 태도, 행동 및 학업 성취도가 현저히 향상되었음을 보여 주었다(Durlak, Weissberg, Dymnicki, Taylor, & Shellinger, 2011).

이러한 다양한 영역에 대한 연구는 학생들의 학습 특성에 대한 관점을 변화시켰고, 이에 따라 학생 행동을 관리하는 데 있어서 덜 권위주의적이며 더 협력적이고 예방적인 접근 방식으로 변화하게 되었다(Caine & Caine, 2011; Jennings & Greenberg, 2009). 이러한 접근법은 처벌과 같은 강압적인 조치를 통해 부정적인 행동을 통제하기보다는 지원적이고 양육적인 관계를 확립하고 안내 및 규칙을 제공하며 예방 전략을 사용하는 것을 옹호한다(예: Brophy, 2006; Larrivee, 2009; Marzano et al., 2003; Nodings, 2005; Osher et al., 2007; Watson & Battistich, 2006).

2) 지지적 교사-학생 관계

연구는 또한 지지적 교사-학생 관계의 개발과 관련된 일반적인 신화들을 깨트린다. 한 가지 신화는 돌봄 관계의 구축을 위해서 교사가 학생들에게 분명하게 애정을 보여야 한다는 것인데, 이 연구는 교사가 확고하고 전문적으로 분리되어 있어도 여전히 훈육할 수 있다는 것을 보여 준다(Deiro, 1996; Ladson-Billings, 1995). 또 다른 오해
는 훈육이 관용과 관대함, 심지어 나약함과도 관련이 있다는 것이다. 그러나 유대관
계를 맺을 수 있는 교사들을 대상으로 연구한 결과들은 이러한 교사들을 엄격한 훈육
자로 묘사한다. 연구 결과에서는 효과적인 학급관리자들이 명확하고 높은 기대를 전
달하는 동시에 학생들과 배려적인 개인적 관계를 맺고 있음을 입증한다(Bondy, Ross,
Gallingane, & Hambacher, 2007; Brown, 2003, 2004; Deiro, 1996; Delpit, 1995, 2003; Irvine,
2003; Ladson-Billings, 1995; Thompson, 2004; Ware, 2006). 이러한 성공적인 관리자들은
주장적이면서도 인정 많은 훈육자들이다. 그들이 사용하는 전략들에는 다음과 같은
것들이 포함된다.

- 존중하고 배려하는 관계를 유지하는 동시에 확실한 경계 설정하기
- 교사의 기대를 분명하게 표현하기
- 예방적 전략 사용하기
- 규칙과 절차에 대한 근거 제공하기
- 원하는 행동을 시범 보이기
- 적절하게 참여하지 못하는 학생들을 참여시키기
- 권력 투쟁 회피하기
- 학생들에게 굴욕감 주지 않기

[그림 6-2]에는 교사의 기대를 명료히 하고, 근거를 제시하며, 경계를 설정하여 교사
의 요구를 주장하고, 학생들을 재정향하여 참여를 유도하며, 학생들과 존중하고 배려
하는 관계를 유지함으로써 학생들의 협력을 이끌어 내는 등의 많은 전략이 제시되어
있다.

중요한 변수로 등장하는 것은 학생들을 존중하는 태도로 대하는 것이다. 교사들은
학생들과 '존중하는 대화(respectful dialogue)'에 참여하고, 학생들의 말을 듣고, 그들에
게 관심을 보이며, 그들의 의견을 구하고, 그들의 아이디어를 평가하며, 학생들은 능
력이 있다는 믿음을 보여 줌으로써 존중하는 대화를 실행한다. 학생들이 교사를 배려

적인 사람으로 인식하고, 그러한 인식은 존경심을 보여 주는 의사소통 방식에 의해 만들어진다는 것이 중요하다. 효과적인 개입 전략은 처벌적이지 않고 해결 지향적이며 문제 해결에 중점을 둔다. 이러한 전략에는 정보를 요청하고, 도움을 요청하며, 대안을 제공하고, 계획을 협상하며, 지원을 제공하고, 학생들의 문제에 대한 해결책을 함께 탐색하는 것 등이 포함된다. 이러한 관점은 학생들이 자기 조절을 하는 데 필요한 지침과 예시를 제공받을 수 있도록 교사들이 그들 자신의 자기 조절 능력과 결부된 숙고(forethought)와 성찰(reflection)을 얼마나 많이 하느냐에 달려 있다.

학생들의 자기 조절 능력을 개발한다는 것은 학생들이 스스로 무언가를 이해하고 실수로부터 배울 수 있도록 더 많은 자유를 허용함으로써 발생하는 일정 수준의 모호함과 무질서에 교사들도 편안해질 필요가 있음을 의미한다. 초보 교사들이 흔히 그러하듯이, 불안이나 불편을 느끼는 상황에서 그들이 취하는 첫 번째 조치는 학생들을 더 엄격하게 통제하는 것이다. Michie(2011)는 "만약 내 계획이 흐트러지기 시작하면, 나는 잘못된 통제방식인 침묵을 요구하는 방법을 사용하였다."(p. 61)고 말하며, 초보 교사로서 통제에 대한 그의 충고를 적절하게 포착했다.

 ## 4. 교사의 성찰과 학급관리

교사의 성찰능력은 효과적인 학급관리를 위한 핵심 요소이다. 성찰은 자신의 직무를 수행해 나가는 목표, 가치, 가정 등에 대한 질문을 포함한다. 성찰을 통해서 더 깊은 이해와 통찰이 생기고 대안을 숙고하는 것뿐만 아니라 교직경력 내내 자신의 직무 수행을 개선하기 위해 지속적인 행동을 취할 수 있는 기반도 형성하게 된다.

성찰적인 교사들은 계획, 행동, 관찰, 반성, 적응의 새로운 주기를 실행하면서 딜레마가 지속적으로 표면화되도록 반복적인 나선형 학습으로 운영한다(Larrivee, 2006a). 성찰적인 교사가 된다는 것은 학급 상황에 대해 가능한 선택과 대응의 폭이 넓어지도록 지속적으로 성장하고 확장하며 개방하는 것을 의미한다.

교사는 가르치고 배우는 데 도움이 되는 환경을 유지하기 위해 학생들의 행동을 규제하면서도 학생들의 창의성, 선택권, 문제 해결의 자율성 등을 억압할 가능성을 최소화하는 것 사이에서 균형을 맞출 필요가 있다. 현 상황에서 학급을 성공적으로 관리하려면 교사는 유연해져야 하며, 상황에 대한 자동적 반응에 고착되어 있기보다는 여러 방향으로 움직일 수 있어야 한다. 문제가 있는 학생의 행동을 관리하기 위한 성찰적 마음가짐(mindset)은 특정한 환경, 상황, 사건을 보는 관점이 다양하다는 인식에서 출발한다. 개입을 고려할 때, 자신의 실천을 성찰하는 교사들은 행동문제를 해결하기 위한 여러 방법들에 대해 열려 있다.

성찰적인 교사는 틀에 박히고 충동적인 행동 대신에, 보다 신중하고 의도적인 방식으로 행동할 수 있게 된다. 가르치는 것이 너무 습관적이고 기계적인 행위가 되면, 이는 교사 소진의 길로 접어들게 한다. 틀에 박힌 행동은 전통과 외부의 권위에 의존하는 반면, 성찰적 실천은 기꺼이 개인적 행동을 숙고할 책임을 지는 것을 의미한다.

성찰적인 교사가 되는 것은 현재 일어나고 있는 일에 대한 불만에서 벗어나 현재 보고 있는 상황과 보고 싶은 상황 사이의 차이를 줄이는 데 집중할 수 있게 해 준다. 선호하는 미래에 대한 비전에 집중함으로써 **현 상황**과 **할 수 있는 것** 사이의 불일치를 줄이는 데 에너지를 투입할 수 있다. 『Burned In』(Friedman & Reynolds, 2011)에서 교사들은 열정을 유지하기 위해 자신이 절망을 어떻게 극복하고 일에 전념했는지에 대한 이야기를 들려준다. 한 교사는 자신이 마음속에 구상한 학급과 매일 아침 실제로 발을 들여놓는 학급 사이의 간극을 어떻게든 좁힐 수 있다는 비전을 고수하면서, 결국 자신을 **소진**(burn-out)시키기보다는 **열정을 불태웠다**(burn-in)고 웅변했다(Michie, 2011).

성찰적인 교사가 된다는 것은 좌절감, 분노, 죄책감, 그리고 환멸의 감정과 씨름하는 것을 포함한다. 두려움과 희망이 공존하는 가장 깊은 곳으로의 여행이 필요하다 (Larrivee, 2010). 당연하게 받아들여지고 심지어 소중히 여겨져 온 관행을 해체하고 재평가하기 위해서는 쉽게 제거되지 않는 뿌리 깊은 신화를 무너뜨려야 한다(Smyth, 1992). 힘든 감정을 처리하는 것은 성찰적인 교사가 되는 데 필수적인 것이다.

성찰적인 교사의 두 가지 구별되는 특징은 어떤 상황에서도 학생의 잠재력을 발견해 내는 능력과 진정성이다.

1) 사건, 상황 및 환경 재배치하기

어떤 문제에 직면하였을 때, 교사들은 기본적으로 상황을 바꾸거나 그 상황에 대한 그들의 반응을 바꾸는 두 가지 선택권을 가지고 있다. 교사들은 종종 그들이 직면한 상황을 바꿀 수는 없지만, 보다 효과적으로 대처하기 위해 정서적으로 반응하는 방법을 바꿀 수는 있다. 교사들은 상황을 보는 관점을 다른 각도로 바꾸거나 최초의 관점에서는 볼 수 없었던 그림의 다른 부분들을 포함시킴으로써 학급에서 발생한 사건이나 학생 개개인의 행동을 '재배치(reposition)'하는 법을 배울 수 있다.

재배치라는 용어는 상황을 조망하는 기존의 위치에서 벗어나 새로운 위치를 만들어 인식을 바꾸려는 생각을 내포한다(Larrivee, 1996). 그것은 무슨 일이 일어나고 있는지를 파악할 수 있는 능력을 개발하는 것과 동시에 그것에 부여하는 의미는 자신의 누적된 경험을 통해 걸러진 자신의 해석에 지나지 않는다는 인식을 포함하고 있다. 재배치는 어떤 상황을 새로운 틀에 넣는다는 개념을 의미하는 심리학 용어인 **재구조화**(reframing)'와 유사하다. 두 개념 모두 상황을 재해석하지만, 재배치는 실제로 상황을 '보는' 더 넓은 렌즈를 만들어 자신을 재배치한다는 점에서 약간 다르다. 그것은 자신의 최초 반응을 재평가하기 위해 '다시 보기' 위한 또 다른 방법으로 다른 장에서 논의된 감정 조절 전략인 **인지재평가**(cognitive reappraisal)와도 유사하다.

자신의 경험에 의미를 부여하는 방법을 만드는 것이 자신의 개인적인 '재배치'이다. 어떤 상황을 해석하는 새로운 방법을 아는 것은 제한된 관점에서 벗어나게 한다. 교사는 새로운 관점을 만들기 위해 자신에게 도전함으로써 자신이 직면하는 학급 상황에 새로운 의미를 부여할 수 있다. 익숙한 순환을 깨뜨리는 것은 사고, 인식, 사건을 해석하는 방법의 변화를 필요로 한다. 예를 들어, 여러분이 자신의 과거를 돌이켜 볼 때, 실제 경험했을 그 당시에는 정말 끔찍해 보였던 실직이나 관계의 단절과 같은 사건을 떠올릴 수 있다. 하지만 지금 그 사건을 돌이켜 보면, 그것은 가치 있는 전환점이었다는 것을 깨닫게 된다. 일자리를 잃었던 경험에서 이 사건은 자신의 관심사를 재평가하고 더 만족스러운 직업으로 옮기게 되는 계기가 되었을 수도 있다. 아니면, 그때 관계를 끝냈던 것이 훨씬 더 보람 있는 또 다른 관계를 발전시킬 수 있게 해 주었다는 것을 깨달을 수도 있다.

　교사는 부정적으로 보이는 사건을 재배치함으로써, 어떤 상황에서 잠재력을 발견할 기회를 잡는다. 한 학생이 어떤 행동을 할 때, 어떤 교사는 그것을 자신을 향한 개인적인 공격으로 보는 반면, 다른 교사는 그것을 도움을 요청하는 외침으로 볼 수 있다. 여러분이 어떻게 반응할지를 결정하는 것은 학생의 행동에 대한 여러분의 해석, 혹은 그 행동에 여러분이 부여한 의미이다. 여러분은 재배치를 하면서 어떤 상황에서 확장하고 학습하는 데 있어서 열려 있음을 발견하게 된다. 여러분은 재배치를 통해 특정 상황에서 더 건설적인 잠재력에 초점을 맞추게 됨으로써 학습기회를 잡게 된다.

　교실에서 재배치를 하는 데 도움이 되는 몇 가지 방법은 다음과 같다(Larrivee, 2006b).

- 갈등을 관계 구축의 기회로 재배치
- 대립을 관계 재설정을 위한 에너지로 재배치
- 공격을 도움을 요청하는 외침으로 재배치
- 반항을 의사소통 요청으로 재배치
- 주의 끌기를 인정에 대한 요청으로 재배치

　도전적인 학생 행동을 다룰 때, 재배치는 '이 아이는 문제가 있다.'에서 '이 아이는 내가 해결해 줘야 할 문제를 가지고 있다.'로 사고의 전환을 함으로써 그 행동에 대한 여러분의 인식 변화를 요구한다. 아이에게 잘못된 행동에 대한 교훈을 가르치려고 하기보다는, 문제 상황에 대해 새로운 대처 전략을 가르치는 기회로 삼고 실제로 가르침을 주어야 한다. 단지 그 행동을 멈추게 하려고 하는 대신에 문제 해결 접근법을 사용함으로써, 당신은 학생이 원하는 것을 더 적절하게 얻는 방법을 학생에게 보여 줄 최적의 순간을 포착하여 지도함으로써 학생을 **상대**하기보다는 학생과 **함께** 활동하게 된다.

♣ 개인 연습: 재배치

〈활동 안내〉

- 1단계: 당신을 궁지로 몰아넣는 학생을 생각해 본다.
- 2단계: 학생이 보이는 모든 문제를 첫 번째 열에 나열한다.
- 3단계: 각각의 행동에 대한 당신의 판단을 설명하는 단어를 선택하고 그것을 두 번째 칸에 넣는다.
- 4단계: 다음으로, 각각의 행동에 대해 긍정적이거나 더 수용적인 것을 찾아 세 번째 칸에 넣는다(이것은 일부 행동들에 있어서는 어려울 수도 있다). 두 가지 예시를 제시하였다.

행동	판단적 진술	건설적 진술
또래들과 이야기하기	집중하지 않는	다정한
다른 사람들을 괴롭히기	상처를 주는	아픈

- 5단계: 세 번째 열에 있는 단어들을 보면서 당신은 이 학생을 어떻게 생각하는가?

성찰적 질문: 의도적으로 재배치한 것이 당신에게 어떤 영향을 미쳤나?

2) 진정성

진정성(authenticity)은 성찰적인 교사의 필수적인 특성이다. 무엇보다도, 진정성은 도덕적으로나 감정적으로 당신의 진실성과 일치하는 것에서 비롯된다. 앞서 논의한 바와 같이, 감정 노동 문헌 내에서 **진정성**이라는 용어는 자발적이고 진실한 감정의 진정한 표현을 지칭하기 위해 사용되고 있으며, 연구 결과에 의하면 이는 소진과 부적 상관이 있는 것으로 나타났다.

흥미롭게도, 연구는 윤리적 신념과 행동 간의 진정한 일치가 전문적인 만족과 효능감을 결정하는 데 있어서 핵심적인 요인임을 보여 준다(Gardner, Csikszentmihalyi, & Damon, 2001). 『The Mindful Teacher』라는 책에서, McDonald와 Shirley(2009)는 교사들이 진정성 있게 행동하기 위한 필수적인 자질인 교사들의 내면적 신념과 외부적 실천이 조화를 이룰 때 진정한 정렬이 되었음을 확인하였다.

교사들이 진정성을 가질 때, 학생들을 관리하기 위해 위협이나 술책, 속임수 등을 사용할 필요 없이 자신을 믿는 자기 확신을 가지고 행동한다. 실제로 교사는 자신을 잘 관리하게 되면 진정성은 자연스럽게 따라온다. 교사들이 자신의 믿음과 그것들의 기초가 되는 가정들(assumptions)에 대해 더 잘 파악하게 될수록, 그들은 자신의 말과 행동 사이의 불일치를 깨닫게 되며 그러한 인식을 바탕으로 진정성을 가질 수 있는 능력이 생긴다. 진정성은 자신에게 솔직해지는 것에서 시작된다. 교사 자신의 두려움, 한계, 가정 등을 파악해 나가는 이 여정은 교사가 더 진정성 있게 되기 위한 관문이다. 진정성이 있다는 것은 통제하거나 '잘 보일' 부분이 없음을 의미한다.

진정성이 있는 교사들은 자기 수용과 자기 확신이 넘치고, 마찬가지로 학생들에게도 이러한 자질들을 고취시킨다. 진정성이 있다는 것은 진실하다는 것을 의미한다. 진정성이 있는 교사는 다른 사람들이 기대하는 역할이나 가정된 역할을 수행하지 않는다. 그들은 자신이 누구인지와 무엇을 지지하는지를 분명히 알고 가면을 쓰거나 위장을 하지 않는다.

진정성이 있는 교사들은 그들에게 실제로 무슨 일이 일어나고 있는지를 타인들에게 이야기한다. 동시에 그들은 비난이나 판단 없이 자신들의 진실을 말한다. 그들은 자신이 경험한 감정에 대한 권리를 인정하고 학생들에게 정직하게 반응한다. 그들은 틀리는 것을 두려워하지 않고, 학생들에게 실수를 해도 괜찮다고 이야기한다. 교사들이 진정성을 가질 때, 학생들이 진정성을 가질 수 있을 만큼 충분히 안전하다고 느끼는 환경을 만들게 된다.

진정성이 있다는 것은 가식 없이 행동하는 것이다. Brookfield(1995)는 진정성이란 자신의 경험에서 비롯된 것이 아니라, 외부에 의해 의도적으로 주입된 자신의 신념에 경각심을 갖는 것이라고 설명한다. 마찬가지로, 『가르칠 수 있는 용기(The Courage to Teach)』의 저자인 Palmer는 진정성이 있다는 것은 사람은 **내적 교사**의 말을 경청하고 "자신의 마음과 아주 다른 대본을 쓰는 역할을 하기보다는, 그들 자신의 말, 그들 자신의 행동, 그들의 삶"(1998, p. 33)을 써 내려가는 작가들에게 부여된 권위를 개발하는 것이라 묘사했다.

방어(defensiveness)는 진정성의 반대말이다. 진정성이 있는 교사는 두려움을 부인하지 않고 숨길 것이 거의 없다. 본질적으로, 그들은 가치를 지키면 잃을 것이 없다고 믿는다. 진정성이 있는 교사들은 강력한 내적 권위, 즉 **자연적** 권위를 발산하며, 자신들의 행복감을 위해 다른 사람들에게 의존할 필요가 없다. 그들은 자신들을 증명하려고 하지 않는다. 진정성이 있는 교사는 자신의 선택권을 긍정하고 타인의 비판, 칭찬, 판단 등에 영향을 받지 않는다.

3) 성찰의 시간 갖기

체계적인 성찰을 한다는 것은 성찰을 자신의 일상에 필수적인 일부로 삼는다는 것을 의미한다. 자신의 행동에 대한 사려 깊은 고려와 자신의 행동이 학생들에게 미치는 영향에 대한 비판적인 탐색의 시간을 갖는 것은 자신의 행동이 학생들에게 미치는 결과에 대해 경각심을 갖게 한다. 매일매일 벌어지는 불확실성을 고려할 때, 교사들은 성찰의 시간을 필요로 한다. 성찰적인 교사가 되기 위한 노력에는 불안과 거절의 감정마저도 극복하는 것을 포함한다. 혼자만의 시간을 갖는 것은 교사 자신으로 하여금 그러한 감정도 가르치는 과업의 자연스러운 일부라는 것을 수용하도록 도와준다. 교사가 성찰하는 능력을 개발해 나감에 따라, 문제를 자연적으로 발생하는 것으로 보고 그것을 더 나은 해결책을 찾는 기회로 활용하게 된다. 성찰 일기를 작성하는 것은 일상적인 반성을 위한 시간을 확보하는 하나의 방법이다.

4) 성찰과정으로서의 일기 쓰기

일기 쓰기는 체계적인 성찰을 위한 유용한 도구이다. 이는 자신이 한 경험을 통해 자신을 더 잘 알게 해 준다. 일기 쓰기는 가르치는 것의 의미와 목적의식을 갖거나 되찾는 데 필요한 근거를 제공할 수 있다. 이처럼 개인적인 의미를 찾는 것은 소진을 예방하는 중요한 요소이다.

일기는 일상의 스트레스를 줄이는 데 도움이 될 수 있다. 정기적으로 일기를 쓰는 것은 자신의 내면과 외부 세계 모두에서 무슨 일이 일어나고 있는지를 명확하게 기록하고 더 잘 파악할 수 있도록 도와준다. 무엇보다도, 일기는 자신에게 말을 할 수 있는 공간이다. 시간이 지난 후에 일기를 다시 훑어보는 것은 치유의 도구가 될 수도 있다.

자신의 생각, 감정, 걱정, 위기, 성공 등에 대한 기록은 과거의 창과 미래로의 길을 제공한다. 일기를 작성함으로써 학급에서 행해지는 자신의 행동을 보다 객관적으로 볼 수 있다. 오랜 시간 동안 일기를 작성할 경우, 이는 역사적 관점과 사고 및 행동 패턴에 대한 정보를 제공하는 데이터베이스 역할을 할 수 있다(Moon, 2006).

일기는 교사들에게 몇 가지 중요한 목적을 제공할 수 있다. 일기는 다음과 같은 것을 할 수 있는 안전한 피난처를 제공한다.

- 일상적인 좌절을 토로하기
- 개인적인 생각과 감정을 저장하기
- 내적 갈등을 다루기
- 중요한 사건을 기록하기
- 숙의를 위한 질문하기
- 문제 해결을 돕기 위한 인과관계 확인하기

- 실패한 전략의 패턴 발견하기
- 성공을 인정하기
- 주제를 추적하기

 ## 5. 존중하는 대화와 진솔한 의사소통 공간으로 학급 만들기

좀 더 지지적이고 협력적인 분위기를 만들어 학급을 관리하고 훈육 문제를 해결하기 위하여 교사들은 학생-교사 상호작용 패턴을 크게 전환시키는 새로운 의사소통 기술을 개발할 필요가 있다. 그 방법은 서로 존중하고 양방향적인 대화를 장려하는 교사의 대화방식에 달려 있다. 이것은 학생에게 파괴적인 말을 하는 대신, 건설적인 말로 대체하는 근본적인 변화를 의미할 수도 있다. 학생들과 '존중하는 대화(respectful dialogue)'를 계속하는 것은 학생들에게 '**일방적으로**' 말하기보다 학생들과 '**서로**' 말하는 것을 의미한다. 존경하는 대화의 속성은 ① 반성, ② 존중, ③ 비판단, ④ 수용, ⑤ 경청 의지, ⑥ 취약성이다.

전통적인 의사소통 채널은 교사가 칭찬이나 비판을 하는 것, 학생의 일과 행동을 평가하는 것, 가치 판단을 하는 것 등을 포함한 일방적인 것들이다. 이러한 교사들의 대화방식은 종종 학생들로 하여금 방어를 유발하고 부정적인 상호작용을 초래한다. 교사의 반응이 적극적이기보다는 반응적일 때, 그들의 반응은 대개 명령, 위협, 비판, 비난, 꼬리표 붙이기(labeling), 또는 비하의 형태를 취한다. 경우에 따라서는 훈계(moralizing), 설교(lecturing), 진단 또는 심문과 같은 더 미묘한 형태의 비하방식을 취할 수 있다. 이러한 종류의 메시지는 더 이상의 생산적인 의사소통을 차단하고 상호작용을 대립, 공격 및 반격의 전투로 이끄는 역할을 한다. 교사들의 이러한 대화 유형은 종종 학생들과의 관계를 구축하고 유지하는 데 필수적인 양방향 의사소통 과정을 억제하고 중단시킨다.

업무 수행이나 행동에 대한 불만을 표현하는 방식에는 징벌적이고 무례한 방식도 있고 촉진적이고 존중적인 방식도 있다. Arrien(1993)이 우리에게 상기시켜 주듯이, **존중**이라는 단어의 어원은 '보는 것'을 의미하는 spect와 '다시' 또는 '다시 보는 것'을 의미하는

re를 합성한 것이다. 다시 말해, 다시 볼 때, 언뜻 본 것 이상으로 그 사람을 '더 많이' 볼 수 있다는 것이다. 본질적으로 존경은 전인(the whole person)을 인정하는 것이다.

♣ 개인 연습: 매일 성찰하기

〈활동 안내〉

성찰을 실천에 옮기는 한 가지 방법은 수업이 끝나고 집에 가서 그날을 성찰하는 시간을 갖는 것이다. 당신에게 중요한 것과 당신이 교실에서 지키고자 하는 가치관에 근거하여, 개인적인 일상적 성찰 질문을 몇 개 써 본다. 예를 들어, 만약 당신이 존경을 중요하게 여긴다면, 당신이 스스로에게 묻고 싶은 질문은 **내가 모든 학생들에게 공손하게 말했는가?** 하는 것이다.

나의 일상적인 성찰 질문

1. _____

2. _____

3. _____

성찰적 질문: 나의 일상 업무 중에 반성의 시간을 갖기 위해 무엇을 할 수 있을까?

1) 질문기술 개발하기

교사들이 존중하는 대화를 수용하게 될 때, 그들은 양방향 의사소통을 하게 된다. 존중하는 대화에 참여하기 위한 주요 변화 중 하나는 지시를 내리기보다는 학생들의 반응을 구하는 것이다. 이것은 근본적으로 교사가 **말하는** 것에서 **질문하는** 것으로 의사소통 역학을 변화시키는 것으로 해석된다. 전략적인 질문을 함으로써, 교사들은 학생들의 자기 성찰 능력을 길러 준다. 교사들이 학생들로 하여금 문제에 대한 생각을 확장하고, 다른 사람의 관점을 고려하고, 개방형 질문으로 대안을 고려하도록 도와줄 때, 학생들의 자기 평가는 촉진된다.

질문은 학생들이 자신의 행동을 이해하고 바꾸도록 돕는 중요한 도구이다. 학생들에게 자신이 무엇을 하고 있었는지, 혹은 그러한 행동이 자신이 하려고 하는 것에 어떤 도움이나 장애가 되었는지를 묻는 것은 문제 해결의 중요한 단계이다. 학생들에게 무엇을 해야 하는지를 말하는 것보다는 학생들의 협조를 얻기 위해 질문을 하는 것이 더 바람직하다.

학생들이 부적절한 행동을 할 때, 교사들은 종종 학생들을 위협하고 방어적으로 느끼게 하면서 질문을 퍼붓는다. 그 질문이 학생들로 하여금 자신을 방어해야 한다는 생각을 하게 할 때, 그것은 학생들이 자신의 행동에 대해 책임을 지지 않으려고 하게 만든다.

효과적인 질문하기는 습득하기가 아주 어려운 기술이다. 일반적으로 대부분의 질문은 사실을 밝히려는 것으로, 주요 목적은 알고 싶은 답을 얻는 데 있다. 대부분의 질문들이 이런 유형이기 때문에, 사람들은 질문을 받을 때 죄가 없거나 단순한 정보나 행동에 대한 내용일 경우에도 종종 방어해야 한다는 생각을 갖는다. 따라서 질문은 문제 해결과 양방향 의사소통 모두에 생산적일 수도, 비생산적일 수도 있다.

대부분의 질문들은 실제로는 전혀 질문이 아니다. 실제로 일부 언어학자들은 물음표로 끝나는 문장의 최대 90%가 행동 요청, 판단, 질문으로 위장한 의견진술이라고 주장한다(Bocchino, 1999). 이런 질문들을 사이비 질문(pseudo-questions)이라고 하는데, 우리는 사회화 과정에서 선호도를 직접적으로 표현하거나 직설적으로 특정 행동을 요구하는 것보다 질문형식을 사용하여 표현하는 것이 더 좋은 방법이라는 것을 배우게 된다. 이러한 사이비 질문의 몇 가지 예는 다음과 같다.

- 그것을 당신의 자리로 가져가는 것이 더 나을까요? (행동 요구)
- 당신은 정말 지금 그렇게 해야 한다고 생각하나요? (판단)
- 당신의 주장을 더 강하게 함으로써 논문을 향상시킬 것이라고 생각하지 않나요? (의견)

기타 유형의 사이비 질문에는 다음과 같은 것들이 있다.

- 정말 선택의 여지가 없을 때 선택권을 주는 것처럼 보이는 것: **제이슨, 나를 위해 이 것을 해 줄 수 있니?** (수단으로 사용)
- 다른 사람들에게 자신이 무엇을 해야 하는지 알려 주려는 것이 진짜 의도이면서 다른 사람들의 의견에 대한 질문으로 위장된 권유: **그게 더 나을 것 같아요?**
- 비꼬는 질문: **아직 안 끝났니? 이제 다시 일을 시작할 수 있을까요?**
- 다른 사람들의 주장을 무력화하거나, 그들의 주장이 틀렸음을 알게 하려 하거나, 자신이 옳다고 설득하거나, 잘못을 인정하게 할 목적으로 질문에 반대하는 것: **당 신은 자신이 어떤 문제를 일으킬지 알았나요? 자신이 한 짓이 잘못됐다는 걸 모르나요?**

피해야 할 질문 중 하나는 '왜' 질문을 하는 것이다. '왜'라는 말은 불인정의 마음가 짐을 확립시킨다(왜 …… **안 해? 왜 ……하지 못해? 왜 너는 ……해?**). 결과적으로, '왜' 질 문은 합리화하거나 방어할 필요성을 느끼게 만든다. 그러한 질문들은 종종 다른 형태 의 비난과 비판으로 위장한 인격모독이다. '왜'라는 질문은 반성을 조장하지 않는다. 다음과 같은 적대적인 질문들은 실제로 답을 요구하지 않으며 주로 학생들이 죄책감 을 느끼게 하려고 사용된다.

- 왜 자리에 안 앉아 있어?
- 왜 너는 항상 마지막으로 제출하니?

2) 의사소통을 촉진하는 질문하기

학생들에게 보내는 다음 두 메시지의 차이를 비교해 보라.

당신은 왜 자신의 일을 찾지 못합니까?

vs

당신은 자신의 일을 더 잘 찾기 위해 무엇을 할 수 있습니까?

두 번째 질문은 누가 잘못하였는지를 알아내어 그에 합당한 처벌을 하려는 것이 아니라, 양쪽 또는 모든 당사자가 문제 해결 과정에서 적극적인 참여자라는 가정에 기초한 촉진적(inviting) 의사소통이다. 질문이 촉진적 의사소통 방법으로 활용될 때, 그것은 잘못을 찾아내려는 데 목적이 있지 않다. 여기서 질문은 잘못을 추궁하는 것이 아니라 방법을 탐색하고 명료화하는 것이 목적이다.

교사들이 능숙하게 질문을 할 때, 이는 학생들로 하여금 자신이 직면한 문제에 대해 더 잘 이해하도록 도와주는 동시에 그들이 명료화에 필요한 정보를 얻는 데 도움이 된다. 다음에 몇 가지 사례들을 제시하고, [그림 6-2]에 열거된 효과적인 교사의 반응 범주 중에서 해당 반응 범주를 괄호 안에 제시하였다.

- **당신이 그렇게 하면 원하는 것을 얻을 수 있을 거라 생각하나요?** (학생들의 요구 인정)
- **잠시 자리를 비우시겠습니까?** (선택사항 제공)

판단적 반응의 대안으로 학생들이 자신의 일과 행동에 대해 스스로 판단할 것을 요구하는 것은 새로운 대안을 제시할 수 있도록 하고 학생들이 더 자율적이 되도록 돕는다(Glasser, 1986, 1998). 다음과 같은 질문은 학생들이 그들의 행동에 책임을 지도록 촉진한다.

- **당신은 지금 무엇을 해야 하나요? vs 당신은 말을 하는 것이 아니라 주의를 기울여야 해.**
- **집단에 더 도움이 될 수 있는 일은 무엇입니까? vs 그것은 당신의 집단에 도움이 되지 않아.**

'무엇을, 언제, 어디서, 어떻게' 질문을 하는 것은 학생들이 문제 상황에 기여할 수 있는 요소들을 스스로 명료화할 수 있는 통찰력을 얻도록 하는 데 도움이 될 가능성이 높다.

- **어떻게 되길 바라나요?** (학생의 관점 존중)
- **잭은 지금 어떤 기분일까요? 당신이라면 기분이 어떨 것 같아요?** (정보 청취)
- **무엇이 상황을 더 좋게 만들까요?** (상호적으로 해결책 탐구)

촉진적 질문 또한 다음과 같은 긍정적인 잠재력을 고려하도록 구조화될 수 있다.

• **당신이 바랄 수 있는 최고의 결과는 무엇인가요?**

사려 깊은 질문은 대답을 들으려는 의지를 보여 준다. 아주 효과적인 질문은 학생들이 상황에 대해 더 명확하게 생각하고 새로운 대안을 발견할 수 있게 해 준다. 통찰력 있는 질문은 실제로 학생들이 자신의 사고과정을 숙고하는 법을 배우는 데 도움을 줄 수 있다.

3) 진정으로 의사소통하기

진정한 의사소통은 학생들과 사려 깊고, 목적의식이 있으며, 신중하게 관계를 맺는 방법이다. 진정한 의사소통을 하려면 교사 자신의 취약점도 기꺼이 수용할 것을 요구한다. 진정으로 의사소통을 한다는 것은 당신의 말과 당신의 감정이 일치하는 것을 의미한다.

끊임없이 자신의 감정을 숨기고 자신을 힘들게 하는 것이 하나도 없는 것처럼 행동하려고 하는 것은 감정을 부적절한 방법으로 표현하는 것만큼이나 문제가 될 수 있다. 이전 장에서 논의되었듯이, 연구 결과들에 따르면, 억압, 즉 감정 표현을 억제하는 것은 부정적인 감정으로부터 실질적인 안도감을 제공하지 않고 오히려 부정적인 감정의 경험을 증가시킨다. 시간이 지남에 따라, 억압은 다른 사람들과의 긍정적인 관계 감소에 따른 추가적인 비용을 수반한다.

자신의 감정을 부정하거나 억누르려고 하는 것은 '만성적인 분노'로 이어질 수 있다. 감정이 올라올 때 그 감정들을 다루는 것은 분노를 억제하여 나중에 학생들과의 관계를 악화시키는 것을 막는다. 분노가 곪도록 방치될 때, 그것은 결국 학생에 대한 거부로 이어질 수 있으며 이는 분노가 일어났을 때 분노를 다루는 것보다 훨씬 더 나쁜 선택으로 귀결된다. 따라서 진정으로 감정을 표현하고, 그것을 해소하여 빠르게 넘어갈 수 있도록 하는 것이 목표이다.

♣ 개인 연습: 학생에 대한 나의 반응 분석하기

〈활동 안내〉

• 1단계: 약 1시간 정도의 수업 시간을 영상녹화하거나 관찰자(예: 동료, 보좌관, 학생, 학부모, 자원봉사자)를 모집하여 내가 학생들에게 하는 모든 개인적인 반응을 기록하게 한다.
• 2단계: 다음의 활동지에 자료를 옮긴다. 모든 자료를 옮겨 적으려면 이 활동지를 여러 장 복사한다. 먼저 모든 문장과 질문을 나열한다.
• 3단계: 각 의견을 '서술' 또는 '질문'으로 분류한다.
• 4단계: 이제 각각의 서술과 질문을 존중하는 대화와 진정한 의사소통을 '촉진'하거나 '방해'하는 것으로 분류하라. 몇 가지 예시가 제공된다.

행동	서술 또는 질문	촉진	방해
그것보다 더 잘 알아야만 해.	서술		∨
이제 그것을 치울 때가 되었어.	서술	∨	
너는 왜 자리에 앉아 있지 않니?	질문		∨
너는 지금 어디에 있어야만 하니?	질문	∨	

• 5단계: 특별히 만족하는 반응을 하나 선택한다. 그 반응이 학생들에게 어떤 영향을 미쳤나?

- 6단계: 가장 만족하지 않는 반응을 선택한다. 그 반응이 학생들에게 어떤 영향을 미쳤나?
- 7단계: 다음 질문에 답하여 자료를 분석한다.
  - 당신의 대부분의 답변은 어떤 범주에 속했나?
  - 질문과 서술의 비율은 얼마나 되는가?
- 8단계: 이 자료에 대한 분석을 근거로 당신의 반응과 관련하여 바꾸고 싶은 것은 무엇인가?
- 9단계: 반응 방식을 수정하기 위한 구체적인 목표를 설정하라.
- 10단계: 학생들에 대한 반응을 바꾸기 위해 취해야 할 조치를 나열한다. 나의 학급행동에 대한 자료를 수집하는 모든 연습과 마찬가지로, 중요한 변화는 장기적인 노력이 있어야만 가능하다. 내 행동의 어떤 측면을 진지하게 바꾸고 싶다면, 오랜 기간 동안 비교하고 동향을 주목하면서 지속적인 분석이 필요하다.

연구자들은 가장 낮은 정서적 소진 수준을 보였던 교사들을 인터뷰하면서 이러한 교사들은 진정한 감정을 표현할 수 있다는 것을 발견했다(Carson et al., 2011). 예를 들어, 그들은 한 교사의 말을 다음과 같이 인용하였다.

> 그냥 상황을 설명하고 넘어가죠. 나는 만약 그들이 선을 넘으면 내가 그들에게 전화할 것이라는 것을 그들도 알고 있을 거라고 생각해요. 하지만 난 그들을 위협하지도 않을 것이고 나도 그 문제로 골치를 썩지 않을 거예요. 다 끝났어요, 이제 넘어가죠.

교사들도 인간이기에, 자신들에게 중요한 것에 대해 강렬한 감정을 가지고 있다. 교사가 학생들과 상호작용하는 방식은 교사가 무엇을 중요하게 여기는지를 학생들에게 알려 준다. 부정행위 사건에 대해 교사가 분노와 실망을 표현하는 것은 교사가 학생들에게 정직과 정직에 대한 가치를 중요시하고 있음을 알게 한다. 한 학생이 다른 학생을 괴롭힐 때 깊은 우려를 표현하는 것은 교사가 친절과 존중을 중요하게 여긴다는 것을 학생들이 알게 해 준다.

반면에, 교사가 학생들에게 불친절하게 이름을 부르거나 빈정거리는 말투를 사용할 때, 학생들은 교사가 그들에게 기대하는 것과 교사가 행동하는 방식 간의 불일치를 보게 된다. 학생들에게 그들이 행동하는 방식과 '똑같이' 반응하는 것은 당신이 학생들에게서 없애려고 하는 바로 그 행동들을 강화시키는 역할을 할 뿐이다. 목소리를 높이거나 무례함을 보이는 학생들에게 교사도 똑같이 무례한 행동을 함으로써 그러한 행동을 멈추게 하려는 것이 일례이다.

교사와 학생 모두에게 부과된 요구를 고려할 때, 때때로 좌절하고 화를 내는 것은 당연하다. 교사 자신이나 학생들의 감정을 부정하지 않는 것이 중요하다. 학생들을 개인적으로 공격하지 않으면서 문제 상황을 언급하는 말로 분노를 직접적으로 표현할 필요가 있다. 그러한 메시지들은 문제를 만들고 있는 상황을 다루고, 학생들의 감정을 인정하고, 교사의 분노를 적절하게 표현하게 만든다.

교사들은 학생들의 행동에 대해 부정적인 감정이 올라올 때, 학생들을 비난하는 방식으로 학생들과 소통하는 경향이 있다. 그들의 말은 학생들이 경험하고 있는 진정한 감정 표현보다는 학생들의 단점에 초점을 맞추고 있다. 예를 들면 다음과 같다.

- 내가 너무 화가 나서 너와 이야기하기 전에 진정할 시간이 필요해.

진정한 의사소통은 그들에게 정중하게 도전하고 그들에게 책임감을 요구함으로써 학생의 행동을 예방하고 직면하게 할 수도 있다. 다음은 그 예이다.

- 나는 너의 말투가 불편해. 나에게 정중하게 다시 말해 주면 좋겠어.
- 쉬는 시간에 운동장에서 싸움이 벌어져서 매우 속상해. 나는 너희들이 서로에게 상처를 주지 않고 갈등을 해결할 수 있다고 생각해.

4) 감정 표현의 균형 맞추기

교사들은 학생들의 감정을 인식하고 공감은 하지만, 그것을 학생들에게 전달하지는 않을 수도 있다. 학생들의 감정 표현 권리를 인정하는 것도 중요하다. 학생들의 감정을 명시적으로 확인하는 것은 교사들이 어려워하는 학생들과 관계를 잘 맺을 수 있는 가교 역할을 할 수 있고 학생들에 대한 반응 방식을 바꾸는 출발점이 될 수도 있다.

일부 교사들은 학생들과 긍정적인 감정의 공유는 쉽게 하지만, 그들의 슬픔, 상처, 또는 좌절감 등은 잘 공유하지는 않는다. 또 다른 교사들의 경우 부정적인 감정을 전달하는 것은 어려워하지 않지만, 학생들에게 자신의 긍정적인 감정과 반응을 전달하지 않는다. 교사로서, 그리고 한 인간으로서, 여러분은 학생들에게 더 부정적이거나 긍정적인 감정을 공개적으로 표현하려는 경향이 있다. 두 가지 유형의 감정 중에서 자신이 어떤 감정을 더 편향적으로 표현하려는 성향이 있는지를 인식하는 것은 여러분이 감정 표현에서 균형을 유지하게 하는 데 있어서 중요한 역할을 한다.

5) 적극적으로 학생과 직면하기

교사들은 보다 적극적으로 학생들과 맞서야 할 많은 상황에 직면해 있다. 교사들의 적극적인 대응은 학생들의 비생산적이고 부적절한 행동을 관리하는 효과적인 방법이다. 자기주장은 다른 사람들이 그것들을 무시하거나 우회하지 않도록 보장하는 방법으로 자신의 권리를 옹호하는 것이다. 적극적으로 대응한다는 것은 자신의 반응이나 감정에 대해 다른 사람을 조롱하거나 공격하거나 책임을 지우지 않으면서 자신의 필요와 욕구를 진술하는 것을 의미한다(Duckworth & Mercer, 2006). 적극적이라는 것은 자신이 원하는 것, 필요로 하는 것, 좋아하는 것, 싫어하는 것, 그들의 행동이 자신에게 미치는 영향 등을 다른 사람들에게 알려 주는 것을 의미한다(Bower & Bower, 2004).

교사가 자신의 권리를 주장하는 것이 학생들의 권리와 요구를 존중하는 것과 상충되지 않는다. 자기주장은 상대방을 비난하지 않고 자신의 생각과 감정을 정직하게 표현하는 것이다. 적극적인 반응은 자신의 요구와 욕구를 직접적이고 비판단적인 방식으로 표현하는 것이다. 주장적 반응은 〈표 6-1〉의 형식 중 하나를 취할 수 있다.

〈표 6-1〉 주장적으로 반응하는 10가지 방법

주장적 반응 범주	주장적 언어
1. 필요한 것을 표현하라.	모두 자리에 앉기를 바란다.
2. 행동 변화를 요청하라.	지금 네가 일을 시작했으면 해.
3. 의도를 진술하라.	모두가 조용해지면 바로 지침을 알려 주겠다.
4. 그 영향을 설명하라.	네가 답을 말하면, 모든 사람들에게 생각할 기회를 주지 못한다.
5. 입장을 취하라.	여기서 그렇게 하면 안 된다.
6. 싫은 것을 거부하라.	나는 그것을 하고 싶지 않다.
7. 당신의 입장을 분명히 하라.	나에게 이것이 중요하다는 것을 네가 알기를 바란다.
8. 감정을 표현하라.	내가 그것을 보았을 때 기분이 나빴다.
9. 학생들의 관점을 존중하라.	나는 네가 왜 그렇게 생각하는지 이해할 수 있다. 나는 어떤 일이 벌어질지 걱정이 되어서 네 생각에 동의할 수 없다.
10. 학생들의 요구를 인정하라.	나는 네가 과제를 마치는 데 더 많은 시간이 필요하다는 것을 알지만, 이제 시험을 위해 검토할 필요가 있다.

다음은 학생들의 행동이 교사에게 문제를 야기하고 주장적인 반응이 보장되는 전형적인 세 가지 상황이다.

학생의 행동이 마음에 들지 않을 때

- 다시는 그런 행동을 보고 싶지 않아.
- 지금은 그럴 때가 아니야.

학생이 말하는 중간에 끼어들려고 할 때

- 나는 내가 하던 말을 끝내고 싶어.
- 내가 지침을 다 말할 때까지 기다려 줘.

학생이 수업 중에 잡지를 읽을 때

• 그것이 정말 재미있다는 것을 알지만, 지금은 수학 시간이야.

• 지금 당장 그것을 치워 줘.

♣ **개인 연습: 학생들을 직면할 때 자신의 언어를 검토하기**

〈활동 안내〉

• 1단계: 일주일 동안, 당신이 학생의 행동에 직면할 때 자신의 전형적인 반응 사례를 수집한다. 하루에 몇 번씩 시간을 내서 학생들과 대면할 때 했던 말들을 기록한다.

• 2단계: 주말에 녹음된 반응 목록을 검토하고 이 네 가지를 자문한다.

  -내 반응이 직간접적으로 비난의 메시지를 보냈나?

  -내가 빈정거림을 사용했나?

  -내가 단지 행동을 설명한 것일까, 아니면 꼬리표 붙이기를 한 것일까?

  -내가 그 행동이 나와 다른 사람들에게 미친 영향을 명료화했나?

• 3단계: 분석을 통해 변경할 반응 방식을 식별한다.

• 4단계: 주장적 반응 범주 중에서 처음으로 사용을 시도하거나 더 자주 사용할 2개 또는 3개를 선택한다. 해당 범주를 나열한다.

• 5단계: 다음 주에 당신이 사용하고 싶은 반응을 떠올리기 전에 잠깐 휴식을 취하여 학생들과 마주칠 때 당신의 반응에 더 주의를 기울인다.

• 6단계: 반응 방식이 너무 뿌리 깊어서 반응을 변경하려면 더 신중한 계획이 필요하다. 학생들과 대면할 필요가 있을 때 비난하지 않고 주장하는 언어의 사용을 늘리기 위한 구체적인 실행 계획을 개발한다.

---

6) 자신에게 물어볼 성찰적인 질문들

다음 질문들은 학생들을 직면할 때 사려 깊게 생각하는 데 도움이 된다.

• 나는 직접적이거나 암시적인 비난의 메시지를 피했나?

- 나는 빈정거림을 자제했나?
- 나는 행동에 꼬리표를 붙이기보다는 설명을 했나?
- 나는 그 행동이 나와 다른 사람들에게 끼친 영향을 명료화했나?

7) 대응 행동을 숙고하여 선택하기

학생들의 행동관리는 교사의 자기 통제에서 시작된다는 것을 인식할 때, 교사들은 학생들의 행동을 자극할 수 있는 즉흥적인 반응을 피하는 방법을 터득할 수 있다. 교사들은 학생들의 행동 및 반응 방식을 통제할 수는 없어도, 자신의 행동은 통제할 수 있으므로, 학생들의 행동에 대해서 **즉흥적으로 반응**하기보다는 그 행동에 대해 어떻게 **반응**할 것인지를 숙고하여 선택할 수 있다. 모든 교사들은 증상을 경험했던 과거사를 가지고 학급에 배정되며, 우연히 배정된 모든 학생들에게 똑같이 잘 작동하는 완벽한 심리적 적합성을 갖출 수도 없다. 개별 교사의 심리적 구성은 일부 학생들을 다루는 데는 더 적합할 수 있으나, 다른 학생들에게도 반드시 그런 것은 아니다(Long, 1996).

다른 사람들과 마찬가지로, 교사들도 그들의 배경, 지위 또는 이미지 등의 일부 측면에 민감해하거나 자의식을 가지고 있다. 신체적 외모, 내용지식 및 컴퓨터 기능의 부족, 인정받고 싶은 욕구(need for acceptance) 등은 교사에게 불안이나 걱정의 원인이 될 수 있는 몇 가지 영역들이다. 학생들은 교사들의 반응을 빈틈없이 관찰하는 사람들이므로, 그들이 올바른 버튼을 누를 때 교사들이 보통 어떻게 반응하는지에 대해 금방 알아채게 된다. 어떤 학생들은 '교사를 화나게 할' 방법을 감지해 내는 데 매우 능숙하기 때문에, 교사들은 학생들이 어떻게 교사들의 감정적인 버튼을 누르는지 파악해야 한다. 그러한 학생들에게는 교사가 그런 방식으로 반응하는 이유를 조사하는 시험을 볼 기회를 제공할 수 있다. 교사가 자신의 주요 감정적 요인에 대해 인식하는 것은 무의식적인 감정 조절보다는 의식적인 선택에 근거하여 합리적인 결정을 내릴 수 있는 기회를 증가시킨다.

Long은 교사가 갈등이 고조되는 것을 막기 위해 개인적인 감정 반응을 식히는 법을 배움으로써 **온도계**가 아닌 **온도 조절장치**가 되어야 한다고 주장하였다. 학생들이 교사의 감정적인 버튼을 누르는 방식을 더 잘 파악하면, 차분하면서도 결정적인 방식으로 대응함으로써 큰 피해를 줄일 수 있다.

교사의 감정적인 버튼이 눌리면, 그에 대한 반격으로 학생의 공격행동과 동일한 행동을 하게 되는 것을 피하기 어렵다. 만약 당신이 같은 방식의 반응을 보인다면, 그것은 갈등 주기에 탄력을 주어 해결을 매우 어렵게 만든다. 일단 갈등이 권력투쟁으로 확대되면 승자는 없다. 교사가 벌을 주어서 학생이 싸움에 지더라도, 그는 결국 심리전에서 승리자가 되는 것이다.

감정적으로 흥분된 행동의 교환을 완화시킬 수 있는 가장 좋은 방법은 갈등 주기를 깨는 방식으로 반응하는 교사의 능력이다. 교사들은 잠시 멈추고 어떻게 대응할 것인지를 선택함으로써 다음과 같은 비난의 메시지를 보내는 것을 자제할 수 있다.

너는 머리를 사용할 수 없니? 왜 그래?

학생들이 그런 비난의 메시지를 받는 것은 자신에 대한 부정적인 시각을 지지하는 역할을 하여 더 많은 스트레스를 유발하게 되고, 결국 더 많은 부적응 행동을 낳게 함으로써 상황을 더 악화시키게 된다. 학생들이 스트레스를 받으면, 두려움, 오해, 무력감, 분노와 같은 과도한 감정을 느낄 수 있다. 따라서 교사는 이미 감정적으로 취약한 학생에게 불필요한 스트레스를 주는 반응을 피할 필요가 있다.

한 가지 대안은 진정한 메시지를 보내는 것이다. 교사가 공격적이거나 적대적이거나 반항적인 학생의 행동에 대해 화가 났을 때, 교사가 보내는 메시지는 다음의 예시와 같이 학생의 행동이 교사나 다른 사람들에게 미치는 영향에 대한 것이어야 한다.

네가 내 방에 와서 물건을 발로 차고 나에게 소리를 지를 때 나는 정말 화가 나. 네가 화가 난 건 알지만, 그런 행동은 네가 왜 화가 났는지를 이해하거나 내가 너를 돕고 싶어 하는 마음을 갖게 하는 데 도움이 되지 않아.

학생 입장에서는 첫 번째 문장을 통해 자신이 얼마나 나쁜지에 대한 진술을 듣고, 두 번째 문장을 통해 교사의 입장에 대한 진술을 듣는다. 인격적인 모독이 없고 자기 가치가 위태롭지 않을 때, 방어적이 될 필요가 없다. 이러한 진정한 반응은 다음과 같은 이점이 있다.

- 보복하려는 교사의 충동을 억제하는 데 도움이 된다.
- 분노한 감정을 통제하면서 교사의 감정 표현의 권리를 인정하는 시범을 보여 준다.
- 의사소통 채널을 열어 둔다.
- 학생에 대한 파괴적인 단어 대신에 무슨 일이 일어나야 하는지에 관한 건설적인 단어로 대체한다.
- 학생이 통제력을 회복하는 데 필요한 것들에 초점을 맞춘다.

교사가 학생에게 파괴적인 말을 하는 대신에 자신이 왜 화가 났는지에 대한 솔직한 말로 대체하여 분노를 표현하는 것을 의식적으로 선택했을 때, 이는 학생들에게 스스로 적절한 조절을 할 수 있는 그들의 능력에 대해 존중한다는 메시지를 전달한다. 학생들에게 그들의 행동이 당신이나 다른 사람들에게 미치는 영향에 대한 피드백을 제공함으로써, 당신은 부정적인 감정을 표현하기 위한 건설적인 방법에 대한 시범을 보이게 된다. Long은 분노, 좌절, 경멸과 같은 부정적인 감정을 소유함으로써, 교사들은 그들이 경험한 감정과 그 감정에 의해 생긴 결과 간의 차이를 더 잘 인식할 것이라고 주장한다.

이후 장에서는 감정을 더 효과적으로 관리하기 위한 더 많은 전략을 제공한다. 파괴적인 사고 패턴에 도전하고 변화시키는 데 도움이 되는 전략과 부정적인 감정을 부채질하는 자기 대화가 제공된다.

일상적인 교실 생활에서, 학생의 행동은 때때로 교사를 불편하게 하거나, 화를 유발하거나, 심지어 분노를 자아내게 할 수 있다. 그러한 감정은 필연적이기 때문에, 교사는 자신의 감정 및 반응과 학생들의 역할 모델로서의 책임 사이의 균형을 맞추는 방법을 배워야 한다. 그러한 감정에도 불구하고 자신의 감정을 부정하거나 무시하지 않고 적절하게 반응하는 것이 바로 교사가 해야 할 도전이다. 부정적인 감정을 효과적으로

♣ 개인 연습: 여러분의 감정적인 버튼을 누르는 것은 무엇인가?

〈활동 안내〉

• 1단계: 열거된 학생들의 행동 중에서 당신을 좌절시키거나 화나게 만드는 행동들을 찾아 왼쪽 상자에 체크한다.
• 2단계: 체크 표시한 행동들 중에서 우선순위를 정하여 오른쪽 상자에 적는다.

대들기	☐ ☐	수업에 지각하기	☐ ☐
말대꾸하기	☐ ☐	골내기	☐ ☐
집단 활동을 방해하기	☐ ☐	끊임없이 질문하기	☐ ☐
지시를 따르지 않기	☐ ☐	타인의 물건 가져가기	☐ ☐
다른 학생을 괴롭히기	☐ ☐	끊임없이 돌아다니기	☐ ☐
화내기	☐ ☐	관심을 끌기	☐ ☐

• 3단계: 우선순위가 가장 높은 것에 대해, 왜 이 행동이 당신을 힘들게 하는지를 생각해 본다. 왜 이 행동에 대해서는 대응방법을 숙고하여 선택하지 않고 즉흥적으로 반응하게 되는지에 대해 생각나는 이유를 나열한다.

전달하는 것은 중요한 가르침의 순간이 될 수 있다. 교사는 숙달모델이 아니라 대처모델이라는 것을 반드시 명심해야 한다. 실수는 귀중한 학습 도구이며, 이것 역시 학생들과 공개적으로 공유될 수 있다.

교사가 학생들에게 줄 수 있는 가장 큰 잠재적인 선물 중 하나는 교사 자신을 한 인간으로 보여 주는 것이다. 교사가 때때로 교실에서 학생들의 행동을 관리하는 데 어려움을 겪는다고 해서 학생들로부터 존경심을 잃는 것은 아니다. 오히려 신중하지 못한 위협, 헛된 명령, 지나친 흥분 등에서 존경심을 잃게 된다. 침착하고 객관적이며, 분명하게 자신을 통제하는 교사들은 학생들이 존경하거나 심지어 부러워할 수 있는 회복력을 전달한다.

이 장에서 논의된 개입 전략들을 사용하면 소진의 핵심 구성 요소인 정서적 소진을 예방할 수 있다. 이러한 성공적인 전략들을 갖추는 것은 소진의 또 다른 핵심 차원인 분리감에 대한 완충작용을 하는 학생에 대한 열정을 유지시키게 한다. 매일 직면하는 학생들의 도전에 효과적으로 대응할 수 있다고 느끼는 것은 개인적 성취감인 소진의 세 번째 요소로부터 교사를 보호하면서, 교사의 자기 효능감을 보존하는 데도 도움이 될 것이다. 교사가 열정적이고, 참여적이고, 능력이 있다고 느낄 때, 이는 교사의 스트레스 노출을 제한하고 교사를 소진의 시작으로부터 격리시킨다.

성찰적이고, 사려가 깊으며, 진정성을 보이는 것은 소진에 대한 중요한 방어책이다. 교사가 학급에서 부정적으로 보이는 사건들을 재배치하기 위해 도전하고, 질문의 기술을 완벽하게 습득하며, 존중하는 진정한 의사소통을 표준으로 만들기 위해 노력하고, 도전적인 학생의 행동에 직면했을 때 자동적으로 반응하기보다는 사려 깊고 의미 있게 반응하는 것을 의식적으로 선택하는 것은 교사가 노력해야 할 변화의 방향이다.

7장
파괴적인 사고방식 수정하기

많은 경우 어떤 일에 대한 정신적 평가가 감정의 상태를 결정하고 그에 따라서 스트레스 수준이 결정된다고 생각한다. 1960년대를 시작으로 스트레스 관리의 주된 관심사는 부정적인 사고 패턴을 모니터링하고 조절하는 능력을 키우는 것이었다(예: Beck, 1976, 2005; Ellis & Bernard, 1984; Ellis & Harper, 1961, 1975/1997; Harvey, 1988; Lazarus & Folkman, 1984; Meichenbaum, 1977). 이러한 입장은 대표적으로 인지 행동 치료(Cognitive-Behavioral Therapy: CBT)의 다양한 개입방법으로 나타나고 있는데, 이 방법들은 오랜 기간을 두고 효과가 입증된 바 있다.

CBT의 효과성을 검증한 메타분석 연구는 CBT가 의미 있는 개입방법이라는 점을 확인하였으며(Butler, Chapman, Forman, & Beck, 2005), 특히 우울증, 불안, 사회 공포증, 외상 후 스트레스 등의 치료와 만성 통증, 부부 갈등, 분노로 인한 스트레스를 다루는 데 CBT가 효과적이라고 밝히고 있다. 직장 내 개입방법의 효과성에 대한 메타분석에서는 인지 행동적 개입이 업무 관련 스트레스에 가장 효과적인 것으로 나타났다(Van der Klink, Blonk, Schene, & Van Dijk, 2001). 덧붙여, 이 책의 5장에서 제시한 뇌 연구에 따르면 사고 패턴과 감정 상태 사이에는 정교하고 복잡한 상호작용이 나타난다.

1. 비합리적인 신념에 도전하기

자조모임 활동(self-help movement)의 선구자이자 CBT의 창시자로 불리는 Albert Ellis는 다른 사람들이 우리에게 하는 행동이나 우리에게 발생한 일들 때문에 걱정거리와 스트레스가 생기는 것이 아니라 우리가 삶의 경험을 어떻게 해석하느냐에 따라 결과적으로 고통이 유발된다는 전제를 기반으로 치료적 접근법을 개발하였다. Ellis와 Harper는 1961년 처음 출간된 『합리적인 삶을 위한 가이드(A Guide to Rational Living)』에서 **합리적 정서 치료**(RET)를 제안하였다. 이후 1997년 두 번째 개정판에서는 우리의 행동과 감정이 모두 비합리적인 신념의 영향을 받는다는 점을 강조하여 **합리적 정서 행동 치료**(Rational Emotive Behavior Therapy: REBT)라고 명명하였다. CBT와 마찬가지로 REBT의 유용성과 가치는 50년 이상에 걸쳐 폭넓게 이루어진 다양한 연구 결과로 입증되었다(David, Szentagotai, Eva, & Macavei, 2005).

1) 비합리적인 신념

REBT에 따르면 어린 시절에 학습된 기본 신념 중 대부분이 비합리적인 신념이다(Ellis, 1973). 비합리적 신념은 사실적인 근거가 없고 논리적으로 타당하지 않을 뿐 아니라 이러한 신념을 가진 사람들에게 부정적인 영향을 끼칠 수 있다. 합리적 신념과 비합리적 신념을 구별하는 특징은 〈표 7-1〉과 같이 다섯 가지가 있다.

우리의 행동 대부분은 우리가 느끼는 방식에 영향을 받으며, 감정은 신념의 산물이다. 비합리적인 신념을 갖고 있으면 비합리적인 사고가 분노나 불안과 같은 부정적인 감정 상태로 이어져 스트레스를 유발하는 방식으로 표출될 가능성이 높아진다. 어떤 사건은 무의식적으로 역기능적인 신념을 유발하고 강한 감정으로 이어지기도 한다. 이처럼 우리의 생각, 감정, 행동은 서로 연관되어 있고 상호작용하며 의존적이다.

〈표 7-1〉 합리적 신념과 비합리적 신념

합리적 신념	비합리적 신념
현실에 기반을 두고 있음	현실에 따르지 않음
설명할 수 있는 근거가 있음	아무런 근거가 없음
적응적이고 건강한 감정으로 이어짐 (짜증, 후회, 걱정, 슬픔)	스트레스를 유발하는 감정으로 이어짐 (분노, 죄책감, 불안, 우울)
상황을 현실적으로 평가함 (불편함, 좌절)	상황을 극단적으로 과장함 (끔찍함, 지독함)
개인이 추구하는 가치, 욕망, 기대	자신, 타인, 삶에 대한 요구사항 ('항상' '반드시' '꼭')

어린 시절에 비합리적인 사고를 형성하는 데 영향을 미치는 요인은 다음과 같다
(Ellis & Harper, 1975/1997).

① 실제 위험과 상상 속의 위험을 정확하게 구분할 수 있는 능력의 결여
② 다른 사람의 사고에 의존하는 경향
③ 부모로부터 주입된 편견과 선입견
④ 대중 매체에 의한 세뇌

아동은 성장하면서 점차 자신에게 일어나는 사건에 의미를 부여하는 역할을 하는
하위 언어(sublanguage)를 습득하게 된다. 이 하위 언어가 결국 아동의 신념 체계가 되
며 언어의 발달과 마찬가지로 주로 모델링을 통해 발달하게 된다. 아동에게 중요한 사
람들의 신념 체계에 따라 아동은 자신의 삶에서 일어나는 사건에 대해 합리적으로 생
각할지, 비합리적으로 생각할지를 결정하게 되는 것이다. 예를 들어, 아동이 잘못을
저질렀는데 부모가 "넌 그렇게밖에 못해!"라고 말하면 아동은 '실수를 저지르는 것은
나쁘다. 나는 실수를 저지른 나쁜 아이이고 나쁜 아이는 벌을 받아야 한다.'라고 믿게
될 것이다. 이에 비해 합리적 신념을 가졌다면 실수는 배우는 과정에서 일어나는 일이

고 살면서 일어날 수 있는 정상적인 상황이며 실수를 저지른다고 해서 나 자신이 나쁜 사람이 되는 것은 아니라고 받아들인다. 어렸을 때 합리적 신념을 익히지 못했다면 실수하는 일은 용납할 수 없는 것으로 계속 받아들일 가능성이 높다. 만약 비합리적 신념을 갖고 있다면, 살면서 자신과 타인에게 비현실적인 기대를 가질 수 있으며, 신념을 재구성하지 않는 한, 이러한 상황은 반복될 수 있다.

비합리적 신념은 성인이 된 후에도 계속해서 우리를 괴롭히게 된다. 많은 스트레스를 유발하는 매우 흔한 비합리적 신념 중 하나는 우리를 해치거나 잘못을 저지르는 사람은 나쁜 사람이며 그들을 비난하고 처벌해야 한다는 것이다. 이러한 비판적인 사고는 타인에게만 가하는 것이 아니라 자기 자신에게 향하기도 한다. 합리적으로 바꾸어보면, 우리에게 부정적인 영향을 주는 행동에 대해 상대방에게 직접 말할 수 있지만, 그들을 꾸짖거나 처벌하는 것까지 할 필요는 없는 것으로 나타낼 수 있다.

사람들이 비합리적 신념을 표현하는 방식은 개인마다 차이가 있지만, 대체로 세 가지 요구가 변형된 형태로 나타나는 경향이 있다(Bernard, 1988; Ellis & Harper, 1975/1997).

- **자신에 대한 요구**: "나는 반드시 잘해야 하고 인정을 받아야만 한다. 만약 그렇지 않으면 나는 보잘것없는 사람이고 그것은 끔찍한 일이다." 자기 자신에게 이렇게 엄격한 요구를 부여하면 불안감이 생기게 된다. 합리적 신념은 "나는 최선을 다할 것이다. 실수하고 싶지 않지만 실수를 하더라도 견딜 수 있다. 불행할지도 모르지만 끔찍하지는 않을 것이다."이다.
- **타인에 대한 요구**: "다른 사람들은 반드시 나에게 친절하고 배려해야 한다. 그렇지 않으면 그들을 비난하고 응징하는 것이 마땅하다." 이러한 신념은 분노와 원망의 감정으로 이어지게 된다. 합리적 신념은 "다른 사람들의 인정을 받는 것은 좋지만, 인정을 받지 못하더라도 괜찮다."이다.
- **세상이나 삶의 조건에 대한 요구**: "삶은 나에게 편해야 하고, 번거로움이나 괴로움 없이 내가 원하는 것을 주어야 한다." 이러한 신념은 좌절감을 불러일으키고 회피, 자기 연민 또는 무기력함으로 이어질 수 있다. 더 적응적이고 합리적인 대안은 "사

람들은 각자의 모습대로 사는 것이다. 내가 그들을 바꿀 수는 없지만, 그들에게 반응하는 방식은 바꿀 수 있다."이다.

많은 사람들이 성취, 인정, 편안함, 공정성에 대한 선호를 '반드시' '해야 하는' '의무적인'것으로 인식하는 경향이 있다. 예를 들어, 학생이 욕하는 것을 듣게 되었을 때, 학생들이 예의 바르게 말하는 것을 기대하는 교사는 짜증이 나거나 실망하는 정도에 그치지만, 학생들이 반드시 예의 바르게 말해야 한다고 강조하는 교사라면 분노 감정 또는 자존감 저하를 느끼거나 그 두 가지 모두를 겪게 될 가능성이 높다.

스트레스와 정서적 고통을 야기하는 비합리적 신념은 말 그대로 수백 가지가 있지만, 사람들이 자신의 삶을 효과적으로 잘 살아가는 데 방해하는 대표적이고 강력한 비합리적 신념으로는 10가지가 있다. 그 내용은 〈표 7-2〉에 제시하였다.

〈표 7-2〉 스트레스를 유발하는 비합리적 신념

1. 나는 나에게 중요한 모든 사람들로부터 사랑과 인정을 받아야 한다.
2. 나는 모든 면에서 완벽하게 유능하고 충분해야 하며 성공한 사람이어야 한다.
3. 나쁜 행동을 하는 사람을 비난해야 하고 나쁘거나 악한, 혹은 부패한 사람으로 간주해야 한다.
4. 내가 바라는 대로 일이 풀리지 않는 것은 매우 끔찍하고 가혹하며 파국적인 일이다.
5. 나의 정서적 불행은 상황이나 사람들 때문에 발생하며 나는 나의 감정을 스스로 조절할 능력이 없다.
6. 불쾌하고 위험하거나 두려운 일이 생기면 그것에 대해 끊임없이 생각하고 걱정해야만 한다.
7. 어려움에 부딪히거나 책임을 져야 할 때 자기 책임에 맞닥뜨리는 것보다 회피하는 것이 편안한 것이다.
8. 과거에 일어났던 일들은 모두 중요하며 앞으로의 나의 가능성에 계속 영향을 미칠 것이다.
9. 사람이나 문제에는 각각에 맞는 해결책이 있는데 완벽한 해결책을 찾아내지 못하는 것은 끔찍한 일이다.
10. 나는 아무것도 하지 않거나 수동적으로 지내면서 최대한의 행복을 얻을 수 있다.

합리적 신념을 가질 때 우리는 일반적으로 낙관적이고 희망을 갖는 경향이 있다. 스트레스를 줄이는 데 도움이 되고 삶을 더욱 풍요롭게 만드는 신념은 〈표 7-3〉에 제시하였다. 이러한 신념은 직업의 특성상 스트레스를 받을 수밖에 없는 교사들에게 특히 중요하다.

〈표 7-3〉 스트레스를 줄이는 합리적 신념

1. 모든 사람이 나를 사랑하거나 좋아할 필요는 없다. 항상 인정받아야 하는 것은 아니다. 사람들이 나를 좋아한다면 좋은 일이고 그렇지 않은 사람이 있더라도 나는 여전히 가치 있는 사람이다.

2. 실수는 누구나 하는 일이다. 나 자신이나 타인이 저지른 실수를 받아들일 수 있다.

3. 나는 사물과 사람을 있는 그대로 받아들일 수 있다. 상황이 항상 내가 원하는 대로 되지는 않을 것이다. 나는 다른 사람들을 통제하거나 바꿀 수 없다. 나는 상황과 타인에 대한 나의 반응만 조절하고 바꿀 수 있다.

4. 내가 원하는 것을 항상 얻을 수 있는 것은 아니다. 나는 일이 잘못되더라도 그것을 해결할 수 있다. 걱정은 내 에너지를 소모하고 스트레스를 유발할 뿐이다.

5. 불행과 스트레스는 상황 자체가 아니라 상황에 대한 나의 반응에서 기인한다. 나의 감정과 행동에 대한 책임은 나에게 있다. 누구도 나를 특정한 방식으로 느끼게 조절할 수 없다. 나의 반응은 내 몫이다.

6. 문제를 해결하는 방법에는 여러 가지가 있다. 한 가지 방법만 있는 것은 아니다. 나에게 더 합리적으로 보이는 방법이 있다 하더라도 다른 방법들도 가치 있고 실용적인 해결책일 수 있다.

7. 대부분의 경우 다른 사람이 내 문제를 해결해 줄 필요가 없다. 나는 능력이 있고 스스로 좋은 결정을 내릴 수 있다.

8. 나의 과거가 나를 좌지우지할 수는 없다. 모든 날이 새로운 시작이고, 나는 변화할 수 있다.

9. 나는 다른 사람을 바꾸거나 고치려 하지 않아도 된다. 내가 관심과 배려를 보여 줄 수 있지만 다른 사람의 문제를 내 것으로 만들거나 그들이 스스로 문제를 해결할 책임을 덜어 줄 필요는 없다.

10. 어려워 보이는 일을 피하면 나에게 성공과 만족의 기회가 생기지 않는다. 시도하는 것이 중요하다.

2. 자기패배적인 사고 바꾸기

인간은 욕망이나 바람을 **반드시**(must) 이루어야 하는 것으로 키워 가는 경향이 있지만 Ellis는 인간에게는 선택할 수 있는 힘이 있다는 것과 비합리적인 사고를 인식하고 도전하고 변화시킬 수 있는 능력도 가지고 있다는 점을 강조하였다. 생각을 통제하는 법을 배우는 것은 조명을 켜고 끄는 것 같은 자동적인 과정이 아니다. 고통스러운 사고 패턴을 켰다 껐다 하듯 간단하게 조절할 수 있는 것이 아니라 마음이 움직이는 방향을 재설정하는 과정이다. 여기에서 통제란 자신의 사고방식을 인식하고 사고에 영향을 미치는 선택을 할 수 있다는 것을 의미한다. 불안과 스트레스를 유발하는 패턴에서 마음을 돌리고 차분함과 대처를 이끄는 패턴으로 바꾸는 방법을 배우는 것이다.

인간의 행동은 생각에서 기인한 감정의 표현이므로 자기패배적인 행동을 바꾸는 방법은 그러한 행동으로 이어진 비합리적인 사고를 수정하는 것이다. REBT의 목표는 모든 부정적인 감정을 없애는 것이 아니라, 보다 건설적이고 생산적인 방식으로 행동하게 하는 것이다. 따라서 REBT의 목표 달성에서 중요한 과정은 교사들이 객관적 사실을 받아들이고 절대적 평가로서의 극단성을 제거하는 방법을 익히는 것이다.

Ellis에 따르면, 인간은 어린 시절에 습득한 비합리적인 신념을 의식적으로나 무의식적으로 지속시키기 때문에 살면서 우리를 괴롭게 하는 주된 원인이 된다. 대부분의 조건형성은 자기 스스로 만드는 것이다. 비합리적인 신념을 변화시키기 위해서는 자신의 변화 가능성을 인식하고 지속적으로 강화하는 것이 매우 중요하다. 예를 들어, 부모가 언제나 나의 모든 문제의 원인이었고 지금도 마찬가지라는 신념을 고수할 것인지, 아니면 유년기 동안 부모님은 늘 나를 지적하였고 여전히 그 말을 진지하게 받아들이고 있기 때문에 아직까지 스스로를 괴롭히고 있는 것이라고 판단할 것인지 선택하는 것이다. 후자의 해석을 선택하면, 부모가 지적할 때마다 여전히 스스로를 부족한 사람으로 생각하게 되며 그 결과로 자신을 무가치한 사람으로 느끼게 된다는 것을 알아차릴 수 있다. 자기 강화를 받아들이게 되면 부모님이 자신에게 한 행동 때문에 지금 자신이 이렇게 된 것이니 부모님의 책임이라고 비난하는 것에서 벗어나 변화를 위해 내면을 들여다보는 일을 시작할 수 있다. 이 같은 **인지적 중재**(cognitive mediation)

를 적용하면, 부모의 행동에 대한 자신의 신념을 재구성하여 자신이 그 행동을 어떻게 이해하고 해석했는지에 따라 문제가 발생하였고 계속 부정적인 영향을 주고 있다는 것을 알아차릴 수 있다.

건강한 사람들도 종종 부정적인 사건을 **지나치게 과장하며** 비합리적인 생각을 하기 때문에 Ellis의 이론은 정신 질환을 진단받은 사람들뿐 아니라 정신적으로 건강한 사람들에게도 유용하다. 지나치게 과장하거나 비합리적인 사고는 정도나 심각성의 차이가 있지만 사람들이 왜 전반적으로 무능력해지거나(정신병/정신적으로 병든 상태), 부분적으로 무능력해지거나(신경증/정서적으로 괴로워하는 상태), 때때로 무능력해지는지(긴장성 두통, 가끔 우울증, 스트레스, 긴장, 불안)에 대한 설명이 된다.

파괴적인 사고 패턴을 보다 건설적인 사고 패턴으로 바꾸려면 부정적인 감정과 스트레스 유발 행동과 관련된 사건과 생각에 대하여 인식을 하는 것이 필요하다. 먼저 자신의 감정을 살펴본 다음, 그 감정을 유발한 사건이나 행동이 무엇이었는지 되돌아보고 그 사건과 감정 사이에 매개가 된 사고를 식별해 보는 것이다. 자신의 사고 패턴을 인식하고 나면, 정신적 평가 과정이 자동적으로 나타나는 반응을 인식하여 자각하게 하게 된다. 내면의 대화에 주의를 기울이면 자기패배적인 사고를 식별할 수 있다.

Forman과 동료들의 연구 결과에 따르면 REBT는 교사의 스트레스와 불안을 줄이는 데 효과적이다(Forman, 1981, 1982; Sharp & Forman, 1985; Cecil & Forman, 1988). 교사들이 자신의 감정과 행동을 더 잘 조절하기 위해서는 먼저 학급에서 일어나는 상황들을 어떻게 경험하는지를 면밀히 살펴보아야 한다. 교사가 상황을 해석할 때 적용하는 비합리적인 신념들은 오랫동안 반복적으로 활성화되어 무의식 상태로 변화되었을 수 있기 때문에 REBT가 쉬운 과정은 아니다.

REBT는 근본적으로 우리가 어떻게 자기패배적인 방식으로 행동하는지, 그리고 이것을 어떻게 바꿀 수 있는지를 제시하는 것으로 REBT의 핵심은 ABC 모델이다(Ellis, 2001). A(활성화 경험, Activating experience)는 사고와 감정을 동반하여 발생하는 사건이다. B(신념 체계, Belief system)는 자신의 신념 체계에 따라 해당 정보를 처리하는 것이다. B에서의 자기 대화는 상황 A와 반응 C 사이를 조정한다. 반응의 특징은(예: 합리적, 비합리적, 정상적, 미친) 상황에 대한 자기 대화와 직접적으로 연관되어 있다. C(감정적 및 행동적 결과, emotional and behavioral Consequence)는 감정적 반응과 그에 따른 행동이다.

다음의 예시는 한 가지 사건에 대하여 3명의 교사가 서로 다른 신념, 사고를 드러낸 것으로 정서적 결과가 각각 어떻게 나타나는지 보여 준다.

활성화된 사건: 개학 후 두 번째 주에 선우가 교실에서 책을 던졌다. 그 학생은 자리에 앉지 않고 교실을 뛰어다니고 자기가 해야 할 일을 하나도 마치지 못하였다.

- 교사 A: 자기패배적이고 내면화된 신념과 사고
1. 최악의 상황이다.
2. 나는 저 학생을 절대 통제하지 못할 것이다.
3. 저 학생은 교실 전체를 망가뜨릴 것이다.
4. 다른 선생님들이 이 이야기를 들으면 나를 무능하다고 생각할 것이다.
5. 교무실에서 모두들 나에 대한 이야기를 할 것이다.
6. 나는 아무것도 제대로 할 수 없다.
정서적 결과: 우울, 불안

- 교사 B: 스트레스를 유발하는 의현화된 신념과 사고
1. 끔찍하다.
2. 참 못된 학생이다.
3. 나는 이런 일을 겪지 않아도 되는 사람이다.
4. 학생의 부모가 자녀의 행동에 대해 조치를 취해야 한다.
5. 이 나이쯤이면 자기가 어떻게 행동해야 하는지 알아야만 한다.
6. 그 학생은 가망이 없다.
정서적 결과: 분노

- 교사 C: 스트레스를 감소하는 문제 중심적 신념과 사고
1. 이 상황에 문제가 있는 것 같다.
2. 이 학생은 다른 학생들과 반응이 다르다.
3. 안타깝게도 이런 교실 상황이 나만 겪는 게 아니라는 것을 알고 있다.

4. 마음에 들지 않으니 뭔가 조치를 취해야 한다. 나 자신에게나 학생에게 화를 내는 것은 도움이 되지 않는다.
5. 이 학생이 바람직하게 행동하는 방법을 배우지 못했기 때문에 내가 가르쳐야겠다.
6. 나는 이런 행동을 좋아하지 않는다. 이 학생이 지금과 다른 행동을 하기 원한다면 나는 다른 접근 방식을 시도할 것이다.
정서적 결과: 심사숙고, 평정

　앞의 예시에서 확인한 바와 같이, 자신이나 학생을 비난하는 태도는 부정적인 정서를 유발하여 스트레스를 야기하지만, 문제 해결에 초점을 맞추게 되면 더 생산적인 정서 상태로 이어진다. 어려운 상황을 맞닥뜨렸을 때 스트레스를 줄이는 자기 대화를 사용하기 위해서는 연습이 많이 필요하다. 특히 오랫동안 상황을 왜곡하고 과장하며 비합리적으로 생각하고, 일을 지나치게 부풀리는, 한마디로 자신을 괴롭게 만들어 왔다면 더욱 그렇다.
　기존 모델에 논박하기(Disputing thought: D)와 더 효과적인 결과(Effective result: E)를 추가하여 확장된 구조는 〈표 7-4〉에 제시하였다(Ellis, Gordon, Neenan, & Palmer, 2003).

〈표 7-4〉 REBT의 ABCDE의 구조

A 활성화 경험 (Activating Experience)	B 신념 체계 (Belief System)	C 정서적 및 행동적 결과 (Emotional/ Behavioral Consequence)	D 논박하기 (Disputing Thought)	E 새로운 효과 (The New Effect)
상황 발생	상황에 대한 신념과 해석	감정과 행동	비합리적 신념을 인식하고 이의를 제기하기	오래된 비합리적 신념에 대응하기 위해 합리적 대처 진술에 따른 생각·감정·행동을 활성화하기
A→B→C→D→E 단계의 예시				

| 학생이 자리에 앉기를 거부한다. | 학생들은 내 말을 들어야만 한다. 나는 모든 수업 시간을 통제할 수 있어야 한다. | 화를 내며 비꼬듯이 "너 마음대로 해."라고 말한다. | 학생들이 언제나 내 말을 따라야 하는 것은 아니다. 시간이 더 필요한 이유가 있을 수 있다. 내가 언제나 모든 학생들을 통제할 수 있는 것은 아니다. | 심호흡을 하고 잠깐 멈춘다. |

〈표 7-4〉의 예시에서 나타난 교사의 자기 대화를 보면 초기에는 학생들의 현재 모습과는 다른 요구를 가지고 있다. 이러한 자기 대화는 스트레스를 유발하고 부정적인 반응으로 이어진다. 교사가 요구적인 사고를 인식하고 이것에 대해 논박하면, 더 합리적인 자기 대화를 하게 되고 교사의 반응을 조정하는 역할을 한다. 새로운 반응은 보다 건설적인 자기 대화 패턴에서 비롯되며 더 현실적이고 지지적인 방향으로 나타난다.

교사들이 흔히 가지고 있는 구체적인 비합리적인 신념은 〈표 7-5〉에 제시되어 있으며 이는 학교와 관련한 스트레스를 유발한다(Bernard & Joyce, 1984).

〈표 7-5〉 교사에게 스트레스를 유발하는 비합리적인 신념

1. 나는 언제나 학생, 동료 교사, 관리자, 학부모의 마음에 들어야 한다.
2. 나의 교실에서 일어나는 일은 항상 내가 원하는 대로 정확하게 진행되어야 한다.
3. 학교는 공정해야 한다.
4. 학생들이 좌절해서는 안 된다.
5. 잘못된 행동을 한 학생은 벌을 받아 마땅하다.
6. 학교에서는 불편함 또는 좌절감이 없어야 한다.
7. 교사가 학교에 관한 문제를 해결하려면 언제나 다른 사람들의 많은 도움이 필요하다.
8. 학교에서 일을 잘하지 못하는 사람은 쓸모가 없다.
9. 학업적 또는 행동적 문제를 일으킨 적이 있는 학생은 항상 문제를 일으킬 것이다.
10. 학생이나 다른 교사는 나의 기분을 상하게 할 수 있다.
11. 나는 가정생활이 불행한 아이들을 지켜볼 수가 없다.

12. 나는 언제나 내 수업을 통제할 수 있어야 한다.

13. 나는 모든 문제에 대한 완벽한 해결책을 찾아야만 한다.

14. 아이들에게 문제가 생기면 그것은 부모의 잘못이다.

15. 나는 완벽한 교사가 되어야 하고 절대 실수해서는 안 된다.

16. 학교에서 문제가 발생하면 맞닥뜨리기보다 회피하는 것이 더 편리하다.

1) 스트레스를 강화하는 비합리적인 교사 신념

스트레스 반응, 특히 불안이나 분노가 시작되면 그에 상응하는 자기 파괴적 설명을 하며 비합리적 신념대로 행동할 가능성이 있다. 비합리적인 교사 신념은 교육 환경에서 잠재적 스트레스 요인을 악화시키는 역할을 한다. 성취와 인정에 대한 욕구가 높은 교사는 비합리적인 신념이 적은 교사보다 정서적 스트레스를 경험할 가능성이 더 높은 것으로 나타났다(Bernard, 1988). Bernard의 연구에 따르면 비합리적인 신념이 높은 교사는 비합리적인 신념이 적은 교사들보다 더 많은 스트레스를 경험한다. 같은 교육 스트레스 요인이 있다 하더라도 비합리적인 신념을 가지고 교육에 임하는 교사들은 합리적인 시각으로 대하는 교사에 비해 더 많은 스트레스를 받을 수 있고, 강력하고 부정적인 감정적 각성을 더 많이 경험할수록 비합리적으로 사고하는 경향이 커지는 악순환이 이어질 수 있다.

♣ **개인 연습: 비합리적인 자기 대화 바꾸기**

〈활동 안내〉

• 1단계: 최근에 경험한 수업 중 스트레스를 많이 받았던 상황을 몇 개의 단어 또는 문장으로 작성한다.

• 2단계: 스트레스 상황에서 일반적으로 동반되는 비합리적인 자기 대화 문장을 목록으로 만든다.

• 3단계: 이후 비슷한 상황에 직면했을 때 사용할 수 있도록 비합리적인 자기 대화를 합리적인 자기 대화로 바꾸어 적는다.

2) 도달할 수 없는 기대치를 설정하지 않도록 주의하기

REBT의 개념을 적용하면 불안에 취약한 신규 교사에게 유용한 활동양식을 제공할 수 있다. 이제 막 교사가 된 사람들은 Ellis가 제시한 세 가지 주요 비합리적인 신념에 따라 행동하는 경우가 많다(Manning & Payne, 1996).

- 나는 완벽한 교사가 되어야 한다.
- 모든 사람이 내가 잘하고 있다고 생각해야만 한다.
- 내 학생들은 내가 원하는 대로 변화하고 행동해야 한다.

이러한 교사의 신념은 심각한 문제를 일으킬 수 있으며 교사의 신념 체계가 합리적으로 바뀌었을 때 가르치는 일이 더 즐겁고 성공적인 경험이 될 가능성이 훨씬 크다. 보다 합리적인 신념 체계를 나타내는 자기 대화는 다음과 같다.

- 완벽한 교사는 존재하지 않으며, 여기에는 나도 포함된다.
- 모든 사람이 내가 하는 모든 것을 좋아하지는 않을 것이다. 나는 배우는 중이므로 발전적인 비판을 받아야 한다.
- 학생들은 있는 그대로의 모습으로 존재한다. 그들은 변화의 필요성을 느낄 때만 변화할 것이다.

신규 교사들은 자신이 학급에서 하는 역할에 대해 비합리적인 신념을 가져 실패하기도 한다. 예를 들어, 교사로서 학급은 항상 갈등이나 걸림돌 없이 원만해야 한다고 생각한다면 교사는 자기 자신과 학생 모두에게 비현실적인 요구를 하게 될 수 있다.

요즘 학급에서 흔하게 볼 수 있는 비합리적인 요구로 인해 발생하는 불안감 외에도, 교사 자체에 대한 불만이 더해져 무력감을 느끼게 될 수 있다. 교사는 때로 자신이 스스로 만든 부가적인 요구사항과 실제 가르침에 필요한 요구사항을 구별하는 데 어려움을 겪을 수 있다. Ellis가 언급한 바와 같이 **'해야 한다.' '반드시 그래야만 한다.'**와 같은 형태로 표현되는 비현실적인 요구가 우리에게 많은 고통을 일으킨다. 이상주의와 완벽주의는 비합리적이고 사실상 달성이 불가능한 기대를 갖게 할 수 있다.

교사들이 자기 스스로에게 가하는 많은 스트레스 원인 중 하나는 완벽한 교사상에 부합하려는 압박감이다. 문제 상황 또는 문제로 인식되는 학생에 대해 교사가 편향적인 전제를 갖고 있다면 문제를 해결할 수 있는 효율적인 행동을 하기가 어렵다. 예를 들어, 교사가 "내가 이 학생의 행동을 이해할 수 없다면 그것은 끔찍한 일이다. 나는 학생들이 내가 원하는 대로 행동하지 않는 것을 참을 수가 없다."라는 신념을 갖고 있다면, 이러한 신념은 교사가 실수를 허용하지 않고 완벽을 추구하는 태도를 강조하게 만든다. Ellis가 "**끔찍한 일로 만들기**(awfulizing)"라고 부르는 것처럼 이렇게 지나치게 강조하는 것은 부적절함과 불안감과 같은 감정을 유발할 가능성이 크다. 보다 합리적이고 스트레스를 줄여 주는 신념은 '나는 인간이기 때문에 실수를 할 수 있다. 최선을 다할 것이고, 실수를 하더라도 그것을 바로잡고 고치려고 노력할 것이다.'라는 것이다. 이것이 '실수하는 것(mistake making)'을 보다 올바른 관점에서 바라보는 것이다. 이러한 자기 대화에 따르는 행동은 생산적이고 정서적으로 건강한 형태로 나타날 가능성이 훨씬 더 높다.

3) 흔히 나타나는 교사의 편향적 신념에 맞서기

어떤 신념은 교사가 그 기준에 맞추기가 특히 어려울 수 있다. 교사들이 스스로 달성할 수 없는 기준을 설정하면 실망하게 될 수도 있다.

다음의 **해야 한다**(I should) 문장은 교사가 일반적으로 가지고 있는 편향적 신념을 나타낸다.

- 나는 모든 학생을 똑같이 좋아하고 보살펴야 한다.
- 나는 편견이나 선입견이 없어야 한다.
- 나는 학생들과의 모든 행동에서 일관성을 유지해야 한다.
- 나는 항상 침착하고 차분한 태도를 유지해야 한다.

- 나의 진짜 감정은 숨기고 학생의 감정을 내 감정보다 우선시해야 한다.
- 나는 모든 문제를 쉽게 해결할 수 있어야 한다.
- 나는 불안, 스트레스, 갈등 없이 모든 상황에 대처해야 한다.
- 나는 혼란, 불확실성, 혼돈이 없도록 학급을 운영해야 한다.

♣ 개인 연습: 편향적 신념에 도전하기

〈활동 안내〉

다음의 여덟 가지 편향적 신념을 현실적으로 받아들여질 만한 신념으로 바꾸어 보자.

편향적 신념	수용적 신념
나는 모든 학생을 똑같이 좋아하고 배려해야 한다.	
나는 편견이나 선입견이 없어야 한다.	
나는 학생들과의 모든 행동에 일관성을 유지해야 한다.	
나는 항상 침착하고 차분한 태도를 유지해야 한다.	
나의 진짜 감정은 숨기고 내 감정보다 학생의 감정을 우선시해야 한다.	
나는 모든 문제를 쉽게 해결할 수 있어야 한다.	
나는 불안, 스트레스, 갈등 없이 모든 상황에 대처해야 한다.	
나는 혼란, 불확실성, 혼돈이 없도록 학급을 운영해야 한다.	

3. 파괴적인 사고 패턴을 반박하고 바꾸기 위한 전략

비합리적인 사고는 부정적인 감정을 일으키며 많은 고통과 불편을 초래하고 자기 파괴적 행동을 유발하여 꼼짝할 수 없게 만든다. 그러나 어떤 부정적인 감정은 자기 성장을 위한 행동을 하도록 동기를 부여하여 실천하게 만들 수 있다. 〈표 7-6〉은 움직일 수 없게 만드는 감정(immobilizing emotion)과 그에 상응하는 건설적인 대응방식으로 행동을 촉진하는 감정(mobilizing emotion)의 예시이다.

〈표 7-6〉 움직일 수 없게 만드는 감정과 행동을 촉진하는 감정의 비교

상황	움직일 수 없게 만드는 감정	행동을 촉진하는 감정
위협 또는 위험에 직면함	불안	걱정
손실 또는 실패에 직면함	우울	슬픔
자신의 도덕적 규범 위반	죄책감	후회
다른 사람으로부터의 배신	상처	실망

예를 들어, 자신의 도덕적 규범에 어긋나는 행동을 했을 때 감정적 반응이 죄책감이라면 자기 비난에 빠져 꼼짝하지 못할 수도 있다. 하지만 양심의 가책을 느끼는 감정적 반응이라면 자신의 행동을 대체하기 위해 어떤 행동을 취할 가능성이 높으며, 심지어 다른 사람에게 한 행동에 대해서도 보상하려고 노력할 것이다.

1) 인지적 재구성: 비합리적 신념을 논박하는 전략

신념(인지 구조)이 우리가 무언가에 대해 생각하는 방식(인지 과정)과 자기 대화(내면의 언어) 모두에 큰 영향을 미친다는 전제하에, 신념을 수정하기 위한 전략을 **인지 구조 조정**이라고 부른다. 사고과정은 자기 대화를 통해 형성되며 이는 우리의 행동 방식을 결정하는 것으로, 결과적으로 개입의 대상이 된다.

인지적 재구성은 REBT의 원리를 포함하여 4단계로 구성된다.

① 신념과 사고방식이 감정을 조정한다는 사실 인식하기
② 특정 신념의 비합리성 인식하기
③ 자신의 비합리적인 사고가 자신의 스트레스 감정을 조정한다는 것을 인식하기
④ 비합리적인 사고 바꾸기

사고를 전환하는 방법은 자신의 경험을 인식하는 데 사용하는 필터를 살펴보고 익숙한 내면의 대화를 반박하고, 필요한 변화를 주며 그에 따라 행동하는 것이다. 다음은 비합리적인 신념을 논박하는 과정을 나타낸 예시이다.

■ **예시 상황**: 내 친구는 몇 달 실직 상태로 있다가 취직했다는 연락을 나에게 하지 않았다. 우리는 정기적으로 연락을 주고받았으며 여러 가지 방안에 대해 몇 시간씩 이야기를 나누기도 했었다.

• **사고**: 친구가 배려심이 없다고 생각한다.
• **자기 대화**: '배려심이 없는 사람이다. 그는 내가 얼마나 걱정하는지 알고 있다.'
• **기분**: 처음에는 짜증이 났다가 **그가 나를** 대하는 태도에 화가 났다.
• **사고가 기분을 만든 방식**: 생각이 기분을 짜증에서 분노로 바꾸었다.
• **비합리적인 사고를 반박할 증거**: 그는 지금 완전히 자괴감에 빠져 있고 자존감이 너무 약해져서 새로운 직장에서 잘될지 걱정하고 있을 것이다. 그는 또 직장을 잃었다고 사람들에게 말해야 하는 상황을 맞닥뜨리고 싶지 않을 것이다.
• **보다 생산적인 사고**: 그가 일자리를 찾게 되어 기쁘다. 그가 다른 사람을 생각할 만한 여력이 없는 상황이었을 거라는 생각이 든다.

♣ 개인 연습: 비합리적인 사고에 도전하기

〈활동 안내〉

- 활동 지침: 비합리적인 사고에 도전하는 방법으로, 다음에 제시한 단계를 따라가며 스스로 상황을 검토해 본다.
- 1단계: 최근에 화가 났던 상황을 떠올려 보고 그 상황을 간략하게 설명한다.
- 2단계: 그 상황이 발생했을 때 내가 무슨 생각을 했고 스스로에게 말한 것은 무엇인지 되돌아보면서 나를 화나게 한 사건으로 인해 촉발된 생각을 찾는다.
  - 내가 했던 생각:
  - 나 자신에게 했던 말:
- 3단계: 당시의 생각과 관련된 기분을 알아차리고 그 생각으로 인해 어떤 기분이 들었는지 스스로에게 질문한다.
  - 내가 느꼈던 기분:
  - 내 생각이 만든 기분:
- 4단계: 자신의 생각이 현실에 근거한 것인지 의문을 제기하고 자신이 생각한 것이 사실이 아니라는 증거를 제시하여 비합리적인 생각에 대해 명확하게 반박한다.
  - 비합리적인 사고를 반박할 증거:
- 5단계: 비합리적인 생각을 대신할 수 있는 보다 생산적인 생각을 확인한다.
  - 보다 생산적인 생각:

비합리적인 신념을 반박하기 위해 인지적 재구성을 사용하는 한 가지 방법은 일련의 자기 질문을 해 보는 것이다. 다음과 같은 자기 질문 목록은 교실에서 자신의 생각이 합리적인지 비합리적인지 판단하는 데 도움이 될 수 있다. 이러한 질문은 특히 자신의 사고를 평가하는 데 도움이 되는 것이므로 질문을 적어 책상 서랍에 있는 색인 카드에 보관해 두면 쉽게 참조할 수 있다.

질문에 대해 잠시 멈춰서 생각해 보면 어떤 유형의 자기 대화가 감정적 반응을 일으키고 유지하는지를 발견할 수 있다.

자신에게 질문하기

- 나는 나 자신에게, 다른 사람에게, 인생에 대해 경직되고 융통성 없는 요구를 하고 있지는 않은가?
- 나는 자신에게 어떤 **의무적인** 생각을 전달하고 있는가?
- 나는 일어난 일을 받아들이고 있는가, 아니면 현실을 부정하는가?
- 나는 상황에서 가능성이 있는 원인을 이해하려고 노력하고 있는가?
- 일어난 일이 흥미롭다고 스스로에게 말하고 있는가, 아니면 끔찍한 것으로 생각하고 있는가?
- 이 끔찍한 상태가 영원히 지속될 것이라고 예상하는가?
- 나 자신이나 다른 사람 또는 상황 자체가 절대 변할 수 없다고 믿고 있는가?
- 나 자신이나 다른 사람을 애정, 공감, 존중할 가치가 전혀 없는 존재로 묘사하고 있지는 않은가?

이후, 자신에게 질문하기

- 자기 대화가 이 문제를 창의적으로 해결하는 데 도움이 되는가?
- 자기 대화가 나에게 좋은 친구가 되는가?
- 자기 대화는 내가 원하는 방식으로 느끼는 데 도움이 되는가?

Roush(1984)는 Ellis의 비합리적인 신념을 어린이들에게 사용할 수 있도록 수정하면서 성인들에게도 유용한 비합리적인 사고의 범주를 정리하였다.

① 로봇 사고('내 잘못이 아니다.')
② '나에게 냄새가 난다!'는 사고('모두 내 잘못이다.')
③ '너에게서 냄새가 난다!'는 사고('모두 네 잘못이다.')
④ 동화적 사고('공평하지 않다.')
⑤ 감상적이고 좋은 척하는 사고('난 견딜 수 없어!')
⑥ 종말론적 사고('오! 삶이 비통하다.')

'그 녀석과 마주칠 일만 없다면 여기가 얼마나 멋진 곳일까?'라는 고전적인 동화적 사고는 교사를 '모두가 행복하게 살아야 하는' 환상의 세계에 갇혀 있게 만든다. 이러한 사고는 종종 교사를 괴롭게 하며, "그 학생을 우리 학급에 배정하는 것은 불공평합니다." 또는 "나는 문제가 있는 학생을 그렇게 많이 대면할 필요가 없어야 합니다."와 같은 발언으로 이어진다. 이러한 사고는 교사들을 행동하지 않게 만들 수 있다. 교사들이 자신의 어려움을 한탄하며 울며 겨자 먹기를 계속하면 상황을 개선하기 위한 어떠한 조치도 취하지 않을 수 있다. 왜냐하면 그들은 '**하지 말아야 한다.**'고 믿기 때문에 '**공정하지 않다.**'고 생각하기 때문이다. 동화적 사고에 빠진 교사들은 종종 스스로 옳다는 화를 경험하며, 이는 학생들과의 상호작용에서 언어적 학대, 권력 다툼에 뛰어들기, 보복 추구하기 등의 행동을 나타낼 수 있다.

'너에게서 냄새가 나!'와 같은 사고는 교사들이 방어 태세를 취하게 하여 다른 사람, 특히 학생들로부터 예상되는 공격을 막기 위해 경계하게 만드는 사고방식이다. 로봇 사고는 만약 그것이 내 잘못이 아니라면 내 행동을 살펴보거나 어떠한 책임도 받아들일 필요가 없다는 잘못된 논리로 이어진다.

♣ **개인 연습: 비합리적인 신념에 반박하는 자기 질문**

〈활동 안내〉

- 1단계: 최근 부정적인 감정 반응을 강하게 느꼈던 상황을 떠올려 본다.
- 2단계: 이 상황을 생각하며 다음 질문에서 자신의 비합리적인 사고와 자기 대화를 평가한다.
  - '해야 한다.' '그래야 한다.' '그래야만 한다.'라는 단어를 사용했는가?
  - 이 나쁜 기분이 계속될 것이라고 예상했는가?
  - 자신이나 다른 사람을 무가치한 존재로 생각했는가?
  - 자신의 행동을 돌아보거나 책임을 인정하려고 노력했는가?
  - 그런 생각이 문제를 해결하기 위한 행동을 취하는 데 도움이 되었는가, 아니면 오히려 당신을 꼼짝 못하게 만들었는가?
- 3단계: 이제 다음의 성찰적 질문에 답을 한다.

- 자기 대화가 자신에게 도움이 되었는가, 아니면 오히려 힘들게 하였는가?
- 무엇을 발견하였는가?
- 이 연습에서 가장 중요하게 배운 것은 무엇인가?

2) 비합리적 사고에 도전하기 위한 논리적·경험적·기능적 자기 질문

인지적 재구성의 다른 방법은 비합리적인 사고에 도전하기 위해 세 가지 형태의 자기 질문을 하는 것이다. 첫 번째는 논리적인지 생각해 보는 것이고, 두 번째는 현실 점검을 하는 것이며, 세 번째는 그 유용성에 대해 생각해 보는 것이다. 이 아이디어는 논리적, 경험적, 기능적인 세 가지 유형의 주장을 순차적으로 따라가면서 상황을 스스로 이야기해 나가는 것이다.

이 과정을 설명하기 위해, '종말론적 사고'이나 '오, 삶이 비통하다.'라는 생각을 비합리적 사고의 예로 들어 보겠다. 이것은 자신은 삶이 주는 것보다 더 나은 대우를 받을 자격이 있다고 믿는 사고이다. 예를 들어, 여행을 갈 예정이었는데 몸이 아파서 취소해야 한다고 가정해 보자. 그렇게 되면 '나한테는 **항상** 나쁜 일만 생기는구나.'라고 생각하게 될 것이다.

♣ **개인 연습: 부정적인 사고 반박하기**

〈활동 안내〉

• 1단계: 이 연습을 하기 위해 색인 카드 패키지를 준비한다. 색인 카드 5장을 갖고 각 카드를 사용하여 전형적으로 부정적인 생각을 하나씩 적는다. 이것은 자신과 학생들, 그리고 때로는 모든 것에 대해 자신의 머릿속에 있는 회의적인 음성, 내면의 비평가를 포착하는 것을 목표로 한다.
• 2단계: 카드를 섞어 무작위로 한 장 뽑아 큰 소리로 읽는다.
• 3단계: 이제 최대한 빨리 확신을 갖고 큰 소리로 이의를 제기한다. 최대한 많은 사실을 바탕으로 부정적인 사고를 반박한다.

- 논리적인가?

- 현실을 반영하고 있는가?

- 이 생각이 나에게 어떤 도움이 되는가?

- 4단계: 스트레스를 유발하는 부정적인 생각을 물리쳤다고 만족하면 다음 카드로 넘어가서 다섯 가지 부정적인 생각을 모두 물리칠 때까지 2단계와 3단계를 반복한다.

- 5단계: 다음 일주일 동안 마음속에 숨어 있는 부정적인 생각이 떠오를 때마다 그 생각을 밖으로 드러낸다.

- 6단계: 카드 더미에 새로운 부정적인 생각이 추가될 때마다 이 활동을 반복한다.

- 7단계: 이 활동이 유용하면 부정적인 생각이 떠오를 때마다 계속해서 카드를 추가한다. 연습할 때마다 카드에서 5장의 카드를 무작위로 선택한다.

- **논리적 질문하기: 논리적인가?**

왜 나쁜 일이 나에게만 일어난다고 생각해야 하는가? 실망은 삶의 일부이다. 누구에게나 일어날 수 있는 일이다. 좋은 사람에게도 나쁜 일은 일어난다. 내가 통제할 수 없는 일에 대해 자기 연민에 빠질 필요는 없다.

- **경험적 질문: 현실과 일치하는가?**

나에게만 나쁜 일만 일어나는가? 지난 한 주 동안 나에게 일어난 좋은 일이나 긍정적인 일에는 어떤 것이 있는가?

- **기능적 질문: 그것이 나에게 어떤 결과를 가져올까?**

나쁜 일이 일어날 것이라고 기대하는 것은 나에게 어떤 영향을 미치는가? 이런 생각을 하면 기분이 좋아지는가? 나는 나쁜 기분을 좋아하는가? 나는 더 좋은 기분을 원하지 않는가? 항상 나쁜 일이 일어날 것이라고 기대한다면, 삶에서 어떠한 기쁨도 경험하지 못할 것이다. 생각을 바꾸면 나는 더 나은 기분을 느낄 수도 있을 것이다.

개인적인 연습을 통해 부정적인 생각을 반박해 보자. 이 전략은 '빠른 속도로 제시되는 사실(rapid-fire facts)'을 활용하여 자동적으로 부정적인 생각을 만들어 내는 것과 같은 속도로 부정적인 생각을 해체하는 데 도움이 된다. 이는 『회복탄력성 요인: 인생의 피할 수 없는 장애물을 극복하기 위한 7가지 필수 기술(The Resilience Factor: Seven

Essential Skills for Overcoming Life's Inevitable Obstacles)』(Reivich & Shatte, 2003)에서 제시하고 있는 인지 행동 개입이다.

다음 장에서는 자기 대화 방식에 집중한 많은 전략들을 제시하고 있다.

8장
자기 자신과 소통하는 방법 바꾸기

    머릿속에서 끊임없이 이어지는 자기 대화는 우리의 기분, 자존감, 대인관계, 스트레스 수준, 건강에 긍정적이거나 부정적인 영향을 미칠 수 있다. 우리는 거의 모든 의식적인 순간에 자기 대화를 한다. 이전 장에서 설명한 것과 같이, 인지 행동 개입의 핵심은 자기 대화가 행동의 강력한 매개체 역할을 한다는 믿음이다.

    만약 자신의 자기 대화가 정확하고 현실과 맞닿아 있다면 여러분은 잘 기능하고 있다고 볼 수 있다. 반면에 자기 대화가 과장되어 있거나 현실과 동떨어져 있다면, 감정적 혼란과 스트레스를 경험하게 될 가능성이 높아진다. 감정 상태는 자신의 신념과 자기 대화에 크게 의존한다. 스스로에게 하는 말이 비관적이고, 비합리적이고, 절망적이면, 여러분은 슬프고, 비참하며, 우울한 기분을 경험하게 될 것이다.

1. 스트레스를 유발하는 자기 대화 줄이기

    자기 대화의 약 77%는 부정적이다(Helmstetter, 1990). 이런 비율이 의미하는 바는, 스스로에게 좋은 자기 대화를 '공급'하기 위해 적극적으로 노력해야 한다는 것이다. 만약 대부분의 자기 대화가 파괴적이라면, 이는 분명 자신에게 상당히 나쁜 영향을 미칠 것이다. 이렇게 되면 부정적인 자아상을 있는 그대로 받아들일 가능성도 커진다.

그러나 자기 대화가 합리적이고, 비판적이지 않으며, 자신을 지지하는 것이라면 더 건강한 태도를 가질 수 있다. 교사가 자기 자신에 대해 긍정적이고 현실적이며 수용적인 시각을 가질 때 학생들과 교실 상황에 좀 더 긍정적으로 반응하며, 학생들을 유능하고 책임감 있는 사람으로 인식하게 된다.

교사는 평균적으로 하루에 1천 번 이상 다른 사람과 상호작용한다(Jackson, 1968). 또한 교사는 약 2분마다 중요한 결정을 내려야 한다(Clark & Peterson, 1986). Butler(1991)의 연구에 따르면, 사람은 하루에 약 5만 번의 자기 대화를 한다고 한다. 이는 교사들이 매일 수많은 상호작용을 가지며 분 단위로 중요한 결정을 내리고, 그 과정에서 끊임없이 자기 대화를 이어 가는 존재라는 것을 의미한다. 따라서 부정적인 감정을 초래할 수 있는 자기 대화를 인식하는 것이 건강하게 스스로와 소통하기 위한 첫걸음이 될 수 있다.

자신을 비난하는 말을 오랫동안 해 왔다면 자기 대화를 인식하고 조절하기 위해 많은 노력과 인내심, 끈기가 필요하다. 이 마음속 대화의 질은 교사 자신의 삶의 질뿐만 아니라 학생들의 삶의 질에도 직접적인 영향을 미친다.

사람들은 스스로에게 합리적이거나 비합리적인 것들을 말하곤 한다. 이때의 자기 대화는 개인의 신념과 태도가 드러나는 의식적인 해석의 영역이라고 할 수 있다. 운전 중이든, 설거지를 하든, 학생들과 대화를 하든, 우리는 하루 종일 자기 대화를 나눈다. 때때로 문제 있는 학생에 관한 자기 대화는 실제로 그 학생을 부정적으로 평가하는 결과로 이어지기도 한다.

스스로에게 반복해서 들려주는 이야기는 경험을 해석하는 방식을 자동화하고 고착시킨다. 마음은 각자가 자신만의 장대한 이야기를 구성하는 신화와 영화의 영역이다. 이러한 이야기는 비록 스스로 만들어 낸 것이지만, 그럼에도 불구하고 지금-여기의 경험을 과거 경험의 틀에 집어넣어 과거를 재현하는 기능을 한다. 마음속 깊숙한 곳에서 일어나는 이런 이야기들은 사람이 자신의 판단과 가정 그리고 해석에 갇혀 있게 만든다.

스스로 만들어 낸 이야기는 교실을 혼란에 빠뜨릴 수 있으며, 상황이 어떻게 되어야 하는지에 대한 마음속 이미지를 그려 낼 수 있다. 예를 들어, "이런 방식으로 학생들을 가르치는 것은 불가능하다." "이 학생들은 학습에 관심이 없다." "나는 모든 학생을 통제해야 한다."와 같은 이미지가 그것이다. 이러한 이야기들은 교실에 대한 기대치를 설정하는 동시에 실망감과 미래에 대한 낙담을 일으키며, 결국 심리적 소진으로 이어질 수 있다.

자기 대화는 가족으로부터의 영향과 문화적 배경에서 학습된다. 자기 대화가 학습의 결과라면, 다양한 형태의 자기 대화를 사용하는 방법도 마찬가지로 배울 수 있다. 다만, 반응 패턴이 한번 굳어지면, 다른 방식으로 행동하기가 어려워질 수 있다. 이런 패턴에서 벗어나지 못하면, 우리는 결국 자동적인 행동 습관에 의해 이끌려 기존의 방식대로 계속해서 자기 대화를 나누게 된다. 그러나 자신과 소통하는 방식을 바꾸는 데 성공한다면, 삶의 스트레스 수준을 크게 바꿀 수도 있다.

1) 자기 대화에 대한 기본 가정

다음의 네 가지 기본 가정을 받아들인다면, 특정한 자기 대화 패턴을 파악하고, 스트레스를 유발하는 부정적인 생각을 정신 건강에 좋은 긍정적인 생각으로 바꿀 수 있는 기반을 마련할 수 있다(Harvey, 1988).

자기 대화에 대한 네 가지 기본 가정은 다음과 같다.

- 나를 화나게 하는 것은 오직 나 자신이며, 그것은 내 자기 대화를 통해 이루어진다.
- 내 자기 대화는 학습된 것이므로, 다른 방식으로 자기 대화를 진행하는 것도 배울 수 있다.
- 오래된 패턴을 바꾸는 것은 어려울 수 있지만, 노력과 인내로 이러한 패턴을 바꿀 수 있다.
- 결국에는 감정 반응의 특성, 강도, 지속 시간 등을 조절하는 방법을 배울 수 있다.

자신과 소통하는 방식을 바꾼다면 삶의 스트레스 수준도 변할 수 있다. 자기 대화는 특정 상황과 그 상황에 따른 반응 사이에서 중재자 역할을 한다. 상황 자체는 중립적이며, 긍정적이거나 부정적인 반응은 그 상황에 대해 우리가 스스로에게 하는 말에 의해 결정된다(Ellis & Harper, 1975/1997; Harvey, 1988; Witte, 1985 참조). 즉, 내면의 언어가 현실을 만들어 낸다. 자기 대화를 변형시키는 방법들을 배운다면 일상생활에서 느끼는 스트레스의 양조차도 조절할 수 있게 된다.

2. 스트레스를 유발하는 자기 대화의 유형과 스트레스를 줄이기 위한 전략

많은 연구자가 스트레스를 유발하고, 유지하며, 강화하는 자기 대화의 유형을 분류해 왔다(Beck, 1976; Butler, 1991; McKay, Davis, & Fanning, 2012; Ellis & Harper, 1975/1997; Witte, 1985). 이러한 유형은 크게 ① 당위적 사고, ② 부정, ③ 과잉 반응, ④ 과잉일반화, ⑤ 이분법적 사고(all-or-nothing thinking), ⑥ 독심술 등 여섯 가지 범주로 분류할 수 있다. 다음 절에서는 이런 범주와 그에 대한 근거를 설명하며, 스트레스를 일으키는 각각의 자기 대화 유형을 극복하는 구체적인 방법에 대해 알아볼 것이다.

1) 당위적 사고

특히 불안을 유발하는 역기능적인 자기 대화 패턴 중 하나는 대개 비현실적인 당위적 사고의 모습을 보인다. 이러한 당위적 사고는 자기 자신, 타인 또는 삶 전반에 대해 나타날 수 있다. '**반드시** 성공해야 한다.' 혹은 '실수해서는 **안** 된다.'라고 스스로에게 말하면서 엄격한 규칙을 자신에게 적용할 때, 이런 생각은 실수하지 않아야 한다는 것의 중요성을 과도하게 부각시킨다. 이와 같은 당위적 사고는 부적절함, 무가치함, 무력감으로 이어져 결국에는 불안, 긴장, 우울증, 편두통, 신경과민 및 기타 건강에 해로운 증상을 유발할 수 있다.

비현실적인 당위적 사고는 주로 **해야 할 것 같다**(should), **해야 한다**(must), **해야만 한**

다(have to)는 말로 이루어진 자기 대화로 표현된다. 이런 용어로 기대를 표현하면, 그것은 경직된 요구로 변모하고, 이런 경직된 요구가 충족되지 않을 때 마음에 부정적인 감정이 생긴다. 다른 사람에 대한 기대를 경직된 요구로 설정할 때, 동료들이 반드시 자신을 존중하고, 상사가 공정하게 대우하며, 연인이 자신을 이해하리라고 스스로에게 말하게 된다. 그리고 이러한 요구가 충족되지 않으면 좌절감, 상처, 원망, 그리고 분노를 느끼게 된다.

해야 할 것 같다, 해야 한다, 해야만 한다라는 언어로 표현된 욕구와 그에 따른 집착은 감정적 불균형의 핵심을 이룬다. 현실적으로 보면, 사람들은 자신이 원하는 방식으로 행동하며, 다른 사람이 원하는 방식대로 행동하지 않는다. 그러나 세상이 내 기대에 어떻게 부응해 줄 것인지에 대한 당위적 사고를 가지고 있다면, 기대를 저버리는 일은 결코 일어나서는 안 된다고 믿게 된다. 이러한 믿음은 자신을 동정하는 감정으로 이어지며, 종종 좌절을 잘 견디지 못하거나 회피하거나 무력감을 느끼게 한다. 이러한 강박적인 믿음은 필연적으로 정서적 고통과 자기패배적인 행동으로 이어지며, 자신이나 타인의 실패에 대해 심한 비판과 만성적인 불만을 유발할 수 있다.

타인이나 상황에 대한 무조건적인 기대는 결코 충족되지 못한다. 원하는 대로 일이 진행되지 않을 때 삶이 비참하다고 생각하면 계속해서 피해의식에 빠지고 그에 따라 행동하게 된다. 비합리적인 기대를 갖는 것은 자신과 타인을 비난하게 하고, 무력하게 느끼고 행동하게 만든다.

당위적 사고에 대처하기 위한 전략

(1) 기대를 바람으로 바꾸기

당위적 사고는 아마도 극복하기 가장 어려운 사고 패턴일 것이다. 기대를 바람으로 바꿀 수 있다면, 자신의 기대가 충족되지 않을 때 더 수용적으로 대처할 수 있다. 이런 관점을 적용하면, 기대하는 대신 바라는 것만으로도 삶의 어려움에 더 잘 대처할 수 있게 된다. 우리 중 누구도 인생의 시련을 피할 수 있다는 보장은 없다. 그런 일이 일어날 수 있다는 가능성을 받아들이면 인생의 어려움에서 얻을 수 있는 가치를 발견하고, 삶을 더욱 온전히 받아들일 수 있다.

더 건강한 대안은 내면의 언어를 당위적 사고에서 바람의 언어로 바꾸는 방법을 배우는 것이다. 일이 잘못되었을 때 슬프거나 좌절하거나 화낼 수 있지만, 스스로를 비참하게 만들 필요는 없다. 대신 스스로에게 "이 상황을 바꾸기 위해 내가 무엇을 할 수 있을까?"라고 묻는 것이다. 때로는 답이 없을 수도 있다는 것을 받아들이는 것도 중요하다. 그런 다음 "상황 개선을 위해 내가 해야 할 일은 무엇인가?"라고 스스로에게 물어보는 것이다.

(2) 당위적인 문구 바꾸기

해야 할 것 같다, 해야 한다, 해야만 한다를 원한다, 바란다, 선호한다로 바꿔 볼 수 있다. 사실 선택의 여지가 있는데도 강압적인 표현을 사용하면 당위적 사고로 이어진다. **해야 할 것 같다, 해야 한다, 해야만 한다, 해서는 안 된다** 등의 표현은 선택의 여지가 없다는 것을 암시한다. 만약 어떤 행동을 반드시 해야 한다고 느끼는 상황이라면, 그것은 자신이 통제할 수 없는 힘에 의해 움직이고 있음을 인정하는 셈이다.

자기 대화에서 **해야 한다**라는 표현을 얼마나 자주 사용하는지 주의를 기울여 보라. 아마도 꽤 자주 사용한다는 것을 알게 될 것이다. 또 다른 전략은 **해야 할 것 같다** 또는 **해야만 한다**라고 말하는 자신을 발견할 때 문장을 **할 것이다, 하지 않을 것이다** 또는 **선택할 것이다**로 고치는 것이다. 예를 들어, "시간이 정말 촉박하지만, 오늘은 엄마를 방문해야 해."라고 스스로에게 말하는 대신 "오늘은 엄마를 만나러 가지 않기로 결정했어. 나는 스트레스를 많이 받고 싶지 않으니까. 내일 엄마가 좋아하는 디저트를 가져가서 함께 즐거운 시간을 보낼 예정이야."라고 말하는 것이다.

(3) 자신을 평가하는 것을 자제하기

중요한 것은 모든 형태의 자기 평가를 배제하기 위해 노력하는 것이다(Ellis & Harper, 1975/1997). 자신을 평가하거나 판단하는 것을 자제함으로써, 타인의 평가로부터 스스로를 보호할 수 있다. 그 대신에 자신의 행동, 태도, 성과에만 초점을 맞추는 것이다. 어떤 행동이 본인에게 도움이 되면 '좋은', 본인에게 해로우면 '나쁜'으로 평가

한다. 이런 방식으로 자신이 이룬 성과와 분리되어 생각하는 것이 바로 자기 수용의 핵심이다. 더 유능하고, 더 많은 것을 갖고 있고, 더 많은 것을 성취하고 싶겠지만 자신의 불완전함, 실수, 취약성을 인정하고 받아들일 필요가 있다. 스스로를 증명하려 하지 말고, 대신 스스로를 수용하고 인정하기 위해 노력해야 한다.

2) 부정

스트레스를 유발하는 자기 대화의 두 번째 주요 범주는 부정이다. 대다수의 경우, 이 부정은 당위적 사고가 뒤따르면서 그 영향을 더욱 악화시킨다. 부정에는 실제로 일어난 일 자체를 부정하는 것과 그 일에 대한 이해를 부정하는 것, 이렇게 두 가지 방식이 있다. 첫 번째 유형은 "이런 일이 일어나다니 믿을 수 없어."와 같은 표현에 나타난다. 두 번째 유형인 사건에 대한 이해를 부정하는 것은 좀 더 복잡한데, "왜 그녀가 그런 짓을 했는지 이해할 수 없어."와 같은 자기 대화에서 나타난다.

부정에 대처하기 위한 전략

(1) 일어난 일 받아들이기

부정에 보다 효과적으로 대처하려면, 일이 이미 벌어진 것인지 스스로에게 확인하고, 만약 그렇다면 그것을 받아들이는 노력을 해야 한다. 어떤 일이 왜 발생했는지, 사람들이 왜 그런 반응을 보였는지를 파악하는 것은 종종 쉽지 않다. 타인의 행동, 심지어 자신의 행동까지 이해하는 데는 시간과 인내가 필요하다. 우리 모두가 때때로 충동적으로, 혹은 무의식적으로 행동한다는 사실을 인정하면 많은 것을 이해할 수 있다. 이런 충동성과 무의식을 인정함으로써 과도한 부정적 감정을 크게 줄일 수 있다.

(2) 현실 직시하기

상황이 벌어진 현실을 받아들이는 것이 중요하다. 어떤 노력으로도 원하는 대로 현실을 바꿀 수 없음을 인정해야 한다. 과거를 되돌리려는 시도는 단지 시간과 감정적 에너지를 소모하며, 효과적으로 대응하는 것을 방해할 뿐이다.

일단 일어난 일은 바꿀 수 없다. 앞으로의 과제는 **바랍니다** 또는 **원합니다**와 같은 표현을 사용하여 내가 바라는 바를 솔직하게 전달하는 것이다. "목소리를 낮춰 주면 좋겠어요."라고 말하는 것은 행동 변화를 요청하는 것이지만, "그렇게 말하면 안 돼요."라고 말하는 것은 거부를 의미한다. 예를 들어, 학생에게 "그렇게 하지 않는 게 좋을 거야."라고 말하는 것은 크게 도움이 되지 않는다. 왜냐하면 그 학생은 이미 그렇게 한 상태이기 때문이다. 이런 접근법은 오히려 교사를 화나게 하고 학생에게 방어적인 태도를 취하도록 만들 뿐이다.

(3) 사고방식 전환하기

'어떻게 그런 행동을 할 수 있지?'라는 생각을 자주 한다면, 고정된 사고방식에서 보다 개방적인 사고방식으로 바꿔야 할 필요가 있다. 이를 위한 한 가지 방법은 "무엇이 합리적인 사람을 그런 행동으로 이끌었을까?"라는 질문을 의식적으로 던져 보는 것이다. 이러한 질문은 통찰력을 얻게 해 주며, 앞으로 나아가는 새로운 가능성들을 열어 줄 수 있다.

3) 과잉 반응

과잉 반응은 대체로 기대가 충족되지 않았을 때 상황을 평가하는 방식과 관련이 있다. Ellis는 이러한 경향을 **파국화** 또는 **재앙화**라고 불렀으며(Ellis, 2001), Harvey 역시 비슷한 개념을 **끔찍한 상상**이라고 표현했다. 또 다른 용어로는 **확대 해석**이 있다(Davis, Eshelman, & McKay, 2008). 기대에 부합하지 않는 상황에 직면할 때, 우리는 종종 "끔찍해. 난 이것을 참을 수 없어."라고 스스로에게 말한다. 그러나 실제로 그런 상황은 교통 체증, 줄 서서 기다리기, 친구의 비판과 같이 비교적 사소한 일일 수 있다. 그럼에도 불구하고 Harvey의 연구에 따르면, 대뇌피질에서 '끔찍하다'는 메시지를 계속 보내면, 자율신경계와 내분비선이 마치 실제로 위급한 상황인 것처럼 반응하기 시작한다. 이런 현상은 우리 몸의 생리 작용이 직접적인 감각 정보 전달보다 의식적 지각에 의존하기 때문에 발생한다. 그렇기에 과잉 반응을 할 때마다 과도한 신체 반응이 동반되며, 그 결과 체내 불균형과 스트레스가 발생한다.

Harvey는 이러한 생리 작용을 설명하기 위해 다음과 같은 비유를 제시했다.

> 몸을 거대한 요새라고 상상해 보세요. 요새 꼭대기에는 감각과 두뇌를 상징하는 관제탑과 통제실이 있습니다. 요새 안쪽 깊숙한 곳에는 각종 난방, 냉방, 발전 장비가 있는 기관실이 있습니다. 이러한 시스템은 우리 몸의 조절 시스템과 유사하게 작동합니다. 시스템의 기능은 수신된 정보와 통제실에서 내린 결정에 따라 달라집니다. 기관실 자체는 외부와 직접 접촉하지 않으며, 언제 조절이 필요한지 알기 위해 관제탑과 통제실에 의존합니다. 자, 이제 관제탑에서 근무하는 사람이 사소한 문제에 대해 지속적으로 비상 대응을 활성화하는 시나리오를 상상해 보세요. 약간의 외풍만 불어도 난방 시스템이 최대 수준으로 올라가고, 한쪽 창문을 통해 햇볕이 내리쬐기만 해도 에어컨이 최대로 켜집니다. 아주 작은 위협이 있을 때마다 전체 경보가 울립니다. 관제탑과 통제실에서 과잉 반응하는 경향 때문에 요새의 자원이 낭비되고 있습니다.

이런 상황은 일상에서의 변화에 지나치게 민감하게 반응할 때 우리 몸에서 발생한다. 우리 몸의 조절 시스템은 뇌에서 내리는 결정과 인지적 평가에 따라 작동한다. 이는 사건을 해석하고 평가하는 데 개인이 사용하는 언어가 중요한 역할을 한다는 것을 의미한다. 언어는 신체 시스템을 작동시킨다. 시간이 지나면서, 삶의 경험과 타인에 대한 모델링을 통해 언어는 감정적인 의미를 갖게 된다. 조건화된 감정 반응이 형성되는 것이다. '마음의 관제탑'에 위치한 언어는 부정적인 감정을 촉발하고, 유지하고, 고조시키는 역할을 한다. 여기에는 **끔찍한**, **지독한**, **비참한** 등의 단어와 **참을 수 없어**, **울지도 몰라**, **힘들어 죽겠어**, **가슴이 찢어져** 등의 문구가 포함된다. 이러한 단어와 문장은 감정에 강력한 영향을 미칠 수 있다.

과잉 반응에 대처하기 위한 전략

(1) 시간적 거리두기: '6×6' 테스트

시간은 큰 '탈감정화' 효과를 가지고 있다. 몇 년 전에는 매우 화났던 일도, 지금 와서 보면 평온한 마음으로 바라볼 수 있다. 문제를 멀리서, 넓은 시각으로 바라보게 되면 과거의 일들이 더 이상 끔찍한 것으로 분류되지 않는다. Harvey의 '6×6' 테스트를 통해 시간의 관점을 활용하면 일상에서 마주하는 괴로운 사건들에 대해 더 잘 대처할 수 있다. 어떤 일에 과민하게 반응하고 있다면, 6년 후 그 상황을 어떻게 생각할지 스스로에게 묻는다. 그런 다음 6개월 후에는 어떻게 생각할지 스스로에게 물어본다. 아마 그 상황이 전혀 신경 쓰이지 않을 것임을 알게 될 것이다. 그런 다음 6주, 6일, 6시간, 6분 동안 같은 질문을 반복하며 현재와 가까운 시간으로 점점 이동한다. 이러한 '6×6' 절차는 자신이 "나는 이 상황이 마음에 들진 않지만 확실히 대처하고 극복할 수 있다." 또는 "비록 지금 상황이 불편하지만, 나는 이를 통해 배울 수 있고 긍정적인 변화와 개인적 성장의 가능성을 찾아낼 수 있다."와 같은 자기 대화를 하도록 유도할 것이며, 부정적인 감정과 스트레스를 줄이는 데 도움이 될 것이다.

(2) 신체 손상 척도 사용하기

그 어떤 것도 본질적으로 좋거나 나쁘지 않다. 모든 것은 그저 우리가 어떻게 평가하는지에 따라 달라진다. 과잉 반응이나 파국화에 대처하는 또 다른 방법은 〈표 8-1〉에 표시된 신체 손상 척도(Miller, 1986)를 활용하는 것이다. 이 도구의 핵심 아이디어는 부정적인 사건을 신체 손상과 비교함으로써 자신의 불편함을 상대적으로 평가할 수 있다는 점이다.

예를 들어, 학생이 교사에게 '닥치라'고 말했다고 가정해 보자. 이럴 때 "이게 얼마나 심각한 일일까?"라고 스스로에게 묻고, 그 정도를 신체 손상 척도에서 '심각함'의 수준과 비교해 볼 수 있다. "학생이 내게 '닥치라'는 말을 하지 못하게 만들기 위해 얼마나 많은 신체적 고통을 감수할 준비가 있는가?"라고 스스로에게 질문해 보자. 아마도 교사 중에서 신체 손상 척도에서 10 이상의 손상 유형을 선택할 사람은 거의 없을 것이다. 신체 손상 척도는 각 교사가 개인적으로 받아들일 수 있는 고통의 순위를 재구성하여 사용할 수 있다(Maag, 2008).

〈표 8-1〉 신체 손상 척도

손상 정도	손상 유형
100	죽음
90	사지마비
80	하반신 마비
70	턱 골절
60	어깨 탈구
50	손가락 골절
40	꿰매야 하는 상처
30	(누군가에게 맞아서 생긴) 눈 주변의 멍
20	붓기가 있는 타박상
10	모기 물림
0	아무것도 없음

(3) 조망 확대하기

Seligman(2011b)은 최악의 경우, 최선의 경우, 가장 가능성이 높은 결과를 고려함으로써 파국적 사고를 줄일 수 있는 방법을 제시했다. 최악의 시나리오에서 시작해 최선의 시나리오로 이동하고, 마지막으로 가장 가능성이 높은 시나리오를 고려함으로써 우리는 일어날 일을 보다 객관적인 관점에서 바라볼 수 있게 된다.

4) 과잉일반화

이 범주의 자기 대화는 미래에 대한 관점과 관련이 있다. 사람들은 종종 자신의 감정적 동요를 미래에 던진 다음, 과잉일반화라는 자기 대화를 통해 이러한 전망을 강화한다. 현재 어떤 불행한 일이 발생했다면, 그것이 미래에도 계속해서 발생할 것이라고 스스로에게 말하곤 한다. 거절당했거나, 직장에서 실수를 저질렀거나, 우울한 기분일 때 그것이 항상 계속될 것이라고 하는 것이다. 혼자라고 느끼거나, 자기 자신에게 불만족스러울 때 또는 목표를 달성하지 못했을 때도 마찬가지이다. 이러한 자기 대화는 신경계에 강력하면서도 모순적인 메시지를 전달한다. 한편으로는 상황이 원하는 대로 되지 않아 신경계가 활성화되는 반면, 다른 한편으로는 할 수 있는 일이 없다고 확신하여 신경계가 억제된다. 이는 자동차의 가속 페달과 브레이크 페달을 동시에 밟아 위험에서 벗어나려고 하는 것과 비슷하다.

과잉일반화에 대처하기 위한 전략

(1) 변화하는 감정의 속성 이해하기

우선, 감정의 속성을 이해할 필요가 있다. 파괴적인 자기 대화에 의해 강화되지 않는 한, 감정은 빠르게 생겨나고 사라지는 경향이 있다. 동양 심리학에서는 이런 감정의 변화무쌍한 속성을 잘 이해하고 있다. 감정은 종종 강에 비유되곤 한다. 강둑에 서서 바라보면, 강이 끊임없이 변화하는 것을 관찰할 수 있다. 가장 격렬한 홍수조차도 시간이 지나면 결국 원래의 모습으로 돌아가게 된다. 감정 역시 변화가 그 본질이다. 만약 우리가 감정에 집착하지 않고, 단지 감정을 관찰하는 연습을 할 수 있다면, 우리는 더욱 빠르게 감정적 균형을 회복할 수 있다. Arrien(1993)은 이를 **순수 관찰자**가 되는 것이라고 말한다. 감정에 매몰되지 않고 한발 물러서서 감정이 흘러가게 둘 수 있다면 자신의 감정에 대해 건강하고 현실적인 자기 대화를 할 수 있게 된다. "모든 일은 결국 지나간다."라며 스스로에게 말하는 것도 가능해진다. 그리되면 어려운 상황이나 힘든 시기에 직면했을 때 그 문제를 오랫동안 안고 가야 하는 상황을 방지할 수 있다.

(2) 통제력 회복하기

과잉일반화를 극복하는 또 다른 방법은 어느 정도 통제 가능한 영역에서 개인적인 통제감을 되찾는 것이다. 개인은 자신의 상황을 신중하게 검토하고, 상황을 개선하기 위해 취할 수 있는 조치를 파악할 수 있다. 중요한 것은 간단하면서도 쉽게 처리할 수 있는 단계에 초점을 맞춰 개선 과정을 시작하는 것이다. 자신의 문제를 해결하기 위해 몇 가지 작은 조치만 취해도 기분이 얼마나 좋아지는지 놀라게 될 것이다. 그리고 당연하게도 무언가를 시작하면 과잉일반화의 논리는 저절로 약해진다. 자신의 삶을 되돌아보고, 난관을 극복하고 비극을 이겨 냈던 때를 떠올리며 현재도 똑같이 할 수 있는 힘을 되찾음으로써 희망을 강화할 수 있다.

(3) 이중 기준 기법 사용하기

이 기법은 우리가 자기 자신에게 훨씬 더 가혹하게 대하는 경향이 있다는 관찰에 근거한다(Burns, 1999). 우리는 이중 기준을 사용한다. 사랑하는 사람들에게는 현실적이고 공정한 기준을 적용하며, 부정적인 상황에 대해 균형 잡힌 시각을 유지하도록 권장한다. 반면, 우리 자신에게는 비현실적인 기준을 설정한다. 이 기법을 사용하려면 "비슷한 문제를 겪고 있는 친한 친구나 가족에게 이렇게 말할 수 있을까? 그렇지 않다면 그들에게 어떻게 말하겠는가?"라고 자문해 보자. 이중 기준 기법의 핵심 아이디어는 친구에게 보내는 것과 같은 격려와 공감의 메시지를 스스로에게도 전달하는 것이다.

5) 이분법적 사고

이분법적 사고는 자신이나 타인의 실수를 보고, 이를 일반화하여 전체적인 평가를 내리는 방식이다. 이런 평가는 대략 "나는 이 일에서 실수했으니, 나는 완전히 무능한 사람이다."와 같은 형태로 진행된다. 이러한 추론은 다른 사람에게도 비슷하게 적용되곤 한다. 예를 들어, 다른 사람의 기대에 부합하지 못했을 때, 이분법적 사고를 가진 사람은 자신을 나쁘고, 배려가 없는 사람으로 여길 수 있다. 이러한 유형의 사고에서는 한 번의 부정적인 행동만으로도 그 사람에 대한 전체 인식이 부정적으로 바뀔 수 있다. 이분법적 사고는 분노, 좌절감, 혐오감, 절망감을 증가시키며 지속시킨다. 또한 자존감을 손상시키며 문제 해결과 대안 찾기 능력을 저해하며 자신과 타인의 긍정적인 면모를 인식하는 것도 방해한다(Ellis, 2004).

따라서 이런 유형의 이분법적 사고 패턴을 개선하는 것은 스트레스 감소에 매우 중요하다. 자기 대화를 바꾸면서 이분법적 사고 습관을 개선하면 감정 에너지를 훨씬 더 건설적인 방식으로 사용하는 데 도움이 될 것이다.

이분법적 사고에 대처하기 위한 전략

(1) 논리 적용하기

한 가지 전략은 논리를 적용하는 것이다. 다른 사람이 내가 싫어하는 행동을 한다고 해서 그 사람이 쓸모없거나 비열하다고 일반화하는 것은 옳지 않다. 이런 사고방식은 단 한 가지 근거를 가지고 전체를 평가하는 비논리적인 접근법이다. 어떤 상황이나 사람의 일부분이 마음에 들지 않더라도, 긍정적인 면모와 매력적인 측면이 더 많을 수 있다. 한 가지 행동이 그 사람의 전체 가치를 결정하는 것은 아니므로, '행위와 행위자'를 구분해야 함을 꼭 기억해야 한다.

(2) 균형 잡힌 평가하기

자신이나 다른 누군가가 아무리 중대한 실수를 저질렀다고 해도, 그로 인해 그 사람의 기본적인 인간적 가치를 무시할 수는 없다. '보다 넓은 관점'을 가지고 보면 분노를 줄일 수 있다. 균형 잡힌 시각을 유지하면 당면한 사건이나 문제에 보다 효과적으로 대처할 수 있다. 이분법적 사고에서 벗어나면, 자신의 문제행동을 흥미롭게 관찰하고 그 원인과 결과를 인식하며, 다음에는 다르게 행동할 방법을 고려해 볼 수 있다. 비슷한 맥락에서 타인에 대한 부정적인 평가를 내리는 것을 자제한다면, 비난 대신에 상대방의 구체적인 행동에 초점을 맞추고, 이를 변화시켜 나가는 방안에 대해 함께 논의해 볼 수 있다.

(3) '맹견의 마음'을 알아차리고 멈추기

맹견의 마음(pit bull thoughts)은 McKay와 Sutker(2007)가 자신과 타인에 대한 비판

적인 평가를 지칭하기 위해 사용한 용어이다. 이런 용어를 사용한 이유는, 이러한 생각이 마음을 지배하게 되면 경멸, 질타, 비난에 빠져들게 만드는 특성 때문이다. 대부분의 경우, 이런 평가는 의식하지 못하는 상태에서 빠르게 일어난다. 따라서 이러한 생각을 알아차리고, 그에 이름을 붙임으로써 다른 사람을 '악마화'하는 것을 멈출 수 있다. 이는 어떤 사람이 약간의 결점을 가지고 있더라도 그를 악마가 아닌 한 인간으로 바라볼 수 있게 해 주는 방법이다.

6) 독심술

독심술은 다른 사람의 견해에 대한 우리 자신의 생각과 믿음을 가리킨다. 이러한 유형의 자기 대화는 다른 사람들이 자신에 대해 어떻게 생각하는지 정확히 알고 있다고 믿는 특성 때문에 '독심술'이라고 불린다. 실제로 독심술에는 크게 두 가지 유형이 있다. 첫 번째는 다른 사람들이 우리를 어떻게 인식하고 있는지에 대한 가정이다. 이 경우, 우리는 다른 사람들이 우리의 현재 심리적·정서적·신체적 상태를 완전히 알아차릴 것이라고 생각한다. 예를 들어, 만약 우리가 불안해한다면, 다른 사람들도 그 초조함과 긴장감을 안다고 생각하며, 심장이 뛰거나 손에서 나는 땀까지도 '안다'고 믿는다. 두 번째 유형의 독심술은 다른 사람들이 우리를 어떻게 평가하는지에 대한 확신이다. 즉, 만약 다른 사람들이 자신의 불안함을 감지한다면 자신을 불안정하고 약한 사람으로 생각할 것이라고 믿는 것이다. 이렇게 부정적인 평가가 변하지 않을 것으로 예상하면서 스스로를 더욱 불안하게 만든다.

독심술은 여러 가지 방식으로 스트레스를 가중시킨다. 우선, 독심술은 앞서 설명한 다양한 유형의 자기 대화를 유발한다. 예를 들어, 다른 사람들이 자신의 불안을 보고 자신을 무능하다고 평가할 것이라고 믿는다면, '끔찍한 상상'을 하게 될 수 있다. 또한 다른 사람들이 항상 자신을 무능하다고 생각하고 자신을 받아들이지 않을 것이라는 '과잉일반화'를 할 수도 있다. 또한 독심술은 자신의 행동을 끊임없는 검열하는 일종의 부정적인 자기 감시를 조장한다. 사소한 실수가 자신에 대한 다른 사람의 평가를 부정적으로 만들 수 있다고 생각하기 때문에 사소한 실수를 두려워하게 된다. 따라서 다른 사람들과 있을 때 훨씬 더 자의식이 강해지고 긴장하게 되며 실수할 가능성이 높아진다. 결과적으로 독심술은 다른 사람들로부터 자신을 고립시켜 내면의 혼란과 스트레스 수준을 높일 수 있다.

독심술에 대처하기 위한 전략

(1) 가정에 도전하기

다른 사람들이 나의 내면 상태를 알아챌 수 있다는 가정에 도전해 보자. 사실, 내면의 신호는 다른 사람보다 나 자신에게 더 크고 분명하게 전달된다. 내 심장이 빠르게 뛰고, 팔다리가 떨리는 것은 나만이 느낄 수 있다. 타인은 이러한 신호를 거의 감지하지 못한다.

(2) 열린 마음 갖기

도전해야 할 두 번째 가정은 다른 사람들이 무조건적으로 나에 대해 부정적으로 생각하고 있다는 믿음이다. 이런 믿음은 실제로는 내가 가진 의심과 불안감을 타인에게 투사하는 것일 수 있다. 물론 때때로 다른 사람들이 나를 부정적으로 평가하는 경우도 있다. 그러나 중요한 것은 다른 사람들의 생각이 그렇게까지 중요한 것은 아니라는 건강한 태도다. 위대하고 영향력 있는 사람들의 삶을 연구한 결과 밝혀진 것은 그들에게도 항상 비판적인 사람들이 있었다는 사실이다. 또한 사람들의 견해는 놀라울 만큼 쉽게 바뀔 수 있다는 사실을 상기할 필요가 있다. 시간과 환경의 변화는 가장 지독한 적조차 가장 친한 친구로 만들 수 있다.

(3) 배움을 추구하기

다른 사람의 평가에 지나치게 신경을 쓰는 것은 건강하지도, 논리적이지도 않다. 그러나 가끔 다른 사람이 부정적인 의견을 제시할 때, 그들의 말을 귀 기울여 듣는다면 귀중한 피드백과 통찰을 얻을 수 있다. 배움을 추구하다 보면 종종 경험에서 무언가를 얻을 수 있다.

7) 자기 대화를 수정하는 방법 배우기

학교생활이 분주할 때라도 자기 대화를 인식하고 수정하는 능력을 향상시키려면 연습이 필요하다. 이 절에서는 고통스러운 자기 대화를 수정하는 데 필요한 방법과 연습 과정을 체계적으로 설명해 놓았다.

자기 대화를 바꾸려면 어떤 일이 일어났을 때 생기는 감정 반응은 그 경험을 평가하는 방식에 달렸다는 점을 스스로에게 상기시켜야 한다. 사고와 평가 과정이 자동적으로 이루어진다면, 스트레스를 유발하는 감정 반응을 경험할 가능성이 높아진다. 그러나 사고와 평가 과정이 의식적인 자기 대화를 통해 이루어진다면, 더욱 완화된 감정 반응을 가질 수 있으며 이는 스트레스 감소에 도움이 될 것이다.

스트레스 상황에 대한 반응을 재구조화하는 전략은 시간의 흐름에 따라 세 가지 방식으로 이루어진다. 이런 전략들을 활용하면 부정적인 감정 반응의 빈도와 세기를 줄여 주며, 부정적인 감정 반응을 더 신속하게 진정시켜 주고, 처음부터 부정적인 감정 반응이 일어나지 않게 예방해 준다.

♣ **개인 연습: 자기 대화의 질 점검하기**

〈활동 안내〉

- 1단계: 일주일 동안, 하루에 두 번씩 다음의 사항을 수행한다.
  a) 자신이 화가 났던 사건을 간단히 풀어서 적어 본다.
  b) 그러고 나서 해당 사건이 진행되는 동안 자신이 스스로에게 한 말이나 질문들을 나열해 본다. 이를 위한 방법 중 하나로, 휴대폰을 이용해 자기 대화를 녹음하는 것을 고려해 볼 수 있다. 오늘날 대부분의 휴대폰에는 녹음이 가능한 음성 인식 앱이 탑재되어 있을 것이다.
- 2단계: 주말 동안 다음의 사항을 수행한다.
  a) 자기 대화를 하나하나 기록하고, 도움이 되는 말과 그렇지 않은 말로 분류한다.
  b) 도움이 되지 않는 자기 대화를 살펴보고, 이전에 설명한 여섯 가지 스트레스 유발 범주 중 어디에 속하는지 분류한다.

c) 가장 흔하게 나타나는 도움이 되지 않는 자기 대화 유형을 목록으로 작성한다.
• 3단계: 그다음 주 동안 다음의 사항을 수행한다.
a) 가장 자주 나타나는 도움이 되지 않는 자기 대화 유형 중 하나를 선택한다.
b) 제시된 세 가지 전략 중에서, 자기 대화를 보다 지지적인 방식으로 사용하는 데 가장 적합한 전략을 하나 선택해서 적용해 본다.
c) 스트레스를 유발하는 자기 대화를 하는 자신을 발견할 때마다 이 전략을 사용한다.
• 4단계: 확인된 모든 유형의 자기 대화에 대해 이 과정을 계속 진행한다.

[그림 8-1]에는 두 가지 자기 대화 패턴의 예시가 제시되어 있다.

자기 대화의 유형은 이전에 설명한 여섯 가지 주요 범주로 분류된다. 감정 반응은 감정, 생리적 변화, 행동으로 구분된다. 감정은 주관적 고통 척도(Subjective Units of Distress Scale: SUDS)를 사용해 1부터 10까지 평가되며, 여기서 10은 가장 큰 고통을 의미한다.

185쪽 그림에서는 스트레스를 유발하는 자동적인 자기 대화의 유형을 보여 준다. 반대로 186쪽 그림에서는 스트레스를 줄이도록 수정된 자기 대화 예시를 확인할 수 있다. 이런 방식으로 자신과의 대화를 조절하면, 감정 반응이 크게 완화되고 스트레스 수준도 낮아진다. 그 결과 행동 반응도 문제 상황을 확대하는 것이 아니라 해결하는 방향으로 바뀌게 될 것이다.

이 예시에서 주목해야 할 중요한 점은 감정 패턴의 개별성이다. 예시를 보았을 때 사람에 따라 특정 유형의 자기 대화는 매우 익숙하고 쉽게 인식되는 반면, 다른 유형은 그렇지 않다는 것을 알 수 있을 것이다. 따라서 자신만의 반응 패턴을 인지하는 것은 자신의 민감한 부분을 이해하는 데 큰 도움이 될 것이다.

스트레스를 유발하는 유형의 자기 대화		
당위적 사고	• 교장 선생님은 날 해고하지 말았어야 해. • 그는 좀 더 나를 이해해 줬어야 해. 그는 내가 최선을 다하고 있다는 것을 알았어야 해.	• 일을 더 잘 처리했어야 해. 실수하지 말았어야 해. • 이런 일이 일어나서는 안 됐어.
부정	• 이런 일이 일어났다니 믿을 수가 없어. • 그가 왜 나를 지적했는지 이해할 수가 없어.	• 어떻게 이런 일이 나한테 일어날 수 있지?
과잉 반응	• 정말 끔찍해. • 감당할 수 없어. • 최악이야.	• 이건 나를 망치고 있어. • 죽을 것 같아.
과잉일반화	• 다른 직장을 구할 수 없을 거야. • 나는 결코 승진할 수 없을 거야. • 나는 언제나 실패자일 거야.	• 나는 항상 우울하고 화가 나. • 나는 항상 실수를 해. • 나는 어려운 상황에 대처할 수 없어.
이분법적 사고	• 나는 패배자야. • 나는 완전 실패작이야. • 나는 아무 쓸모가 없어.	• 내 경력은 완전히 망가졌어. • 교장은 완전 멍청한 놈이야.
독심술	• 사람들은 내 기분이 얼마나 안 좋은지 알 수 있어. • 이웃들은 내가 실패자라고 생각해서 나를 무시할 거야.	• 직장 동료들이 모두 나를 험담하고 있어. • 모두들 내가 무능하다고 생각해.
반응 (자동적인)	감정*	분노 9, 혐오 8, 좌절 8, 슬픔 9, 절망감 9
	생리적 변화	심장 두근거림, 설사, 사고 비약, 숨 가쁨, 소화불량, 목통증
	행동	가족에게 소리치기, 친구 피하기, 과음, 너무 많은 TV 시청, 수면과다

* Subjective Units of Distress Scale (SUDS) 1~10

스트레스를 줄이는 유형의 자기 대화		
바람 표현	• 나는 존중받고 싶어. • 교장 선생님이 나를 좀 더 이해해 주셨으면 좋았을 것 같아.	• 일을 더 잘 처리했으면 좋았을 텐데. • 이런 일이 일어나지 않았으면 좋겠지만, 현실은 그렇지 않기도 하네.
수용	• 그런 일이 일어났다는 것을 인정해야겠네. • 교장 선생님이 나를 해고한 데는 이유가 있었을 거야.	• 나는 내가 변화될 필요가 있다는 것을 이해해.
조망 확대	• 아쉽고 불편한 점이 분명 있지만, 받아들일 수 있어. • 어쩌면 긍정적인 결과를 얻을 수 있는 기회일지도 몰라.	• 이 상황에서 뭔가 배울 수 있을지도 몰라. • 6년 후에는 어떤 기분이 들까?
객관적 평가	• 이 또한 지나가는 일일 거야. • 내 부정적인 감정은 진정될 거야. • 내가 이 일에서 잘못을 저질렀다고 해서 항상 잘못을 저지른다는 의미는 아니야.	• 이 시점에서 어떻게 하면 문제를 개선할 수 있을지 생각해 보겠어. • 내가 할 수 있는 작은 것부터 실천해 보겠어.
균형 잡힌 평가	• 나는 실수할 수 있는 인간이고, 이번 실수는 단지 한 부분일 뿐이야. 나는 잘하는 것도 많아. 본질적으로 나는 괜찮은 사람이야. • 이것이 비록 실패일 수는 있지만, 내 경력이 끝난 건 아니야. 오히려 상황이 더 나아질 수도 있어.	• 비록 교장 선생님이 나를 해고했지만, 그분을 경멸할 필요는 없어. 더 건설적인 일에 에너지를 집중할 수 있을 거야.
가정에 대한 도전	• 다른 사람들의 생각을 정확히 파악하기는 어려워. 궁금하다면 직접 물어봐야지. 사실, 그들은 이해심이 있을 수도 있고, 냉담할 수도 있으며, 자신의 일에만 관심이 있을 수도 있어.	• 어쨌든 다른 사람의 평가 때문에 내 본모습이 바뀌는 것은 아니니 상관없어.
반응 (조절된)	감정*	분노 3, 혐오 2, 좌절 2, 슬픔 4, 절망감 1
	생리적 변화	두통, 약간의 피로, 배탈
	행동	계획적인 활동 시작하기, 운동 프로그램 시작하기, 가족 내 프로젝트 진행하기, 일의 중요도와 우선순위 평가하기

* Subjective Units of Distress Scale (SUDS) 1~10

[그림 8-1] 교사 업무의 상반된 자기 대화 유형

[그림 8-1]의 양식을 개인 워크시트로 사용하여 자신의 감정 반응을 살피고, 자기 대화를 수정할 수 있다. 이런 방식으로 연습을 지속하면, 다음과 같이 최소한 세 가지 면에서 큰 도움이 될 것이다.

- 첫째, 특정 상황에 대해 더 효과적으로 대처하는 능력이 향상된다.
- 둘째, 자신의 사고 패턴을 '목격'하거나 관찰하는 과정을 통해 더욱 유용한 사고 패턴으로 변화시키는 데 도움이 된다.
- 셋째, 이 방법을 반복적으로 연습함으로써 지속적인 자기 대화 검토와 수정에 점점 능숙해진다. 그 결과, 과도한 부정적 반응을 신속하게 인지하고 스트레스를 유발하는 자기 대화를 인식하여 즉시 건설적인 자기 대화로 바꿀 수 있는 기술을 갖추게 된다.

다음의 개인 연습을 진행하려면, 자신이 경험한 감정적으로 충격적인 사건을 찾아야 한다. 이는 심한 다툼, 직장에서 범한 실수, 약속을 지키지 않은 상대방 등이 될 수 있다. 최근에 일어난 사건이며 그로 인해 느껴진 감정이 강할수록, 자기 대화를 성공적으로 수정하는 데 좋은 대상이 된다. 이 연습을 위해 [그림 8-2]와 [그림 8-3]에 2개의 워크시트를 별도로 마련해 두었다.

보다 효과적인 연습을 위해서는 관찰자의 시각에서 자신의 생각과 감정 반응을 바라보는 것이 좋다. 또한 건설적인 자기 성찰을 위해 강렬한 감정이 촉발시킨 내면의 혼란과 산만함을 진정시키는 것이 중요하다.

감정의 강도를 평가할 때 보통 6점 이상일 경우 스트레스를 유발하는 감정 반응으로 볼 수 있다. 만약 감정의 강도가 4~5점일 경우 해당 상황에 어느 정도 대처하고 있다고 볼 수 있다. 그리고 만약 감정의 강도가 3점 이하라면 상당히 잘 대처하고 있는 것으로, 자기 대화를 수정할 필요가 없음을 뜻한다.

자기 대화를 변화시키는 것은 더욱 건강하고 건설적인 감정 반응을 생성하는 데 중요하다. 자기 대화를 수정하는 것은 과도한 감정 반응으로 인한 스트레스를 줄이는 데 매우 효과적인 방법이다. 건강한 사고는 연습을 통해 점차 숙달되는 능력이다. 이 과

스트레스를 유발하는 유형의 자기 대화		
당위적 사고		
부정		
과잉 반응		
과잉일반화		
이분법적 사고		
독심술		
반응 (자동적인)	감정	
	생리적 변화	
	행동	

[그림 8-2] 스트레스를 유발하는 자기 대화 유형을 분류하기 위한 워크시트

스트레스를 줄이는 유형의 자기 대화		
바람 표현		
수용		
조망 확대		
객관적 평가		
균형 잡힌 평가		
가정에 대한 도전		
반응 (조절된)	감정	
	생리적 변화	
	행동	

[그림 8-3] 스트레스를 줄이는 자기 대화 유형을 분류하기 위한 워크시트

정에서 워크시트 연습은 유용한 연습 도구가 될 것이다. 연습을 반복함으로써, 지속적으로 자기 대화를 개선하는 데 점점 능숙해질 것이다. 그리고 시간이 지남에 따라 스트레스를 유발하는 감정 반응을 신속하게 인식하고 그에 따른 자기 대화를 빠르게 수정할 수 있게 될 것이다.

자기 대화를 분석하는 경험이 쌓이면 특정 패턴이 반복해서 나타나는 것을 발견할 수 있을 것이다. 예를 들어, 어떤 사건에 대해 계속해서 과잉 반응하고 긴장과 불안을 느끼는 모습을 발견할 수 있다. 또는 과잉일반화 사고의 경향성과 함께 우울하고 절망적인 기분을 자주 느끼는 자신을 발견할 수 있다. 우리 모두가 어느 정도로 특정한 자기 대화와 그에 따른 감정 반응의 패턴을 보여 준다는 사실을 잊지 않아야 한다.

♣ 개인 연습: 자기 대화 수정하기

〈활동 안내〉

- 1단계: 먼저, 감정적으로 화가 났던 사건을 떠올려 본다. 여전히 감정이 북받친다면 천천히 심호흡을 하며 긴장을 풀어 본다.
- 2단계: 스트레스를 유발하는 자기 대화 유형에 대한 워크시트로 시작한다. 내면에서 일어나는 일을 관찰할 수 있을 만큼 마음을 진정시킨 다음, [그림 8-2] 워크시트의 하단에 위치한 '반응' 부분에 자신의 감정 반응을 기록한다. 이때 감정 반응의 세 가지 요소, 즉 감정, 생리적 변화, 행동을 모두 고려한다. 다음으로 자신이 느낀 감정을 나열해 본다. 정확히 어떤 감정인지 잘 모르겠다면, 눈을 감고 그 사건에 대해 자동적으로 떠오르는 반응에 집중한다. '누군가와 싸우고 싶은 충동이 있나?' 아니면 '도망치고 싶나?' 혹은 '몸이 아프거나 울고 싶은 듯한 기분인가?' 이러한 충동은 각각 분노, 두려움, 혐오감, 슬픔의 감정과 연결되어 있다. 여러 가지의 감정이 동시에 느껴지더라도 놀랄 필요는 없다. 사실 대부분의 감정 반응은 여러 감정이 혼합된 것이다. 어떤 경우에는 감정이 층위를 이루기도 한다. 예를 들어, 분노 아래로 상처와 슬픔이 숨어 있을 수 있다. 어떤 감정이든 그 감정은 나만의 것이며, 자기 성찰의 과정에서 귀중한 정보를 제공할 것이다. 자신의 감정을 파악하고 확인한 후에는 강도에 따라 1~10점 척도로 평가한다.
- 3단계: 이제 생리적 반응을 살펴본다. 근육에서 어떤 변화가 일어나고 있는지, 몸의 어

느 부분이 긴장하거나 뭉쳐 있는 느낌인지를 파악한다. 심장이 더 빨리 뛰는 것 같은지, 아니면 위가 꼬이는 것을 느끼는지 등 감정 반응과 연결된 신체적 반응들을 모두 나열해 본다.

- 4단계: 다음으로 행동 반응을 살펴본다. '누군가에게 소리를 지르거나, 혹은 말도 못하고 얼어붙었던 적이 있나?' 여기까지 모두 응답하였다면, 이제 6개의 항목을 통해 자신의 사고방식과 신념을 파악할 준비가 된 것이다.
- 5단계: 스트레스를 유발하는 자기 대화의 각 범주에 대해 살펴본다. ① 당위적 사고, ② 부정, ③ 과잉 반응, ④ 과잉일반화, ⑤ 이분법적 사고, ⑥ 독심술
  - 첫 번째 칸에는 자신과 타인, 그리고 삶 전반에 대해 경직되고 융통성 없는 기대를 가지는 당위적 사고를 나열해 본다. 자신의 생각을 들여다보며 어떤 종류의 당위적 사고가 감정 반응을 유발하는지 살펴본다.
  - 두 번째 칸에서는 부정에 초점을 맞춘다. '발생한 일을 받아들이고 있는가?' '그 상황이 벌어진 여러 가능한 원인들을 이해할 수 있는가?'
  - 세 번째 칸에서는 사건에 대한 자신의 반응을 살펴본다. '사건이 흥미롭다고 자기 자신에게 말하고 있나?' 아니면 '사건에 대해 과민하게 반응하며 필요 이상으로 부정적으로 생각하고 있나?'
  - 네 번째 칸에서는 머릿속에서 끊임없이 떠오르는 생각에 귀를 기울여 본다. '현재의 어려운 상황이 영원히 계속될 것이라고 예상하나?' 아니면 '자신, 다른 사람, 또는 상황 자체가 절대로 변하지 않을 것이라고 믿나?'
  - 다섯 번째 칸에서는 이분법적 사고가 있는지 살펴본다. '자신이나 다른 사람을 사랑받거나 존경받을 가치가 없는 존재로 묘사하고 있지는 않나?'
  - 마지막으로, 여섯 번째 칸에서는 독심술 경향을 살펴본다. 타인에 대한 인식이나, 타인이 나에 대해 갖고 있다고 생각하는 부정적인 평가와 관련된 나의 모든 추측을 적어 본다.
- 6단계: 모든 칸을 채웠다면, 스트레스를 유발하는 자기 대화와 신념에 대한 깊은 이해를 얻었을 것이다. 이제 감정 반응을 조절하기 위해 그러한 자기 대화를 수정할 차례이다. 스트레스를 줄이는 자기 대화 유형 워크시트를 사용하여 여섯 가지 범주에 따라 기존의 자기 대화를 수정하고 새로운 자기 대화를 작성한다.
  - 당위적 사고 칸에서는 의무적인 사항을 보다 유연한 관점으로 바라보며, 바람의 표현으로 다시 작성한다.

- 부정 칸에서는 일어난 일을 받아들이며, 그것들에 대한 이해도를 높인다.
- 과잉 반응 칸에서는 사건에 대한 보다 현실적이고 정확한 평가를 내린다.
- 과잉일반화 칸에서는 앞으로의 상황을 보다 객관적으로 묘사하고, 지금 당장 상황을 개선하기 위해 할 수 있는 일을 적어 본다.
- 이분법적 사고 칸에서는 자신과 타인, 상황에 대한 편향된 평가를 배제하고, 긍정적인 특징을 찾아본다.
- 독심술 칸에서는 다른 사람의 인식과 생각을 보다 현실적으로 고려하여 새로운 자기 대화를 작성한다.
• 7단계: 여섯 가지 범주에 따른 새로운 자기 대화 문장을 모두 작성했다면, 이를 여러 번 반복해서 읽어 본다. 처음에는 이전에 스트레스를 유발하던 습관적인 자기 대화와 비교했을 때 많이 다르게 느껴질 수 있다. 그리고 이 새로운 관점을 받아들이는 것 또한 조금 어려울 수도 있다.
• 8단계: 새로운 자기 대화를 사용하여 사건을 재평가한 다음, 감정 반응 칸으로 이동한다. 여기서는 감정을 나열하고 그 강도를 평가하며, 생리적 반응과 행동도 기록한다. 이 과정에서 감정 반응에 상당한 변화가 있음을 느낄 수 있을 것이다. 원래 강렬했던 부정적인 감정들이 약해지거나 완전히 사라진 것을 경험할 수 있다. 두려움이나 불안 대신, 관심이나 흥미와 같은 보다 적응적인 감정이 생겨난 것을 발견할 수도 있다. 또한 생리적 반응이 훨씬 완화된 것을 느낄 수 있으며, 문제에 집중하기보다는 문제 해결에 필요한 행동을 취하는 경향성이 더욱 분명해질 수 있다.

3. 가혹한 심판자를 현실적인 안내자로 바꾸기

Butler(2008)는 우리가 일상적으로 사용하는 자기 대화의 다양한 유형에 대해 논의하면서 우리가 현실적인 안내보다 가혹한 심판을 내리는 경향이 있다고 지적한다. 그녀는 이러한 심판자의 언어를 안내자의 언어로 바꾸는 방법을 개발했는데, 이 과정은 자기 대화가 어떻게 우리 자신을 추동하고, 방해하고, 혼란스럽게 하는지 인식하는 것에서 시작된다. 심판자의 세 가지 범주는 조종자, 방해자, 혼란자로 분류된다. 그녀의 주장에 따르면, 건강하고 원활한 자기 대화를 위해서는 무익한 '심판자'를 '허용자'로 대체해야 한다. Manning과 Payne(1996)은 교사들이 '심판자'에서 '허용자'로 전환하는 과정을 배우면서 교실을 더 편안하게 느끼며, 이로 인해 자기 만족을 경험한다는 사실을 발견했다.

〈표 8-2〉에는 세 가지 심판자에 대한 설명과 그들에 맞서 효과적으로 작동할 수 있는 '허용자'의 자기 대화 예시가 제시되어 있다.

〈표 8-2〉 허용자의 자기 대화를 방해하는 조종자, 방해자, 혼란자

조종자 '서둘러야 한다.' '제대로 해야 한다.' '강해져야 한다.'는 비현실적이고 가차 없는 내면의 압박	
완벽해라	무리한 수준의 성과를 내도록 끊임없이 강요한다. 이러한 유형의 판단적인 사고는 당신을 100% 아니면 0%로 한정한다. 이분법적 태도를 유발한다. 예: 완벽하게 가르칠 수 없다면 아예 시도조차 하지 않을래.
서둘러라	모든 일을 빨리 처리해야 한다고 강요한다. 이런 종류의 사고는 A형 행동 유형의 주요 원인 중 하나다. 예: 이 과목에서 다른 선생님들이 모두 나보다 앞서고 있으니 서둘러야 해.
강해져라	어떤 도움이 필요하면 극복해야 할 약점으로 간주한다. 외로움, 슬픔, 상처를 용납하지 못하고, 필요한 도움을 요청하지 못하도록 막는다. 예: 난 초보 교사야. 너무 많은 질문을 하면 내가 뭘 해야 하는지도 모른다고 생각할 거야.
다른 사람을 만족시켜라	거절하는 사람이 나에게 중요한 사람인지 여부와 관계없이 거절에 대한 극심한 두려움을 느끼고, 자신의 감정을 잃는다. 예: 내가 너무 까다롭다면 이 학생들은 나를 좋아하지 않을 거야. 애들은 나를 좋아해야만 해.
열심히 노력해라	자신에게 적절한 한계를 설정하지 못한다. 자신의 한계를 고려하지 않고 점점 더 많은 책임을 지고, 거절을 잘 하지 못한다. 예: 나도 책임을 져야 하니까 새 위원회에도 참여하는 것이 좋겠어.
조종자에 맞서는 허용자	
완벽해라	아주 완벽한 사람은 없어. 그렇다면 완벽한 교사가 되려고 노력하는 것은 의미가 없지 않나? 최선을 다하고 실수를 받아들이며 가르치는 것이 더욱 건강한 방법이야.

서둘러라	우리는 책을 완전히 마치지 않아도 충분히 잘 배울 수 있어. 이 학생들과 내가 필요한 만큼의 시간을 가지는 것도 괜찮아.
강해져라	감정을 느끼고 표현해도 괜찮아. 교사로서 학생들이 열악한 환경에서 지내는 모습을 보면 슬픈 감정을 느끼는 것도 자연스러운 거야.
다른 사람을 만족시켜라	다른 사람을 기쁘게 하는 것은 보람된 일이지만, 그 대가로 내 자신의 감정을 잊어버리면 문제가 돼. 내 욕구를 무시하면 내가 누구인지 잃어버릴 수 있어.
열심히 노력해라	내 한계를 인정해도 괜찮아. 내가 맡은 일에 충분한 시간과 노력을 들여서 성공할 수 있도록 노력할 거야.

방해자 '안 돼' '하지 마' '~해야만'와 같은 편향적 메시지 이러한 메시지는 자발적인 자기표현과 자기주장을 방해한다.	
재앙화	특정 행동을 했을 때 일어날 수 있는 끔찍한 상황을 미리 떠올린다. 해당 행동의 위험성을 지나치게 과장하여 아무것도 하지 않기로 결정한다. 예: 현장 학습을 가면 버스가 고장 나거나 학생들이 난동을 부리거나 다른 공부에 너무 뒤처질 거야.
부정적인 자기낙인	자연스럽고 건강한 욕구에 임의적인 판단을 내린다. 예: 교장 선생님께서 해 주시는 모든 일에 대해 진심으로 감사드리고 싶지만, 내가 얻으려는 것이 있다고 오해받을까 봐 말씀드리지 못하겠어.
엄격한 요구하기	어떤 행동을 하기 전에 반드시 충족되어야 하는 일련의 조건을 요구한다. 보통 '만약'이라는 단어로 시작한다. 예: 만약 모든 사람이 내 제안에 동의한다면 다음 교직원 회의에서 말하겠어.
훼방 메시지	'하지 마'라는 단어로 자신을 가로막는다. '변하지 마' '나답지 마' '불평하지 마' '달라지지 마' 등이 그 예시이다. 예: 오후 교직원 회의에 대해 미리 알려 주지 않았다고 해서 불평하지 마.
방해자에 맞서는 **허용자**	
재앙화	버스가 고장 나도 뭐 어때? 그렇다면 우리에게 다른 버스를 보내 주겠지. 그렇게 즐거운 상황은 아니지만 재앙이나 파국까지는 아닐 거야.
부정적인 자기낙인	내 자신이나 내가 하는 일에 부정적인 낙인을 찍는 것은 내가 한 많은 긍정적인 행동을 무시하게 만들어. 이러한 낙인을 다시 찍기 시작하면 앞으로는 그냥 무시해 버릴 거야!

엄격한 요구하기	이 '만약'은 내 선택을 계속 제한하고 내 감정과 행동을 가로막아. 다음에 엄격한 요구를 듣게 되면 그냥 지나칠 거야!
훼방 메시지	나는 나의 모든 측면을 경청하고 존중할 권리가 있어.

혼란자 혼란스러운 자기 대화를 사용하면 일상 경험이 왜곡된다. 이와 같은 유형의 자기 대화는 다른 두 가지와 마찬가지로, 자신과 대화하는 비생산적인 방식이다.	
임의적 추론	관련된 모든 사실을 신중하게 고려하지 않고 결론을 내린다. 예: 학생이 나를 쳐다보고 있지 않으므로 내 말을 듣고 있지 않는 걸 거야.
책임전가	실제 원인과는 관련이 없는 다른 요인이나 타인에게 비난이나 책임을 돌린다. 예: 그 학생은 나를 화나게 해.
인지적 결핍	전체적인 맥락을 파악하지 못하고, 터널 시야로 바라본다. 예: 그 학생이 성적이 좋지 않은 이유는 집중하지 않기 때문이야.
과잉일반화	사람이나 사건 간의 유사점만 인식하고 차이점은 간과한다. 인종, 문화, 성별 편견이 이러한 혼란을 야기한다. 예: 나는 남학생을 위해 스포츠 잡지를 가져와서 수업 시간에 볼 수 있도록 하겠어.
이분법적 사고	모든 것을 흑백으로 보고, 찬성 또는 반대만 있으며, 중간 지점을 고려하지 않는다. 예: 나는 내가 권위적일지 아니면 허용적일지 결정해야 해.
모호한 언어	자신이 명확하게 정의하지 않은 단어를 사용한다(예: 성공, 행복, 부). 예: 나는 단지 가르치는 일에서 성공하고 싶을 뿐이야.
과장	사건이나 상황의 중요성을 과대평가하고, 합리적인 수준을 벗어나 일을 과장한다. 예: 그런 상황이 일어나도록 방치한다면 나는 최악의 교사일 거야.
혼란자에 맞서는 허용자	
임의적 추론	명확히 말하자. "나는 교사로서 실패했어."라고 말할 때 실제로 의미하는 것은, 반 학생의 절반이 중간고사에서 좋지 않은 성적을 받았다는 사실이야. 그리고 나는 이 사실을 명확하게 표현할 필요가 있어.

책임전가	학생들이 나를 화나게 만든 건 아니야. 수업 중 학생들의 행동에 부정적으로 반응하게 선택한 건 나야. 그렇다면 어떻게 하면 좀 더 긍정적으로 반응할 수 있을까? 나는 내 감정을 통제할 수 있지만, 학생들은 그렇지 않잖아.
인지적 결핍	전체적인 맥락이 어떻게 될까? 학교 문제는 한 가지 요인으로 설명할 수 있을 만큼 단순한 경우가 드물어. 이 문제에 영향을 미치는 다른 요인은 어떤 게 있을까?
과잉일반화	조심! 왜 남학생들만 스포츠 잡지를 읽을 거라고 생각했을까? 생각해 보니, 철수는 쉬는 시간에 운동하는 것보다 시 읽는 걸 더 좋아하던데.
이분법적 사고	나는 연속선상에서 생각할 수 있어. 문제는 때로 그렇게 간단하지 않고, 특정 상황에 따라 크게 달라지기도 해. 또 나는 다른 사람들이 나를 이것 혹은 저것으로 쉽게 분류하도록 내버려 두지도 않을 거야.
모호한 언어	성공은 아름다움과 같이, 보는 사람의 시각에 따라 결정돼. 따라서 성공을 어떻게 정의할지 명확히 해야 해.
과장	날짜 지정과 색인화를 통해 사건을 보다 섬세하게 표현해 본다. 날짜 지정은 일이 발생한 시점을 정확하게 말하는 것을 의미한다. (예: **지난주 금요일에 독감에 걸려서 힘들었어.**) 색인화는 개별 사람이나 상황의 고유한 특성을 세밀하게 나타내는 것이다. (예: **수업 시간에 나는 옆 반의 선생님보다 좀 더 엄격하게 가르친다.**) 이런 방식은 모호하거나 광범위한 개념을 좁혀 실제 상황과 잘 맞도록 조정하는 데 도움이 된다.

1) 자기 지지의 언어 배우기

Butler는 자기 지지의 언어를 배우기 위해 다섯 단계 지침을 제안하며, 각 단계에는 자기 질문이 포함된다.

1단계	인식하라. 자신과의 대화에 귀를 기울여라.
	자기 질문: 내가 나 자신에게 무슨 말을 하고 있는가?
2단계	평가하라. 내면의 대화가 자신을 지지하는지, 혹은 파괴하는지 평가하라.
	자기 질문: 나의 자기 대화는 도움이 되는가? 그렇지 않다면, 나와 주변 사람들에게 도움이 되도록 어떻게 바꿀 수 있을까?

3단계	확인하라. 어떤 조종자, 방해자 또는 혼란자가 나의 자기 대화를 유지시키는지 확인하라.
	자기 질문: 어떤 조종자, 방해자, 혼란자가 개입하고 있는가?
4단계	자신을 지지하라. 부정적인 자기 대화를 허용과 자아 지지로 대신하라.
	자기 질문: 내가 나에게 하는 허용과 자아 지지는 무엇인가?
5단계	안내자를 발달시켜라. 새로운 지지 포지션에 따라 어떤 실천을 할 것인지 결정하라.
	자기 질문: 새로운 지지 포지션을 바탕으로 어떤 실천을 할까?

　부정적인 자기 대화를 인식하는 것은 변화를 향한 첫걸음이다. 이를 위해 부정적인 자기 대화가 얼마나 자주 발생하는지 정확하게 기록하는 것부터 시작할 수 있다. 불안감이나 우울감과 같은 감정, 속이 울렁거리거나 손에 땀이 나는 것, 혹은 긴장성 편두통 등의 신체 증상, 회피생각이나 회피행동 등이 부정적인 자기 대화의 신호일 수 있다. 또한 비판을 받거나 새로운 프로젝트를 시작하는 등의 외부 상황도 부정적인 자기 대화를 유발할 수 있다. 부정적인 자기 대화를 발견하면, 다음과 같이 친근하지만 단호한 말로 그것을 멈추게 해야 한다. '잠깐만! 이런 방식으로 스스로에게 말하는 것은 도움이 되지 않아! 친한 친구에게 이런 식으로 말할 수 있겠어?'라고 스스로에게 맞서는 게 필요하다. 이렇게 함으로써 부드럽고 건설적인 방식으로 스스로와의 대화를 바꿔 나갈 수 있다.

　2단계에서는 자신의 내면 대화를 평가하는 과정이 이루어진다. 이때 스스로에게 그 대화가 도움이 되는지 아닌지 자문한다. 만약 그것이 유익하지 않다는 것을 깨닫게 된다면, 그런 자기 대화에서 벗어나기 시작하는 첫걸음을 떼게 된다. 유익하지 않은 자기 대화는 분노, 우울, 불안감 등의 부정적 감정을 유발하며 문제 해결 능력을 약화시킨다. 이런 사실을 인식하는 것은 매우 중요한 과정이다. 왜냐하면 이전에는 비판적인 내면의 목소리를 의심 없이 받아들였지만, 이제부터는 그것에 도전할 수 있게 되기 때문이다.

　3단계에서는 자신의 자기 대화에 숨어 있는 조종자, 방해자, 혼란자를 찾아낸다. 이러한 비판적인 심판자를 파악하는 데 익숙해지면, 그것들이 어떻게 자신을 방해하며 혼란스럽게 하는지 쉽게 알아차리고 대응할 수 있게 된다. 더 깊이 들여다보면, 이 과정은 문제의 원인을 명확히 인식하고, 자신에게 다른 방식으로 말하는 데 도움이 된다. 예를 들어, "오늘은 쉬는 날인데 하루 종일 게으르다고 자책하고 있네. 그만 좀 서두르려 하자. 그렇게 하도록 나 자신을 재촉하지도 않을래."라고 말해 보자. 우리 모두가 너무나 익숙해져 버린 자기 비판적인 말들로부터 벗어나서, 건강한 방식으로 스스로를 지지하는 것은 마치 새로운 언어를 배우는 것과 같다. 이것은 조금 시간이 걸릴 수 있지만 확실히 가능한 일이다.

4단계에서는 자신의 감정에 대한 존중과 신뢰가 모든 허용의 핵심이라는 것을 이해하는 것이 중요하다. 교사가 자신을 존중하지 않으면, 학생들 또한 그를 존중하지 않는다. 마찬가지로, 우리 스스로를 존중하고 신뢰하는 태도를 가지면 그것이 우리와 타인과의 관계에도 긍정적인 영향을 미친다. 이 단계에서는 처음에 연습할 몇 가지 자기 대화를 준비해 두면 도움이 된다.

5단계에서는 비판적인 심판자에 휘둘리지 않고, 자신만의 성장을 돕는 구체적인 계획을 세우게 된다. 이때 신체 감각도 고려하여 계획을 세우는 게 필요하다. 예를 들어, 긴장감이 느껴지는 부분을 인식하고, 그러한 긴장감을 완화하기 위해 깊은 호흡 등의 방법을 사용할 수 있다.

이렇게 스스로와 건강하게 소통하며 변화를 이루어 나가기 위한 여정은 차근차근 진행되며, 많은 연습과 인내력이 필요하다. 하지만 그 과정 속에서 스스로를 더 잘 알아 가고 사랑하는 법을 배울 수 있다.

♣ 개인 연습: 자신의 가혹한 심판자 인식하기

〈활동 안내〉

• 1단계: 심판자의 메시지 목록을 살피고, 다음과 같은 메시지를 찾아본다.
  a) 다섯 가지 조종자의 메시지 목록(완벽해라, 서둘러라, 강해져라, 다른 사람을 만족시켜라, 열심히 노력해라)에서 자신에게 문제를 일으키는 메시지를 찾아본다.

b) 네 가지 방해자의 메시지 목록(재앙화, 부정적인 자기낙인, 엄격한 요구하기, 훼방 메시지)에서 자신에게 문제를 일으키는 메시지를 찾아본다.

c) 일곱 가지 혼란자의 메시지 목록(임의적 추론, 책임전가, 인지적 결핍, 과잉일반화, 이분법적 사고, 모호한 언어, 과장)에서 자신에게 문제를 일으키는 메시지를 찾아본다.

- 2단계: 한 주 동안 자신의 패턴을 파악하기 위해 특정 시간을 설정한다. 아침, 점심, 학생들이 하교한 직후와 같이 하루 세 번의 시간대를 선택한다. 이렇게 정한 각각의 시간에 세 가지 심판자 중 어느 것을 사용했는지를 생각해 보고 그 사례를 기록한다.
- 3단계: 주말 동안 수집한 사례를 검토한다.

a) 가장 자주 사용한 심판자를 찾는다.

b) 어떤 경향성이나 연관성을 발견할 수 있는지 확인한다.

c) 이해한 내용을 기반으로 자기 지지의 언어를 배우기 위한 5단계 프로그램을 실행한다.

♣ **개인 연습: 스트레스가 많은 상황 대비하기**

〈활동 안내〉

- 1단계: 〈표 8-3〉에서 일부 진술문을 선택하거나 다음의 네 가지 과정에 대한 진술문을 직접 작성하여 개인 맞춤형 스트레스 대응 진술문을 준비한다.

---

1. 스트레스 상황에 대비하고 있을 때
2. 스트레스 상황 속에 있을 때
3. 불안이나 분노가 치밀어 오르는 것을 느낄 때
4. 스트레스 상황을 성공적으로 해결했거나 혹은 해결하지 못한 경우 어떻게 대처했는지 되돌아볼 때

- 2단계: 스트레스 대응 진술문을 기억에 남을 때까지 연습한다.
- 3단계: 다음에 스트레스를 받을 수 있는 상황에 직면했을 때 스트레스 대응 진술문을 활용한다. 처음에는 스트레스가 크지 않은 상황에서 이 전략을 사용하는 연습을 하는 것이 가장 좋다. 성공 경험이 어느 정도 쌓이면 더 까다로운 상황에도 전략을 활용할 수 있다.

♣ **개인 연습: 스트레스에 대한 내성 기르기**

〈활동 안내〉

• **1단계**: 현재 마주하고 있는 어려움과 함께, 자신의 개인적 특성을 고려하여 어떤 교실이나 학교 상황이 가장 스트레스를 유발하는지 생각해 본다.
• **2단계**: 업무와 관련된 스트레스의 잠재적 요인 중 자신이 가장 취약한 요인을 파악한다.
• **3단계**: 이러한 스트레스 요인에 덜 취약해지기 위해 무엇을 할 수 있는지 생각해 본다.
• **4단계**: 자신을 무력하게 만들 수 있는 스트레스 요인으로부터 자신을 보호하기 위해 실천할 수 있는 한 가지를 찾아본다.

2) 스트레스 예방 전략

Meichenbaum(1985)은 **스트레스 예방접종**(stress inoculation)이라는 통합적인 예방 전략을 개발했다. 이 전략은 인지 행동적 대처 기술 외에도 이완 훈련, 예행 연습, 자기 진술문 등을 포함한다. 자기 진술문은 우리가 마주칠 수 있는 다양한 스트레스 상황에 대비하는 데 도움이 된다.

스트레스 예방접종의 핵심 원리는 잠재적인 스트레스 요인을 미리 인식하고 그것들로부터 발생할 수 있는 부정적인 사건을 사전에 방지하거나 그 영향력을 줄이는 것이다. 이를 위해 우리는 사전에 예방적인 생각과 행동을 준비해야 한다. Meichenbaum은 우리가 스트레스와 성공적으로 마주하기 위해서는 네 가지 상황에서 자기 대화를 조절해야 한다고 제안한다.

① 스트레스 상황에 대비할 때
② 스트레스가 현재 발생하고 있을 때
③ 불안이나 분노가 증가하는 순간
④ 스트레스 상황을 성공적으로 해결했거나, 혹은 실패한 후 자신의 반응을 회고할 때

〈표 8-3〉에는 스트레스가 예상되는 상황에서 감정을 조절하기 위해 활용할 수 있는 자기 진술문의 예시가 정리되어 있다. 이러한 상황에서 네 가지 단계별로, 자신을 지지하고 격려하는 내면의 목소리를 사용하는 것이 권장된다. 이런 방식으로 접근하면, 감정적인 흥분 상태를 더욱 효과적으로 관리하고 조절할 수 있게 될 것이다.

〈표 8-3〉 분노/스트레스/불안에 대처하기 위한 자기 진술문

불안감을 유발하는 상황에 대처하기	
이 일로 좌절하지 않을 거야.	난 준비됐어. 어떻게 대처해야 할지 알아.
내 계획대로 할 수 있어.	어떻게 해야 할지 알고 있어.
난 할 수 있어.	모든 게 나에게 달려 있다는 것을 알아.
나는 분노를 다스릴 수 있어.	논쟁하지 않을 거야.
내 생각을 통제할 수 있어.	쉽지는 않겠지만, 자신 있어.

스트레스 상황 중에 반응하기	
그 어떤 것도 나를 좌절시킬 수 없어.	침착해.
그 누구도 나를 통제할 수 없어.	나 자신을 증명할 필요가 없어.
이 일에 휘둘리지 않을 거야.	긍정적인 부분에 집중하자.
좀 더 멀리서 바라보자.	너무 확대해석하지 말자.
그렇게 중요한 건 아니야.	이 상황은 내가 해결할 수 있어.
웃자. 조금만 더 버티자.	유머 감각을 유지하자.

분노 징후에 대처하기	
나는 이 일을 해결할 각오가 되어 있어.	근육이 팽팽해지는 게 느껴져.
화를 낼 일이 전혀 없어.	화내는 것은 도움 되지 않아.
내 입장이 확실하긴 하지만 끝까지 고집부릴 이유는 없어.	비난하지 말고 존중하자.
파괴적으로 행동 말고, 건설적으로 행동하자.	기억하자. 난 스스로를 통제할 수 있어.
속상하긴 하지만 꽤 잘 견디고 있어.	역공을 퍼붓거나 비신격적인 태도는 삼가자.

다른 사람들이 나처럼 행동하길 기대할 수 없어.

침착하자. 심호흡을 몇 번 하자.

부정적인 자기 대화를 하지 말자.

천천히!

쉽게 할 수 있어.

스트레스 상황 되돌아보기	
해결하지 못한 경우	성공적으로 해결한 경우
나는 논쟁하지 않았어. 그건 한발 나아간 거야.	내가 해냈어!
긴장 푸는 걸 잊지 말자.	정말 잘 처리했어.
개인적인 것으로 받아들이지 않겠어.	화를 내지 않으려고 노력했어.
그다지 심각하지 않아.	점점 더 나아지고 있어.
화는 났지만, 공격은 자제했어.	나 자신이 자랑스러워.
가슴에 담아 두지 말자.	생각보다 나쁘지 않았어.
이 문제를 해결하는 데는 시간이 좀 걸려.	나 자신을 통제할 수 있어.
걱정할 필요가 없어.	
이 일로 실망하지 않을 거야.	
삶은 계속돼.	

교사가 스트레스를 경험하는 과정에서 〈표 8-3〉의 자기 진술문을 활용하여 자기 대화를 한다면 다음의 예시와 같을 것이다.

- 분노를 유발하는 상황에 대처하기: **"분명히 화가 나겠지만, 어떻게 대처해야 할지 알고 있어."**
- 스트레스 상황 중에 반응하기: **"조금만 천천히 호흡에 집중한다면, 내 마음의 평온함을 유지할 수 있을 거야."**
- 분노 감정에 대처하기: **"내가 원하는 대로 학생들이 행동하지 않을 수 있어. 화가 날 수 있지만, 모든 것을 포기할 수는 없지."**

- 스트레스 상황을 해결하지 못했을 때: "**어려운 상황이지만 계속 노력할 거야.**"
- 스트레스 상황을 성공적으로 해결했을 때: "**화를 내지 않고 잘 극복했어. 그럴 필요가 없는데도 너무 오랫동안 화를 냈던 것 같아. 점점 더 나아지고 있어.**"

9장
마음을 다스리는 방법 배우기

사물은 오직 고요한 물속에서만 왜곡되지 않고 스스로를 비춘다. 사람은 고요한 마음일 때만 세상을 정확하게 인식할 수 있다.

- Hans Margolius

스트레스 관리는 예방과 대처의 두 가지 수준에서 이루어진다. 예방 전략은 스트레스 상황의 해로운 영향에 대비하는 것이고, 대처 전략은 스트레스 상황의 영향을 최소화하여 보다 효과적으로 대처할 수 있도록 하는 것이다. 전략은 ① 식이요법, 운동, 휴식 등 신체에 미치는 직접적인 영향을 다루는 생리적 전략, ② 사고 패턴과 내적 대화 또는 자기 대화에 대한 인식을 높이고 방향을 전환하는 인지적 전략, ③ 장기 및 단기 목표 설정, 시간 모니터링, 활동 우선순위 지정 등 스트레스 상황을 관리하기 위해 취하는 행동이나 행동 단계를 포함하는 행동적 전략으로 나눌 수 있다. 이러한 유형의 전략들은 종종 함께 사용된다.

신체에 직접적인 영향을 미치는 이 기술은 스트레스에 대한 신체 반응을 다루는 데 도움이 된다. 마음은 일반적으로 불안을 유발하는 생각에 '투쟁-도피' 반응을 유발하고 신체를 각성 상태로 유지한다. 몸의 다른 반응은 스트레스로 인한 여러 가지 부작용을 완화하는 낮은 각성 상태인 '이완 반응'으로 나타난다. 생리적 스트레스 감소 전략은 모든 사람이 필요하지만, 특히 교사에게는 신체의 이완 반응에 빠르게 접근할 수 있는 방법이 중요하다.

신체의 이완 반응을 유도하는 생리적 스트레스 대처 전략에는 명상, 복식호흡 또는 심호흡, 이완 기법, 시각화 기법 등이 있다. 최면과 유도된 환상 및 유도된 명상과 같은 창의적인 이미지 기법도 일반적으로 여기에 포함된다. 시각화 기법은 무의식에 귀를 기울이고 상상력의 창의력을 발휘할 수 있는 무대를 마련해 준다. 이러한 기법은 이완, 문제 해결, 자기 탐구 또는 치유에 사용할 수 있다.

스트레스에 대처하는 몇 가지 방법은 마음을 가라앉히고 정신적 균형을 이루는 데 도움이 된다. 전통요가에서 우리의 마음은 본질적인 자아와 외부의 것 사이에서 균형을 이루며 동시에 이 둘을 연결한다(Harvey, 1988). 마음은 호수와 같다는 비유가 자주 사용된다. 호수의 바닥은 우리의 본질 또는 진정한 자아이고, 물은 마음을 채우고 있는 물질이며, 물속의 파도, 해류, 난기류는 우리의 생각, 감정, 기억이 된다.

명상은 마음을 가라앉히는 데 주로 사용되는 전략이지만, 내면의 고요함을 조성하여 마음속에서 끝없이 이어지는 소음과 간섭의 흐름을 멈추게 하는 다른 전략도 이완 반응을 촉진할 수 있다. 정상적인 상태에서는 마음이 내면의 대화에 몰두하게 되는데, 내면의 대화는 경험에 대한 끝없는 논평으로 이어진다. 내면의 생각에서 지금 일어나고 있는 일에 대한 인식으로 전환한다. 평소에 늘 하던 방식으로 내부 이야기를 구성하던 태도가 아니라 자기 자신을 파악하는 방법을 찾아야 한다. 교사가 불안을 유발하는 스토리라인을 만드는 행위에서 자기 자신을 파악할 수 있는 것으로 바뀌는 것이 중요하다. 이는 특히 도전적인 행동을 하는 학생을 다룰 때 그렇다.

마음속에서 일어나는 내면의 대화에 귀 기울이고, 자신의 생각을 관찰하고, 자신의 감정과 행동을 더 잘 알아차리는 법을 배우면 자동적인 반응을 버릴 수 있게 된다. 과거를 생각하고, 해석하고, 되풀이하여 생각하는 것이 아니라 완전히 자유롭고 고요한 마음을 만드는 능력을 개발하는 것이다.

1. 마음챙김 기르기

오늘날의 과제는 매일 의식적으로 마음챙김을 실천하는 것이다. 우리의 삶에 목표를 갖고 신중하게 살아내기 위한 이 새로운 패러다임은 내면과 외면이 균형을 이루도록 우리를 안내한다. 균형 잡힌 상태는 스트레스를 받는 것과는 정반대되는 상태이다. 연구 결과에 따르면, 규칙적인 마음챙김 수행은 우리 몸과 뇌가 스트레스에 반응하는 방식에 긍정적인 영향을 미치는 것으로 입증되었다.

마음챙김이라는 용어는 빠르게 일상적인 용어가 되어 가고 있다. 마음챙김은 우리가 가는 곳마다 있는 것처럼 보인다. 어떤 면에서는 마음챙김보다 마음놓침(mindlessness)을 이해하는 것이 더 쉽다. 우리 모두는 자신도 모르게 과거의 경험과 가정에 근거한 정신적 눈가리개를 착용하고 자동 조종 장치에 따라 혹은 무의식적으로 삶을 살아가고 있다.

마음챙김은 판단하지 않는 인식, 개방성, 호기심, 내적 및 외적 현재 경험에 대한 수용을 포괄하는 특별한 종류의 주의력이다. 마음챙김은 지금 이 순간에 일어나고 있는 경험에 주의를 기울이는 것이다. 불교 문헌에서는 이러한 주의를 흔히 '주의집중', 즉 과거 경험에 그림자를 드리우지 않고 있는 그대로를 보는 것이라고 한다. 다시 말해, 경험에 대한 기억과 마음가짐에 의존하지 않고 사물을 있는 그대로 보는 것이다.

마음챙김 수행은 수천 년 동안 이어져 왔다. 비교적 최근에 서양 의학에서는 만성 통증으로 고통받는 사람들과 질병으로 쇠약해진 사람들을 치료하기 위해 마음챙김 수행을 채택하였다. 정신 건강 전문의들은 이제 불안과 우울증을 치료하기 위해 마음챙김 수행을 사용한다. 최근에는 건강한 개인이 스트레스에 대처하는 데 도움을 주거나 교육 분야와 같이 만성적인 스트레스를 받는 직업군의 사람들을 돕기 위해 마음챙김이 주로 사용되고 있다. 마음챙김 수행은 지난 10년 동안 초등학교와 중·고등학교에도 도입되어 학생들이 생활 속 스트레스에 보다 효과적으로 대처할 수 있도록 돕고 있다.

마음챙김은 다양한 방법으로 처음 시작될 수 있고 강화되며, 모든 방법은 어느 정도 수준에서 알아차림과 자기 발견을 촉진하기 위해 노력한다. 마음챙김은 의식의 확장이라고 할 수 있는 명시적인 수행을 통해 기를 수 있다. 명상, 이완, 집중, 시각화, 염불과 기도, 요가, 태극권, 기공과 같은 움직임 기반 수행법 등 말 그대로 수백 가지의 수행법이 있다.

마음챙김과 동의어로 사용되기도 하는 **마음챙김의 알아차림**은 '의식을 알아차린다'라는 뜻으로, 자아에 대한 인식과 성찰 능력을 의미한다. 다른 많은 연구자들과 마찬가지로 Smalley와 Winston(2010)은 마음챙김을 삶에 통합하는 데는 성찰이 필요하다고 말한다. Siegel(2010)도 그의 저서 『통찰(Mindsight)』에서 마찬가지로 성찰의 중요성을 강조한다. Siegel에 따르면, 우리의 오감은 외부 세계를 인식할 수 있게 해 준다. 육감이라고 부르는 감각을 통해 우리는 내부의 신체 상태(예: 심장 박동, 초조함)를 인식할 수 있다. Siegel은 자신의 경험을 되돌아봄으로써 내면을 들여다보고 마음을 인식하는 능력을 일곱 번째 감각이라고 생각했다. 그는 이 필수적인 일곱 번째 감각을 표현하기 위해 **마인드사이트**라는 용어를 만들었다. 그는 성찰의 힘이 마인드사이트의 핵심이라고 주장한다. 그는 마인드사이트 능력의 핵심인 성찰의 세 가지 구체적인 구성 요소를 밝혔다. 그는 이 세 가지 기본 구성 요소를 **개방성**, **관찰**, **객관성**이라는 3개의 기둥이라 부르는데, 이는 우리의 마인드사이트 관점을 안정적으로 유지시켜 준다.

우리는 우리의 인식에 들어오는 모든 것을 개방적인 태도로 받아들이고, 사물이 어떻게 **되어야 한다**는 선입견에 집착하지 않아야 한다. 우리가 원하는 대로 만들려고 하기보다는 있는 그대로를 바라봄으로써 제한적인 판단을 알아차릴 수 있는 힘을 갖게 된다. 관찰은 경험을 통해 자아를 인식하는 능력이다. 실제로 자아 관찰은 자동적 행동과 습관적 반응에서 벗어나 이를 변화시킬 수 있는 방법을 찾을 가능성을 제공한다. 객관성은 우리가 생각이나 감정을 갖게 하고 그로 인해 휩쓸리지 않게 한다. 객관성은 현재의 활동, 즉 우리의 생각, 감정, 기억, 신념, 의도가 일시적인 것임을 인식하는 마음의 능력이다. 중요한 것은 그것이 우리의 전부가 아니라는 것이다(예: '내가 화가 났다.'가 아니라 '나는 화나는 기분을 느끼고 있다.'). 객관성을 통해 우리는 분별력이라고 부르는 능력을 개발할 수 있다. 분별력을 통해 우리는 생각이나 느낌이 절대적인 현실이 아니라 정신적 활동일 뿐이라는 것을 알 수 있다. 분별력 중 일부는 우리가 어떻게 인식하고 있는지 알아차릴 수 있는 능력이라 할 수 있다. Siegel에 따르면, 우리가 이 '메타 인식', 즉 알아차림에 대한 인식을 개발할 수 있다면 자동적 행동에서 벗어날 수 있다.

　개방적이고 객관적이며 자아 관찰을 잘하는 능력은 반성적 실천가의 특징이라는 점을 아는 것이 중요하다. 마음챙김을 개발하거나 통찰력을 갖는다는 것은 앞서 설명한 반성적 실천의 요건과 상당 부분 겹치는 개념이다. 교사가 성찰적일수록 학생의 행동을 해석할 때 더 넓은 관점으로 접근하여 반응적인 판단을 자제할 수 있게 된다.

1) 마음챙김에 대한 연구 증거

　마음챙김은 신체 건강과 안녕감 모두에 긍정적인 영향을 미친다. 불안감과 우울감이 줄어들고, 안녕감이 개선되며, 자신과 타인과의 관계가 더 건강해진다. 『완전한 현재: 마음챙김의 과학, 예술, 실천(Fully Present: The Science, Art, and Practice of Mindfulness)』 (Smalley & Winston, 2010)은 마음챙김을 탐구하는 연구가 마음챙김을 반복적으로 실천할 때, 여러 가지 긍정적인 결과를 얻을 수 있다는 것을 보여 주고 있다. 그중 일부에는 다음과 같은 변화가 포함된다.

- 스트레스 감소
- 질병과 싸우기 위한 신체의 면역체계 강화
- 만성적인 신체 통증 감소
- 부정적인 감정 관리
- 고통스러운 생활 사건에 대한 대처
- 유해한 반응 패턴에 대한 자기 인식의 확장
- 긍정적인 감정 증가
- 자신 및 타인과의 관계 향상
- 주의력 및 집중력 향상

　마음챙김이 뇌(주의력, 작업 기억, 인지 조절, 감정 조절)와 신체(증상 감소, 신체 건강 증진, 면역 기능 강화)에 미치는 다양한 경로를 밝혀내기 위한 연구가 진행되고 있다. 뇌 연구에 따르면 마음챙김 수준이 높을수록 감정 인식 및 이해력 향상, 감정 반응 조절 능력 향상, 불쾌한 기분을 바꿀 수 있는 능력 향상과 상관이 높은 것으로 나타났다(Baer, Smith, Hopkins, Krietemeyer, & Toney, 2006; Brown, Ryan, & Creswell, 2007; Creswell, May, Eisenberger, & Lieberman, 2007; Feltman, Robinson, & Ode, 2009; Greeson, 2009). 연구자들은 또한 마음챙김 수행 시간이 많을수록 주의력을 자기 조절하는 능력이 높아진다는 사실을 발견했다(Moore, Gruber, Derose, & Malinowski, 2012; Jha, Krompinger, & Baime, 2007).

초기의 연구는 경험이 많은 마음챙김 수행자를 연구하는 데 중점을 두었지만, 최근의 일부 연구에서 마음챙김 수행에 대한 짧은 훈련으로도 주의력을 스스로 조절하는 능력을 비슷하게 향상시킬 수 있다는 것을 확인할 수 있다(Dickenson et al., in press; Moore et al., 2012). 이미 업무량이 매우 많은 교사의 경우, 최소한의 시간을 투자하여 마음챙김 수행을 배우는 것은 현재의 내적 경험을 조절하는 능력이 정신 건강에 좋은 영향을 미치는 것으로 해석된다는 점을 고려할 때, 큰 보상을 얻게 될 것이다.

이러한 일련의 연구는 규칙적인 마음챙김 수행이 신체와 뇌가 스트레스에 반응하는 방식을 변화시켜 뇌 연결을 강화하여 반응성을 줄이고 자기 성찰과 자기 조절을 돕는다는 입장을 뒷받침한다(Davidson & Begley, 2012; Siegel, 2010). 마음챙김 역량을 키운 교사의 경우 타인과 소통하고, 감정을 조절 및 관리할 수 있는 능력이 향상되어 소진의 전조인 정서적 고갈을 줄일 수 있다는 점에서 이러한 연구는 교사에게 중요한 시사점을 준다.

연구자들은 정기적으로 마음챙김을 연습하면 인식의 지평이 넓어져 스트레스를 받는 많은 생활 사건을 더욱 힘을 지니고 해석할 수 있게 되므로 스트레스를 훨씬 덜 받게 된다고 가정한다. 자신의 생각, 감정, 감각을 판단하지 않고 관찰하는 법을 배우면, 부정적인 감정이 서로에게 편승하여 상황을 빠르게 '파국'으로 몰고 가는 반응의 연쇄 고리를 끊을 수 있다. 마음챙김을 연습하면 '일시적인' 마음챙김 상태가 되지만, 시간이 지남에 따라 '특성적인' 마음챙김으로 축적될 수 있다. 즉, 일상생활에서 비판단적 인식을 갖게 되는 일반적인 경향으로 발전할 수 있다(Chambers, Gullone, & Allen, 2009;

Garland et al., 2010). 다시 말해, 꾸준히 마음챙김 수행을 하면, 스트레스를 받았을 때 보다 긍정적인 상태로 전환할 수 있는 자원을 쌓을 수 있다. 연구자들은 마음챙김이 증가함에 따라 부정적인 사건을 보다 긍정적인 시각으로 재조명하는 대처 전략인 긍정적 재평가 능력도 증가한다는 사실을 발견했다(Garland, Gaylord, & Fredrickson, 2011; Modinos, Ormel, & Aleman, 2010).

앞서 언급했듯이 신경계에는 두 가지 기본 모드(흥분 혹은 진정)가 있다. 반응성 상태에서는 뇌간이 '투쟁-경직-도피' 생존 반사 신호를 보낸다. 이 상태에서는 중립적인 말조차도 싸우는 말로 받아들일 수 있다. 반면에 수용적인 태도를 취하면 얼굴과 성대의 근육을 이완시키고 혈압과 심박수를 정상화하라는 메시지를 보내면서 뇌간의 다른 부위가 활성화된다. Siegel은 이러한 수용적인 상태는 문자 그대로 다른 사람과 연결되는 사회적 참여 시스템을 켜는 것이라고 설명한다.

Siegel에 따르면 마음챙김 명상 수련을 통한 주의력 개발은 내적 균형의 중요한 측면이다. 마음챙김은 면역체계, 감정, 주의력, 심지어 대인관계까지 포함한 내면의 상태를 조절하는 데 도움이 된다. 마음챙김은 뇌에서 통합 섬유의 성장을 촉진하기 때문인데, 이 뇌 섬유는 모든 영역의 조절에 필요한 것이다. Siegel은 통합이 자기 조절의 근본적인 메커니즘이라고 말한다. 통합의 자연스러운 결과는 연민, 친절, 회복탄력성으로 나타난다. 마음챙김은 관점 취하기, 정서적 소통, 용서와 관련이 있기 때문에 마음챙김을 실천하는 교사는 많은 학생들이 필요로 하는 정서적 지원을 제공할 수 있다.

2) 명상을 통한 신체 진정

몸을 진정시키고 마음챙김을 개발하는 한 가지 방법은 명상을 하는 것이다. 명상은 다양한 수행법을 아우르는 포괄적인 용어이다. 가장 인기 있는 명상으로는 마음챙김 명상, 초월 명상, 선 명상 등이 있다. 기법은 다르지만, 모든 유형의 명상은 개인의 주의력과 자각을 훈련하여 의식이 현재의 사건과 경험에 더욱 세밀하게 조정되도록 한다는 공통된 목표를 공유한다.

명상에서는 자신의 생각을 알아차리기 시작할 수 있는 관찰 지점을 만들고, 그 지점에서 이전의 대화 패턴에서 벗어날 수 있게 된다. 고요한 마음을 개발한다는 것은 의식의 상태를 형성하기 위해 자기 자신 안으로 끌어당기는 방법이다. Joan Borysenko(1987)는 이를 자신의 생각을 알아차리고 옛 대화를 놓아 버릴 수 있는 관찰 지점을 만드는 것이라고 부른다. John Welwood(1990)는 단순한 존재감의 상태로 돌아가서 생각을 알아차리고 놓아 주는 것이라 한다. 그리고 Jon Kabat-Zinn(1994)은 주의력과 자각을 심화시키고 다듬어 삶의 여정이 순간순간 펼쳐지고 있음을 깨닫게 하는 것이라고 하였다. 이들은 모두 이러한 상태를 만드는 수단으로 마음챙김 명상을 지지한다.

명상은 사실 이완이 아닌 주의력과 집중력의 활동이다. 이완은 운동, 춤, 성관계와 같은 다른 집중 활동에서와 마찬가지로 명상의 부산물이다. 명상에는 다양한 스타일과 방법이 있지만, 거의 모든 형태의 명상에는 집중과 이완이라는 두 가지 요소가 관련되어 있다.

종 혹은 징, 향 등 집중력을 높이는 데 도움이 되는 다양한 도구가 있다. 당신은 또한 불꽃이나 호흡에 집중할 수도 있다. 마음을 고정하는 데 자주 권장되는 집중 도구 중 하나는 자신에게 부드럽게 반복해서 말하는 **만트라**이다. 만트라는 소리, 단어 또는 문구가 될 수 있다.

- 숫자 **1**처럼 아무런 연상이 없는 중립적인 소리
- '**옴~**'과 같이 기분 좋은 연상을 지닌 소리
- **일시 정지** 또는 **집중**을 불러일으키는 개인적인 의미 연상 단어
- '**이는 중요하지 않다.**' 또는 '**이 또한 지나갈 것이다.**'와 같은 의미 있는 메시지

힌두교 전통에서 일반적으로 권장하는 만트라는 우주, 전체 또는 하나를 상징하는 신성한 상징인 **옴**이다. 만트라는 명상 상태를 만드는 것을 돕기 위해 사용될 수 있지만, 여러분이 오래된 테이프를 재생하듯 과거의 추억을 회상하며 자신만의 삶을 살기 시작할 때, 여러분의 의식을 모니터링하고 마음을 조절하는 신호로도 사용될 수 있다.

명상은 현재 순간에 주의를 고정시켜 일상적인 의식 상태를 초월할 수 있도록 하는 모든 활동을 말한다. 주의를 집중시키는 초점 외에 모든 것을 차단하면 명상 상태에

있는 것이다. 명상 상태는 온전히 현재에 몰입하는 깊은 집중의 상태이다.

명상은 여러 가지 면에서 이완 훈련과 다르다. 명상은 순간순간 일어나는 사건과 경험을 관찰하는 것을 포함한다. 이완 훈련은 '자율신경의 각성이 줄어든 상태'를 추구하는 것이다. 이완은 명상의 부산물일 수 있지만 명상의 목적이 아니다. 또한 이완은 스트레스가 많거나 불안을 유발하는 상황에서 사용할 수 있는 스트레스 관리 기술로 배운다. 반면 명상은 스트레스가 많은 상황에서 사용하는 기술이 아니라 '존재의 방식'을 기르는 것으로 여겨진다. 자세한 이완 기법은 이 장의 뒷부분에서 설명한다.

3) 명상에 대한 연구 증거

명상의 장점은 현재에 집중할 수 있는 능력, 떠오르는 감정을 알아차리는 능력, 자기 인식 강화, 스트레스 감소 등 여러 가지가 있다. 이러한 주장을 뒷받침하는 연구 결과가 계속해서 발표되고 있다. 뇌 연구에 따르면 규칙적인 명상은 뇌 기능에 영향을 주어, 말 그대로 뇌를 변화시키는 것으로 나타났다. 규칙적인 명상 수행은 지각, 인식, 주의력, 자기 모니터링에 대한 뇌의 능력을 향상시킬 수 있다(Brewer et al., 2011; Cahn & Polich, 2006; Lutz, Slagter, Dunne, & Davidson, 2008; Pagnoni & Cekic, 2007; Siegel, 2010). 이러한 결과는 이전 절에서 논의한 마음챙김에 대한 결과와 상당 부분 겹친다. 명상은 마음챙김을 강화하는 주요 방법 중 하나이기 때문이다.

명상이 불안과 우울증을 포함한 부정적인 정신 건강 증상을 감소시킨다는 연구 결과가 많이 발표되고 있다(Baer, 2003; Greeson & Brantley, 2008). 명상은 또한 자기 연민과 공감을 함양하여 안녕감을 향상시킬 수 있다(Brown et al., 2007; Murphy & Donovan, 1997; Singer & Lamm, 2009; Tang et al., 2007). 명상 수행은 공감 반응과 관련된 뇌 영역에 영향을 미친다. 연구자들은 생각과 감정을 조절하는 연민을 기르는 능력이 어린이와 청소년의 공격적인 행동과 괴롭힘을 예방하는 데도 유용할 수 있다고 가정한다(Lutz, Brefczynski, Johnstone, & Davidson, 2008). 다른 마음챙김 수련과 마찬가지로, 명상 수련을 꾸준히 하면 스트레스에 대처하는 데 더 적은 노력이 드는 마음 상태로 전환할 수 있다. 다시 말해, 스트레스 상황에 직면할 수 있는 회복탄력성을 키울 수 있게 된다.

2. 마음챙김 기반 스트레스 감소

마음챙김 기반 스트레스 감소(Mindfulness-Based Stress Reduction: MBSR)는 1979년 매사추세츠 대학교 메디컬 센터의 Jon Kabat-Zinn이 개발한 이래 가장 널리 사용되고 있는 마음챙김 훈련 프로그램 중 하나이다. MBSR은 마음챙김 명상을 현대의 임상 및 심리 치료와 통합하기 위해 처음으로 만들어진 표준화된 프로그램이다. 원래는 만성 통증 환자를 위한 그룹 기반 프로그램으로 개발되었지만, 지난 수십 년 동안 건강한 사람들이 스트레스를 줄이는 데 도움이 되는 것으로 알려졌다. 앞서 설명한 MBSR과 CBT는 몇 가지 유사한 특성을 공유하므로 둘 다 사용할 수 있지만, 여러 가지 면에서 차이가 있다. 즉, 두 방법 모두 사고 패턴을 변화시키는 결과를 얻기 위해 노력하지만, CBT는 부정적인 생각과 감정을 방해가 되는 것으로 분류하고 이를 대체하는 것을 강조하는 반면, MBSR은 그 생각에 집착하지 않고 받아들이도록 장려한다. MBSR은 치료 그 자체로 간주되지 않는다. 오히려 새로운 사고방식과 기능을 제공하는 예방적 치료로 여겨진다.

MBSR의 주요 특징은 충동적으로 행동하기보다 더 성찰적으로 행동할 수 있도록 마음챙김을 기르는 것이다. MBSR은 충동적으로 반응하지 않고 상황과 생각을 비판적으로 관찰하는 방법을 가르쳐 주며, 내적 및 외적 경험에 대한 인식을 개발하여 '그 순간에 머무르는' 데 도움을 준다.

MBSR은 다음 세 가지의 서로 다른 기법을 통합한다.

① **마음챙김 명상**: 다른 인식뿐만 아니라 호흡에 주의 깊은 관심을 갖는 것, 계속해서 마음을 통해 흐르는 생각의 물결과 산만함에 대해 비판단적 자각의 상태를 유지하는 것을 모두 포함한다. 참가자들은 앉은 채로 명상하며 현재에 집중하고 단순히 존재한다는 것 외에는 다른 생각을 하지 않는 법을 배운다. 참가자들은 자신의 생각과 감정을 예리하게 관찰하되 판단하거나 몰입하지 않고 그대로 내버려 두는 법을 배운다. 또한 참가자들이 일상생활에 명상을 접목하여, 예를 들면 식사와 같은 일상적인 활동도 명상 수행이 될 수 있도록 촉진한다.

② **바디 스캔**: 머리부터 발끝까지 몸 전체에 서서히 주의를 기울이는 것이다. 신체 부위의 감각이나 느낌에 무비판적으로 집중하고 호흡의 의식과 이완에 적절한 방법을 사용하는 것을 포함한다. 바디 스캔은 먼저 호흡에 주의를 집중한 다음 신체의 각 부위에 주의를 집중하는 방식으로 수행된다. 바디 스캔을 하는 동안 참가자는 각 신체 부위에 대해 체계적으로 생각하고 감각을 관찰한 다음 의도적으로 각 신체 부위를 이완한다.

③ **하타 요가**: 호흡 운동, 간단한 스트레칭, 근골격계 강화 및 이완을 위한 자세를 포함하는 요가 수련이다. 하타 요가의 자세는 일반적으로 조심스럽게 이루어지며 다양한 체력 수준을 지닌 사람도 따라 할 수 있다. 하타 요가의 기본 개념은 산만한 생각에 사로잡히지 않고 자세에 집중하는 것이다.

　MBSR은 8주 과정으로 구성된 구조화된 프로그램으로, 참가자들은 일주일에 한 번, 한 회기당 2시간 30분씩 하루에 8시간 동안 모인다. 참가자는 마음챙김을 기반으로 하는 명상, 하타 요가를 배우고 바디 스캔을 수행한다. 참가자에게는 관찰력을 높이기 위해 명상, 요가, 탐구 연습 등의 숙제가 매일 주어진다. 또한 참가자들은 수업 외에도 하루에 약 45분씩 따로 시간을 내어 MBSR을 연습해야 한다. 여기에는 마음챙김 기반 명상, 요가, 자신의 생각과 감정을 저장하는 일기 쓰기 등이 포함된다. 참가자들은 집에서 명상과 요가를 할 수 있도록 제공된 CD나 오디오 테이프를 사용한다.

　예를 들어, 다툼이나 불쾌한 경험이 있은 후에 그 기억이 오래도록 머릿속에 남아 있는 경험을 누구나 한 번쯤은 해 보았을 것이다. 저녁 식사를 준비하고 있는데 그날 있었던 말다툼 때문에 점점 화가 난다고 상상해 보자. 화를 그대로 내버려 둘 수도 있고, 논쟁에 대해 생각하고 있었다는 사실을 인정하고 그 감정은 잊은 채 저녁 식사와 호흡에 주의를 집중할 수도 있다. 후자를 선택하면 결국 지금의 일에 몰두하게 되고 호흡과 요리 외에는 다른 생각을 하지 않게 된다. 평온함을 경험하게 될 것이다. 이것이 바로 지금 이 순간에 사는 것이며, MBSR에서 가르치려 하는 것이다.

1) 마음챙김 기반 스트레스 감소에 대한 연구 결과

마음챙김 기반 스트레스 감소(MBSR)의 효과를 입증하는 인상적인 연구 결과가 많이 있다. MBSR에 대한 초기 연구의 대부분은 다양한 신체적·심리적 진단을 받은 참여자를 대상으로 수행되었다. 수십 년에 걸친 연구에 따르면 MBSR은 스트레스를 줄이고, 마음챙김을 높이며, 삶의 질을 개선하는 것으로 나타났다(Carmody & Baer, 2008; Grossman, Niemann, Schmidt, & Walach, 2004; Kabat-Zinn, 2003). 임상 표본을 대상으로 한 연구에 따르면 불안과 우울증이 감소하고 반추 또는 부정적인 생각에 대한 집착이 감소하는 것으로 나타났다(Jain et al., 2007; Ramel, Goldin, Carmona, & McQuaid, 2004).

MBSR에 대한 최근의 연구에서 건강한 사람에게도 비슷한 이점이 있음을 확인했다. 10개의 연구를 메타분석한 결과, 연구자들은 MBSR이 건강한 사람들의 스트레스를 줄이는 데 똑같이 효과적인 프로그램이라는 결론을 내렸다(Chiesa & Serretti, 2009). 마찬가지로 의료 전문가를 대상으로 한 연구에서도 MBSR 프로그램을 마친 후 스트레스가 감소하고 대처 능력이 향상되었으며 공감 능력이 개선된 것으로 나타났다(Beddoe & Murphy, 2004; Galantino, Baime, Maguire, Szapary, & Farrar, 2005). 또한 건강한 표본을 대상으로 연구한 Shapiro와 동료들은 MBSR이 스트레스, 불안, 우울증 수치를 감소시킨다는 사실을 발견했다(Oman, Shapiro, Thoresen, Plante, & Flinders, 2008; Shapiro, Brown, & Biegel, 2007; Shapiro, Schwartz, & Bonner, 1998). 또한 MBSR은 긍정적인 기분(Shapiro et al., 2007), 용서(Oman et al., 2008), 자기 연민(Birnie, Speca, & Carlson, 2010; Shapiro et al., 2007)을 유의미하게 증가시켰다.

앞서 보고된 연구와 마찬가지로, MBSR은 뇌 기능에 영향을 미친다. 연구자들은 명상에 익숙하지 않은 건강한 참가자들을 대상으로 MBSR 프로그램을 진행한 결과, 연구자들은 기억력, 자아감(sense of self), 공감 및 스트레스와 관련된 뇌 영역에서 측정가능한 변화를 발견했다(Holzel et al., 2011). 참여자들은 하루 평균 27분을 마음챙김 수행에 할애한다고 보고했다. 이 정도의 시간은 교사의 빡빡한 일정에도 충분히 할 수 있는 수준이다. 연구자들은 학습과 기억에 중요한 것으로 알려진 뇌 부위의 회백질 밀도가 증가하고 연민 및 성찰과 관련된 뇌 구조가 개선되는 것을 발견했다. 스트레스 감소는 불안과 스트레스에 중요한 역할을 하는 뇌 부위의 회백질 밀도 감소와도 상관 관계가 있는 것으로 나타났다.

다른 연구자들도 MBSR 훈련을 받은 초보 명상가들에게 긍정적인 변화를 발견 했으며, 긍정적인 감정과 관련된 뇌 영역의 활성화가 증가한다는 사실을 발견했 다(Davidson et al., 2003). 교사에게 더 주목할 점은 MBSR이 공감 능력을 증가시킨 다는 것이다(Beddoe & Murphy, 2004; Galantino et al., 2005; Holzel et al., 2011; Klatt, Buckworth, & Malarkey, 2008). Rogers(1961)는 공감을 다른 사람의 감정을 이해하고, 민 감하게 반응하고, 느끼는 능력과 이러한 민감성을 상대방에게 전달하는 능력으로 정 의한다. 공감 능력은 교사가 개발해야 할 중요한 인성 역량이며, 마음챙김 훈련은 이 를 위한 한 가지 방법이다.

2) 교사와 학생을 대상으로 한 마음챙김 연구

교사를 위해 특별히 고안된 마음챙김 프로그램이 등장하기 시작했다. 교육에서의 인식 및 회복탄력성 함양(Cultivating Awareness and Resilience in Education: CARE) 전 문성 신장 프로그램은 교사가 수업에 마음챙김적인 접근 방식을 도입하고 스트레스 를 줄일 수 있도록 돕기 위해 고안되었다. CARE는 4일 동안 진행되는 일련의 회기에 참여함으로써 교사의 안녕감, 교실의 분위기와 학생들의 친사회적 행동을 향상시키 는 것을 목표로 한다. CARE에 참여한 교사들은 마음챙김과 안녕감 수준이 높아졌다 고 보고했다. 또한 교사들이 도전적인 학생 행동에 더 효과적으로 대응하여 교실 분 위기를 개선하고 스트레스를 줄이는 데 도움이 되었다(Jennings, Snowberg, Coccia, & Greenberg, 2012).

내적 회복탄력성 프로그램(Inner Resilience Program: IRP)은 교사와 학생 모두의 스트 레스를 관리하고 개선하기 위해 고안되었다. IRP는 요가 수련 및 실습, 스트레스 관리 를 위한 다양한 성찰적 접근법을 탐구하는 내면의 삶 키우기(Nurturing the Inner Life: NTIL) 시리즈, 교직의 격랑 속에서 평온함을 유지하기 위한 실질적인 전략과 활력을 되찾을 수 있는 주말 기숙사 수련회로 구성된 1년간의 집중적인 프로그램이다. 최근

IRP에 대한 평가에 따르면 교사의 마음챙김과 관계적 신뢰 증가, 학생의 자율성 향상, 학생의 좌절감 감소, 특히 스트레스 상황에 파괴적인 방식으로 반응할 위험이 있는 것으로 확인된 학생이 개선되는 등 인상적인 결과가 나타났다(Lantieri, Kyse, Harnett, & Malkmus, 2011).

교사들을 대상으로 MBSR 프로그램을 가르친 연구는 거의 없지만, 영국의 마음챙김 연구 및 실천 센터에서 초등학교 교사들을 대상으로 한 연구가 수행되었다(Gold et al., 2010). MBSR 과정은 매주 2.5시간씩 8회, 토요일에 '침묵의 날'로 진행되었으며, 학교 수업이 끝난 직후에 실시되었다. 그 결과 11명의 참가자 중 10명이 스트레스, 우울증, 불안이 감소한 것으로 나타났다. 덜 집중적인 훈련을 통해 연구자들은 학생 교사들에게 45분 동안 4회에 걸쳐 간단한 명상 기법을 가르쳤으며, 그 결과 참가자들은 대조군에 비해 스트레스 증상의 정서적·신체적·행동적 징후가 현저히 감소한 것으로 나타났다(Winzelberg & Luskin, 1999).

학령기 아동을 대상으로 한 마음챙김 수행의 효과에 대한 연구가 축적되기 시작했다. 예를 들어, 그 효과가 입증된 연구 프로그램으로는 유치원생 대상의 『조용한 장소(A Still Quiet Place)』(Saltzman, in press), 초등학생 및 중등학생 대상의 '내면 아이(Inner Kids)'(Flook et al., 2010)와 '마음 세우기 프로그램(Mind-Up Program)'(Schonert-Reichl & Lawlor, 2010), '부모와 자녀가 함께하는 프로그램(programs earmarked for parents and kids to take together)'(Saltzman & Golden, 2008; Singh et al., 2010) 등이 있다.

1982년부터 2008년까지 학교, 병원 및 지역사회 환경에서 6세에서 18세 사이의 청소년을 대상으로 시행된 명상 수행의 효과에 대한 연구를 검토한 결과, 16개의 실증 연구가 확인되었다(Black, Milam, & Sussman, 2009). 이러한 연구 중 명상의 유형에는 마음챙김 명상, 초월 명상, MBSR, 마음챙김 기반 인지 요법이 포함되었다. 검토 결과, 저자들은 명상이 청소년 참여자들의 생리적·심리적·사회적·행동적 증상을 치료하는 데 효과적인 개입이라는 결론을 내렸다. 연구자들은 청소년 전 단계와 초기 청소년에게 마음챙김 수행을 가르친 결과, 학생들이 교사에 대한 공격적인 행동을 덜 하고, 수업에 더 집중하며, 도덕적 낙관주의 등 긍정적인 정서를 더 많이 갖게 되었다(Schonert-Reichl & Lawlor, 2010).

다양한 진단을 받은 학생들에게도 인상적인 결과가 나타났다. 예를 들어, 8주간의 마음챙김 수행 프로그램에 참여한 ADHD 청소년은 ADHD, 불안 및 우울 증상이 개선되었다고 보고했다(Zylowska et al., 2008). 다양한 정신과적 진단을 받은 102명의 청소년을 대상으로 한 연구에 따르면 MBSR 프로그램에 참여한 청소년들은 불안, 우울, 신체적 고통의 증상이 감소하고 자존감이 증가했다고 보고했다. 더욱 주목할 만한 사실은 임상적으로 더 이상 우울하거나 불안하지 않은 청소년의 수가 대조군에 비해 유의미하게 증가했다는 것이다. 이는 임상의의 보고에서 확인되었다(Biegel, Brown, Shapiro, & Schubert, 2009).

비교적 짧은 수행 기간으로도 고무적인 결과를 얻을 수 있었다. 예를 들어, 학습 장애 진단을 받은 청소년을 대상으로 한 연구에서 연구자들은 마음챙김 중재가 불안감을 현저히 감소시킨다는 사실을 발견했다. 또한 학생의 문제행동에 대한 교사의 평가도 감소했다(Beauchemin, Hutchins, & Patterson, 2008). 이러한 결과는 5주 동안 주 5일, 5~10분 회기로 이루어졌다. 학교에서 품행 장애 진단을 받은 학생을 대상으로 연구자들은 공격적인 행동과 괴롭힘이 감소하는 것을 발견했다(Singh et al., 2007). 이러한 결과는 4주 동안 주 3회 15분 회기를 통해 얻었으며, 수행 후 25주 동안의 연습 기간 동안 더 큰 감소가 발생했다.

3) 명상 배우기

마음챙김을 개발하는 가장 보편적인 방법 중 하나는 마음챙김 기반 명상이다. 마음챙김 명상은 마음이 분 단위로 판단하지 않는 모드로 기능하도록 훈련하는 과정이다. 마음챙김 명상에는 세 가지 핵심 요소가 포함된다(Shapiro, Carlson, Astin, & Freedman, 2006).

- **의도**는 의식적으로 의도적이고 주의를 조절하는 것을 포함한다.
- **주의력**은 해석이나 평가 없이 현재 순간에 주의를 지속하는 능력입니다.
- **태도**란 마음챙김 명상을 할 때 가져야 하는 마음가짐으로, 일반적으로 개방적이고

수용적이며 판단하지 않는 것으로 설명된다.

명상은 처음에는 의도적인 연습일 수 있지만, 시간이 지남에 따라 명상을 통해 얻은 정서적·신체적 자각은 매일 긍정적인 감정을 증가시켜, 스트레스가 완전히 발현되기 전에 이를 차단하고 향후 스트레스 요인에 완충 역할을 할 수 있다. 즉, 명상은 순간적인 스트레스뿐만 아니라 장기적으로도 스트레스를 줄이는 힘이 있다. 명상을 통해 현재에 집중하고 과거나 미래에 대한 생각을 부정함으로써 이미 일어난 일이나 앞으로 일어날 일에 대해 지금 이 순간 내가 할 수 있는 일은 아무것도 없다는 인식에 익숙해지면, 바로 지금 여기에서 위안을 얻을 수 있으며, 이는 스트레스 완화의 주요 자원이 된다.

Kempton(2011)에 따르면 명상 수행의 이점 중 하나는 특정 고요한 상태에 들어갈 때 문제에 대한 창의적인 해결책이 자연스럽게 떠오른다는 것이다. 그녀는 또한 규칙적인 명상 수행이 정서적으로 혼란스러운 시기에 안정감을 유지하는 데 도움이 된다고 제안한다.

4) 명상 수행을 개발하기 위한 일반 지침

마음챙김에 기반한 명상 수행을 정식으로 시작하려면 매일 규칙적으로 시간을 내야 한다. 일반적으로 명상은 활동을 준비할 때, 예를 들어 이미 스트레스를 받은 후보다는 출근하기 전에 하는 것이 좋다. 방해받지 않도록 하고 편안한 의자를 선택해야 한다. 척추를 똑바로 세우는 데 약간의 노력만 기울여도 각성 상태를 유지하는 데 도움이 되므로 척추를 똑바로 세우는 것이 가장 좋다. 어떤 사람들은 명상하는 동안 너무 편안해져서 졸다가 잠이 들기도 하는데, 이는 자신만의 독특한 방식으로 깨어 있는 것이다. 잠이 들더라도 보통 5분 정도 명상을 하고 나면 완전히 깨어날 수 있다. 어떤 사람들은 명상을 하면 잠들기 전에 명상을 하면 잠들기 힘들 정도로 각성 상태가 심해지기도 한다.

명상 수행을 시작하려면 일상생활에서 10~20분 정도 시간을 내야 한다. 대부분의 사람의 경우 아침 식사 전이 이상적인 시간이다. 특정 연습 시간을 정하고 그 시간을 지켜보라. 벽시계나 손목시계를 주기적으로 들여다보며 시간을 정하되, 알람을 설정하지 않는다. 하루에 한 번, 또는 가급적이면 두 번 연습할 시간을 따로 마련한다. 이 시간을 부드러운 과정이자 편안한 시간으로 만든다. 얼마나 잘하고 있는지에 대해 걱정하거나 주의가 산만해지더라도 화를 내지 않아야 한다(Benson, 1997).

명상하는 방법에는 여러 가지가 있으며, 모든 세계 문화권에서 하나 이상의 명상법을 개발해 왔다. 간단한 핵심 수행법을 선택하여 습관이 될 때까지 매일 수행해야 한다. 핵심 수행법은 마음을 내면으로 돌리기 위한 기본이자 토대가 된다. 기본 수행법을 따르면 규칙적인 수행의 규율을 세우는 데 도움이 되며, 몸을 편안하게 하고 내면의 집중력을 찾으며 분별력이 흐트러지지 않도록 하는 방법을 배울 수 있다. 계속하다 보면 조용하고 만족스러운 시간을 경험하기 시작한다(Kempton, 2011).

다음은 명상 수행을 시작하기 위해 해당 분야의 전문가들이 사용하는 몇 가지 간단한 지침을 제공한다. 각 방법을 실험해 보고 자신에게 가장 적합한 방법을 찾아본다.

〈기본 방법 1〉

이 방법은 미국 최초의 병원 기반 스트레스 감소 클리닉인 매사추세츠 대학교 메디컬 센터의 설립자인 Jon Kabat-Zinn이 개발했다. 이는 클리닉에서 사람들에게 처음으로 가르친 방법이다. 그는 마음챙김에 관한 책 『당신이 어디를 가든 그곳에 있는 당신(Wherever You Go, There You Are)』(1994) 『우리의 감각으로 다가가기: 마음챙김을 통해 자신과 세상을 치유하기(Coming to Our Senses: Healing Ourselves and the World Through Mindfulness)』(2006)를 저술하기도 했다.

1. 등을 대고 누워 있거나 앉은 편안한 자세를 취한다. 눈을 감는 것이 더 편하다면 눈을 감는다.
2. 숨을 들이마실 때 배에 주의를 기울인다. 숨을 내쉴 때 배가 부드럽게 올라오고 부풀어 오르며, 내쉴 때 배가 내려가고 안으로 들어가는 것을 느껴 본다.
3. 호흡에 집중하고, 마치 자신이 호흡의 파도를 타는 것처럼 들숨과 날숨이 지속되는 동

안 호흡과 함께 머무른다.

4. 마음이 호흡에서 멀어졌다는 것을 알아차릴 때마다 무엇이 당신을 멀어지게 했는지 알아차린 다음, 숨이 들어오고 나가는 느낌에 주의를 기울인다.

5. 이 운동을 일주일 동안 매일 편한 시간에 15분씩 연습한다. 그리고 훈련된 호흡 연습을 일상에 통합하는 것이 어떤 느낌인지 경험해 본다.

〈기본 방법 2〉

이 방법은 세계 최고의 신경과학자 중 한 명이자 정서 신경과학 연구소 소장인 Richard Davidson이 제안한 것으로, 그는 『뇌의 정서적 삶: 뇌의 고유한 패턴이 사고, 감정, 생활 방식에 미치는 영향과 이를 바꿀 수 있는 방법(The Emotional Life of Your Brain: How Its Unique Patterns Affect the Way You Think, Feel, and Live–and How You Can Change Them)』(Davidson & Begley, 2012)의 공동 저자이다.

1. 하루 중 가장 깨어 있고 정신이 번쩍 드는 시간을 선택한다.
2. 바닥이나 의자에 똑바로 앉아 척추를 곧게 펴고 편안하면서도 직립한 자세를 유지하여 졸리지 않도록 한다. 가장 편안한 느낌에 따라 눈을 뜨거나 감은 채로 이 연습을 할 수 있다.
3. 호흡과 호흡이 몸 전체에서 느껴지는 감각에 집중한다. 숨을 들이쉬고 내쉴 때마다 복부가 어떻게 움직이는지 집중한다.
4. 코끝에 집중하며 숨을 쉴 때마다 느껴지는 다양한 감각에 집중한다.
5. 관련 없는 생각이나 감정으로 인해 주의가 산만해졌다는 것이 알아차려진다면 호흡에 다시 집중해 본다.
6. 한번에 5~10분간, 하루에 두 번 이상 시도해 본다.
7. 편안함을 느끼면 시간을 늘려 간다.

방법 3과 방법 4는 집중 도구로 만트라를 사용하는 일반적인 명상 수행을 통합한 것이다.

〈기본 방법 3〉

이 방법은 Herbert Benson이 개발한 것으로, 하버드 의과대학의 심신 의학 연구소에서 사용하는 표준 지침이다. 그는 고전적인 책인 『이완 반응 너머(Beyond the Relaxation Response)』(1984)의 저자이기도 하다.

1. 개인의 신념 체계에 확고하게 뿌리를 둔 초점 단어나 짧은 문구를 선택한다(예: **'주님은 나의 목자'** 또는 간단히, **'하나' '평화'** 또는 **'사랑'**).
2. 편안한 자세로 조용히 앉는다.
3. 눈을 감고 근육을 이완한다.
4. 숨을 내쉴 때 집중하는 단어나 문구를 조용히 반복하면서 천천히 자연스럽게 호흡한다.
5. 전체적으로 수동적인 태도를 취한다. 다른 생각이 떠오르면 "아, 그렇구나."라고 혼잣말을 하고 다시 자연스럽게 반복한다.
6. 10~20분 동안 계속한다. 눈을 뜨고 시간을 확인할 수 있다.
7. 완료되면 처음에는 눈을 감고, 나중에는 눈을 뜨고 1분 정도 조용히 앉아 있는다.
8. 1~2분이 지날 때까지 일어서지 않는다.
9. 이 기술을 하루에 한두 번 연습한다.

〈기본 방법 4〉

이 방법은 현재 10판으로 출간된 『자기주도적 행동(Self-Directed Behavior)』에 설명되어 있다(Watson & Tharp, 2012).

1. 10분 또는 15분을 연습 시작 시간으로 정한다.
2. 방해받지 않는 조용한 방에서 척추를 곧게 펴고 편안한 의자에 앉는다.
3. 손을 무릎에 얹고 눈을 감고 근육을 이완한다. 천천히 자연스럽게 호흡한다.
4. 몸 밖의 세상에 주의를 기울이지 않는다. 만트라처럼 마음을 집중할 수 있는 무언가가 있다면 그렇게 하는 것이 가장 쉽다.
5. 선택한 만트라를 혼자서 부드럽게 반복한다. 먼저 숨을 들이쉬고 내쉬면서 만트라를 말한다.
6. 처음 앉아서 긴장을 풀기 시작하면 머릿속에 생각이 떠오르는 것을 느낄 수 있다. 1~2분 후 천천히 속으로 만트라를 말하기 시작한다.
7. 속으로 만트라를 말하면 다른 생각이 떠오를 것이다. 잠시 후 이러한 생각을 하느라 몇 분 동안 만트라를 말하지 못했다는 사실을 깨닫게 될 수도 있다. 이 사실을 알게 되면

다시 만트라로 돌아간다.

8. 생각을 머릿속에서 지우려고 애쓰지 말고 그냥 흘려보낸다. 지금은 문제에 대한 해결책을 찾거나 생각을 곱씹을 때가 아니다. 만트라 이외의 생각은 강물이 흐르듯 부드럽게 흘러 들어왔다가 다시 흘러 나가도록 내버려 둔다. 만트라로 계속해서 돌아오면 긴장이 풀릴 것이다.

9. 지정된 시간이 다 되면 눈을 감고, 1분 정도 조용히 앉아 있다가 서서히 눈을 뜬다.

♣ 개인 연습: 기본 명상 방법 연습하기

〈활동 안내〉

- 1단계: 네 가지 기본 명상 방법 각각을 연습할 수 있는 총 한 달의 시간을 정한다. 각 방법에 일주일을 할당한다.
- 2단계: 하루에 15분씩, 가급적이면 매일, 일주일에 최소 5일을 할당한다. 매일 같은 시간을 지정하는 것이 가장 좋다. 지정된 시간 동안 선택한 방법을 연습한다.
- 3단계: 자신에게 가장 도움이 될 것 같은 방법을 찾아서 그 방법을 습관화한다.
- 4단계: 매일 연습하는 것을 목표로 하고, 가능하면 하루에 한 번 이상 연습한다. 연습 시간을 점차 늘려 간다.

 ## 3. 감정 관리의 통로로서 마음챙김 연습하기

Smalley와 Winston(2010)은 마음챙김을 한다고 해서 삶이 바뀌는 것은 아니지만 **삶과의 관계**가 바뀐다고 주장한다. 마음챙김을 한다고 해서 모든 문제가 사라지는 것은 아니지만, 문제에 직면하게 하는 만족감에서 비롯한 배짱을 키워 줄 수 있다. 규칙적인 마음챙김 훈련은 스트레스 요인이 닥쳤을 때 대처할 수 있는 능력을 키워 준다. 어떤 사람들은 마음챙김이 자신과 타인이 분리되지 않고 서로 연결되어 있음을 이해하게 함으로써 삶의 의미와 목적의식을 가져다준다고 말한다.

마음챙김은 자기 인식을 높이는 도구 역할을 한다. 예를 들어, 험담의 부정적인 영향이나 내면의 평론가에 대해 더 잘 인식할 수 있다. 수년간의 마음챙김 연습을 통해 알게 된 것 중 하나는 자기 비판적일 때는 성을 사용하고 자기 수용적일 때는 이름을 사용하면서 스스로에게 말하는 습관이었다(예: **비판적일 때, '김민준! 다른 사람의 의제에 또다시 휘말린 넌 정말 바보야.' 자기 수용적일 때, '민준아, 괜찮아. 자신의 진실성에 맞추기 위해 누군가를 실망시키는 건 괜찮아.'**)

뇌는 자연스럽게 감각으로 먼저 감정을 느끼고 나중에 이성적인 사고를 통해 반응한다. 이는 의도적으로 다르게 작동하도록 마음을 훈련하지 않는 한 자동으로 작동하는 일종의 기본 설정이다. 앞서 설명한 것처럼, 우리는 뇌를 재구성할 수 있는 능력이 있으며, 이는 연습과 경험을 통해 뇌의 구조와 기능을 모두 바꿀 수 있다는 것을 의미한다. 우리의 뇌는 반복되는 생각, 감정, 행동을 통해 만들어지는 경험의 결과로 변화한다. 경험이 뇌를 형성하고 뇌가 경험을 형성하는 순환적인 관계이다.

마음챙김을 실천하면 감정에 휘둘리지 않고 스스로 감정을 관리할 수 있는 길이 열린다. 교직에 대한 정서적 스트레스를 관리하지 못하는 것은 교사들이 교직에 불만을 갖거나 교직을 떠나기로 결심하는 주요 원인 중 하나이다.

마음챙김을 연습하면 일어나는 일을 있는 그대로 알아차리게 된다. 그리고 무슨 일이 일어났는지를 기록하는 것과 그것에 대해 무언가를 하는 것 사이에서 의식적으로 잠시 멈출 수 있게 된다. 호흡에 주의를 기울이는 마음을 훈련하면 자신의 감정에 주의를 기울이는 능력이 향상된다. 숨을 들이쉬고 내쉬는 한 주기를 완료하는 데 걸리는 시간은 여러분의 마음이 여러분의 느낌을 알아차릴 수 있는 기회를 제공한다. 잠시 멈춘다는 것은 생각이 감정을 알아차리고 협력할 수 있는 시간을 확보하여 어떻게 반응할지 선택하게 한다. 감정은 왔다가 사라지며 종종 우리를 놀라게 한다. 이는 교사에게 특히 중요한데, 어떤 상황이 강한 감정을 불러일으킬 때 교사는 그 감정이 가라앉을 때까지 자리를 떠날 수 없다. 교사는 학생들과 함께 교실에 남아 있어야 하기 때문이다.

『마음으로 가르치기와 마음챙김 가르치기: 가르치는 모든 사람을 위한 가이드 (Mindful Teaching and Teaching Mindfulness: A Guide for Anyone Who Teaches Anything)』에서 Schoeberlein과 Sheth(2009)는 "감정에 휩쓸리지 않을 때 마음챙김을 연습하는

것이 실제 상황에서 마음챙김을 적용하기 위한 전제 조건"(p. 69)이라고 주장한다. 감정을 가능한 한 빨리 알아차릴 수 있는 능력이 클수록 잠시 멈춰서 생각하고 신중하게 행동할 가능성이 높아진다. 현재 중심적이고 판단하지 않는 태도로 자신의 생각과 감정을 경험하는 시간을 가지면 그러한 패턴화된 행동이 보이기 시작하고 나중에 후회하는 반응으로 이어지기보다는 자연스럽게 가라앉게 된다.

1) 마음챙김 연습

일부 마음챙김 연습에는 목표 설정하기, 의식 개발하기, 잠시 멈춰서 마음챙김하기, 움직임 기반 연습하기 등이 있다.

(1) 목표 설정하기

목표를 설정하면 인내심과 같은 특정 자질이나 강점이 활성화된다. 목표는 행동, 생각 또는 감정에 초점을 맞춘다. 목표를 설정하면 학교에서 다양한 활동이 일어나는 중에도 집중할 수 있도록 마음을 다잡게 된다.

목표를 설정하면 학생의 도전적인 행동에 반응하기 전에 한 번 숨을 쉬는 등 의도적으로 알아차릴 수 있는 방법을 잘 사용할 수 있다. 비록 여러분이 광범위한 목표를 설정하고 싶은 유혹이 있을 수 있지만, 실제로는 더 작은 목표를 설정하는 것이 실행에 옮길 가능성이 더 높아진다(Schoeberlein & Sheth, 2009). 예를 들면 다음과 같다.

- 3교시 수업에서 인내심을 갖겠다는 목표를 설정하는 대신, 여러분의 화를 돋우는 특정 학생에게 인내심을 갖겠다는 구체적인 목표를 설정한다.
- 침착해야 한다고 스스로에게 다짐하는 대신, 점심이나 휴식 시간 직전에 문을 닫고 몇 분간 마음챙김 호흡을 연습한다.

즉, 목표를 **언제, 어디서, 어떻게** 적용할 것인지 구체적인 세부 사항을 제시하는 것이 더 도움이 된다. 예를 들어, 잠시 동안 교사 역할에서 벗어나고 싶을 때 활용해 본다.

- (언제) 하루 일과가 끝나면, (어디서) 책상에 앉아, (어떻게) 5분 동안 심호흡을 연습한다.

달성 가능한 목표를 세울수록 성공할 확률이 높아진다. 목표를 설정하는 행위에 익숙해지면 더 많은 노력이 필요한 목표로 주의를 계속 옮길 수 있다.

Schoeberlein와 Sheth는 수면에서 의식적 각성으로 전환하는 경험을 확인하는 연습을 개발할 것을 권장한다. 이는 감사한 마음으로 기쁘게 하루를 맞이하는 것이다. 예를 들어, 아침 식사를 급하게 먹기보다는 아침 식사를 음미하겠다는 목표를 설정하는 것 같은 사소한 것부터 시작할 수 있다.

(2) 의식 개발하기

매일의 의식(rituals)을 만들 수도 있다. 의식을 만들면 익숙한 일상이 만들어진다. 의식은 다음과 같은 활동을 말한다. 매번 같은 시간에 같은 방식으로 하는 것이 좋다. 창문 앞에 잠시 서서 자연이 선사하는 하루를 맞이하는 것 같은 간단한 것일 수도 있다. 아니면 침대에 앉아 20분간 명상을 한 후 잠자리에 드는 일상을 정할 수도 있다.

아침은 많은 사람에게 하루 중 가장 부정적인 시간대일 수 있으므로 하루를 기분 좋게 시작하는 것이 도움이 될 수 있다. 아침 의식을 개발하면 하루의 분위기를 주도적으로 설정할 수 있다. 미디어에서 부정적인 뉴스가 끊임없이 쏟아지는 요즘, 하루를 시작하는 첫 번째 일과로 기분을 좋게 하는 의식을 갖는다면 큰 변화를 가져올 수 있다. 여기에 기분 좋게 하루를 시작하는 몇 가지 방법을 소개한다.

- 감사 표현으로 하루를 시작하는 의식을 개발한다. 예를 들어, "오늘 나는 친구 민서와 함께 시간을 보낼 수 있음에 감사합니다."라고 말한다.
- 그날의 소원으로 하루를 시작한다. 예를 들어, 매일 하루를 시작할 때 그날 긍정적인 일이 일어나기를 바라는 소원을 빌어 본다.
- 짧은 영감의 메시지로 하루를 시작한다. 예를 들어, 생각할 거리를 제공하고 삶의 활력소가 되는 글귀를 읽어 본다.

매일의 의식을 이미 일상적인 하루의 일부로 통합할 수 있다. 매일 같은 시간에 하는 것이 가장 이상적이다. 예를 들어, 잠자리에 들기 전에 마지막으로 하는 일로 다음 중에서 하나를 선택하여 의식을 설정할 수 있다.

- 감사한 일 세 가지를 떠올리며 하루를 되돌아본다. 이 의식에서 한 가지 표현은 감사한 일 중 적어도 한 가지는 그날에 특별히 감사한 일로, 나머지 두 가지는 건강 같은 일반적인 일로 하는 것이다.
- 다른 사람의 친절한 행동에 감사하는 긍정적인 메모로 하루를 요약하며 마무리한다. 예를 들어, "오늘 누군가가 저에게 해 준 가장 도움이 된 일은 (   )입니다."
- 이 세상을 나아지게 하는 데 도움이 되는, 자신이 한 좋은 일을 인정한다.
- 매일 하루를 마무리할 때 짧은 시간을 정해 학생, 학교, 커뮤니티 또는 이 세상을 더 나아지게 하는 데 기여한 일에 대해 생각한다.

(3) R목록을 따라 마음챙김 연습하기

Winner(2008)의 『삶의 스트레스 없애기(Take the Stress Out of Your Life)』는 당신이 스트레스를 줄이는 데 큰 도움이 될 수 있는 간단한 몇 가지를 제공한다. 마음챙김 연습에 기반하여 그는 다음과 같은 R목록을 제시한다.

① **R**esist Not(저항하지 않기): 스트레스 받았다는 것으로 스트레스 받지 않는다.
② **R**elax(침착하기): 심호흡을 몇 번 한다.
③ **R**efocus(재집중하기): 현재 활동에 온전히 집중한다.
④ **R**epeat(반복하기): 하루 종일 1~3회씩 자주 반복한다.
⑤ **R**egain Perspective(관점을 되찾기): 모든 것이 잘못되고 있는 것 같을 때, 옳은 것에 집중한다.
⑥ **R**eframe(재구성하기): 어려운 상황에서도 배울 수 있는 것을 찾아본다.
⑦ **R**elationships(대인관계 맺기): 친구 및 가족과 같은 사회적 도움을 요청한다.
⑧ **R**econsider(다시 생각하기): 스트레스를 줄이기 위해 몇 가지 선택사항을 다시 고

려해 보고, 업무 환경과 가정환경을 바꾸어 본다.

그가 제안하는 또 다른 전략은 하루 종일 작은 스트레스 요인이 발생했을 때 잠시 멈춰서 '마음챙김의 순간'을 갖는 것이다. 이렇게 하면 사소한 번거로움이 하루가 끝날 무렵에는 눈덩이처럼 불어나는 것을 막을 수 있다.

(4) 움직임 기반 마음챙김 연습하기

이러한 특정 자세와 동작을 통해 몸을 움직이는 것은 삶의 스트레스로부터 마음을 해방하는 데 도움이 되므로 마음챙김 연습이 된다. 또한 균형 감각과 유연성을 향상하고 전반적으로 마음의 평화를 증진할 수 있다.

태극권과 기공은 집중력과 정신력을 키우기 위한 중국의 전통 운동이다. 태극권과 기공은 두 가지 아이디어를 기반으로 한다.

- 기(氣)라고 불리는 에너지는 생명체를 움직이게 하는 내적 에너지 또는 '생명력'으로 알려져 있다. 기는 **경락**이라고 하는 '에너지 경로'를 따라 몸을 통해 흐른다. 기의 흐름이 경로의 어느 지점에서 막히거나 불균형이 발생하면 질병을 유발하는 것으로 여겨진다.
- 에너지의 힘이 균형을 이룰 때 건강이 좋아진다. 태극권과 기공 동작은 몸의 균형을 회복하는 데 도움이 된다. 태극권과 기공은 부드럽고 반복적인 동작을 통해 에너지 흐름을 증가시킨다.

태극권은 우아한 일련의 동작이다. 태극권은 몸의 기를 움직이기 위해 매우 느리거나 빠르게 하는 부드러운 움직임의 체계로 이루어져 있다. 기공에는 다양한 동작이 포함된다. 일반적인 기공 동작에는 팔을 올리거나 내리고, 머리를 좌우로 움직이고, 귀, 발, 손을 부드럽게 문지르는 동작이 포함된다. 두 동작 모두 명상과 동작을 결합하여 건강을 개선하고 유지하는 방법으로 사용된다. 태극권과 기공은 다양한 자세를 취하면서 몸을 올바르게 움직여야 하므로 책이나 영상보다는 자격을 갖춘 강사에게 배우는 것이 가장 좋다.

마음챙김을 기르고 스트레스를 해소하는 데 도움이 되는 또 다른 유형의 신체 활동으로는 고대부터 내려오는 요가 수련이 있다. 요가가 제공하는 스트레칭과 심호흡은 근육의 긴장을 완화하는 동시에 유연성, 민첩성, 균형 감각을 향상시킨다. 요가는 일반적으로 건강한 사람에게 안전하지만 관절 문제, 목이나 허리 통증, 골다공증, 고혈압이 있거나 혈전 위험이 있는 경우 요가를 시작하기 전에 의사와 상의해야 한다.

요가에 필요한 집중력은 일상에서 스트레스를 받는 상황에서 벗어나 마음을 안정시키는 데 도움이 된다. 요가에는 다양한 스타일이 있다. 하타 요가는 신체적으로 너무 힘들지 않고 집중하고 통제된 방식으로 호흡하면서 특정 자세를 취하는 일반적인 스타일이다.

책이나 비디오 테이프, DVD를 통해 요가를 배울 수도 있지만, 요가는 다양한 자세를 취하면서 몸을 정확하게 움직여야 하므로 혼자서 요가를 배우려고 하는 것보다 자격을 갖춘 강사에게 피드백을 받는 것이 더 좋다. 또한 같은 생각을 가진 사람들과 함께 수업에 참여하면 요가를 더 즐겁게 할 수 있으며, 사회적 지지 자원을 얻을 수 있다는 추가적인 이점도 있다.

 ## 4. 호흡의 힘

호흡법은 많은 명상 전통의 토대이다. 건강과 치유에 관한 수많은 저서를 집필한 Andrew Weil 박사에 따르면, 건강과 안녕감을 증진하는 데 있어 호흡법보다 더 강력하거나 더 간단한 일상 수련법은 없다고 한다(Weil, 1997, 2006). Luskin과 Pelletier(2005)는 연구 기반의 스트레스 관리 프로그램에서 심호흡을 가장 중요한 생활 기술로 꼽았는데, 이는 스트레스를 줄이고 심장 질환의 위험을 낮추는 데 성공적이라는 것이 입증되었기 때문이다. 대부분의 사람들은 호흡을 당연한 것으로 여긴다. 호흡은 자동적으로 이루어지기 때문에 바쁜 일상을 보내면서 별다른 생각을 하지 않을 수 있다. 또한 호흡이 건강에 미치는 영향에 대해서도 크게 생각하지 않을 수 있지만,

실제로는 건강에 많은 영향을 미친다.

호흡의 중요성은 현재 잘 알려진 심혈관 건강과 장수에 대한 Framingham의 장기 연구에서도 입증되었다. 장수를 예측하는 가장 좋은 요인은 유전자나 영양 섭취량, 운동량이 아니라 바로 호흡이라는 사실이 밝혀졌다. 1초량(Forced Expiratory Volume 1Second: FEV1)은 1초에 내뱉을 수 있는 공기의 양을 측정한다. 폐 기능이 좋을수록 1초에 내뿜을 수 있는 공기의 양이 많아진다. 이 연구에 따르면 FEV1은 영양이나 운동과 같은 다른 요인보다 건강한 장수를 예측하는 데 더 효과적이었다.

엄밀히 말하면 호흡은 숨을 들이마실 때 몸과 뇌에 산소를 공급하고, 숨을 내쉴 때 이산화탄소를 몸 밖으로 배출하는 과정이다. 뇌는 폐에 있는 센서의 신호에 따라 각 호흡의 크기와 빈도를 포함하여 호흡을 자동으로 제어한다. 평균적으로 사람은 1분에 12번에서 20번까지 숨을 들이쉬고 내쉰다. 폐에는 호흡을 위한 자체 근육이 없다. 따라서 횡격막은 호흡의 주요 근육이다. 숨을 들이마실 때 횡격막은 아래쪽으로 납작해져 흉강에 폐가 들어갈 수 있는 공간을 더 많이 만든다. 숨을 내쉴 때 횡격막은 이완되어 돔 모양으로 돌아간다. 횡격막은 자동으로 작동하지만, 우리는 횡격막의 움직임을 조절하는 방법을 배울 수 있으며, 이는 긴장을 풀 수 있는 매우 중요한 방법 중 하나가 된다.

마음은 신체를 통제할 수 있는 힘을 가지고 있지만 신체의 영향을 받기도 한다. 편안한 상태에서는 정신적 불안이 생길 수 없다. 고르고 안정된 호흡을 유지하면 생리적 균형을 유지할 수 있다. 즉, 호흡을 조절하는 방법을 배우면 감정을 상당 부분 통제할 수 있다.

더 미묘한 수준에서 호흡에 대한 인식은 의식 영역 내에서 실제 사건 자체를 통제하는 것으로 이어질 수 있다. 이것은 놀랍도록 간단하고 직접적인 방법이다. 우리 대부분은 사고하는 과정에 갇혀 있으며, 이는 마음속에서 끊임없이 이어지는 대화로 나타나게 된다. 이러한 내적 대화를 통제하지 않고 방치하면 현재에 집중하기 어렵고, 지금 여기에 끊임없이 집중하지 못한 채 과거에서 미래로 건너뛰기 때문에 스트레스의 큰 원인이 된다. 마음의 작동에 대한 문제를 해결 측면에서 당면한 문제에 집중하지 않으면 해결해야 할 문젯거리를 만들어 내게 된다. 이는 두려움에 기초를 둔 미래에 대한 예측으로 이루어지며 경고 반응을 촉발한다.

콧속으로 들어오는 숨의 느낌에 주의를 집중하면 마음속 소란을 즉시 멈출 수 있다. 좀 더 심리적인 측면에서 보면, 사고적이고 추상적인 존재 방식에서 보다 자연 그대로의 순수하고 존재에 대한 지각으로 전환되는 것이다. 이 간단한 호흡 인식 기술은 점차 생각을 더 잘 통제하고 내부 및 외부 사건에 더 민감하게 반응하게 한다. 따라서 시간이 지남에 따라 더 효과적으로 행동하고 대응할 수 있게 된다.

호흡은 자신의 힘으로 바꿀 수 있다. 그 힘을 인식하고 자신에게 유익하게 사용하기만 하면 된다. 교사는 학교나 집에서 호흡법을 연습하여 마음을 가라앉힐 수 있다. 쉬는 시간이나 점심시간 등 수업 중 휴식시간을 활용하여 천천히 깊게 호흡하는 자신의 모습을 관찰하는 것만으로도 긴장한 교사는 보다 자연스러운 신체 리듬과 다시 연결될 수 있다.

1) 호흡 방법

호흡에는 **흉곽 호흡**과 **횡격막 호흡**의 두 가지 주요 방법이 있다. 대부분의 사람들은 가슴을 확장하고 수축하여 숨을 쉰다(흉곽 호흡). 횡격막 호흡은 숨을 들이쉴 때 복부를 살짝 밀고 내쉬면서 숨을 내쉬고 내쉴 때 복부를 당기는 동작을 포함한다. **심호흡, 이완호흡** 또는 **복식호흡**이라고도 한다.

대부분의 성인은 가슴만 확장하여 얕게 호흡한다. 어떤 사람들은 이것이 스트레스에 대한 적응일 수 있다고 생각한다. 유아와 어린이는 보통 횡격막 호흡을 사용한다. 횡격막 호흡은 최소한의 노력으로 산소와 이산화탄소를 가장 효과적으로 교환할 수 있기 때문에 호흡에 더 좋은 방법이다(Smith, 1985). 심호흡은 배우기 쉬우며 숙달하는 데 최소한의 훈련만 필요하다. 그리고 주의력, 활력, 생산성을 유지하는 데 도움이 될 수 있다. 또한 심호흡은 두통, 불안, 혈압 상승 또는 수면 장애에도 도움이 될 수 있다(Smith, 2005).

스트레스를 받으면 짧고 헐떡이는 숨을 쉬는 경우가 많지만, 이는 본인이 직접 조절할 수 있는 부분이다. 의식적으로 호흡을 평상시의 일정한 리듬으로 되돌리려고 노력할 수 있으며, 평소보다 조금 더 깊게 숨을 쉬되 떨리는 심호흡을 하지는 않을 수 있다. 스트레스를 받으면 신체는 특히 산소를 필요로 하므로 이는 매우 중요하다.

　호흡은 스트레스 관리에 매우 중요하기 때문에 호흡 운동은 효과적인 스트레스 관리 프로그램의 중요한 부분이 된다. 이 장의 마지막 절 '6. 스트레스 없는 삶의 기술'에서 횡격막 호흡을 쉽게 배울 수 있는 방법이 설명되어 있다.

5. 이완 기술

　이완 훈련은 스트레스와 불안을 낮추는 데 효과적이다(Bernstein, Borkovec, & Hazlett-Stevens, 2000). 개인마다 각기 다른 기법이 증상에 따라 어느 정도 효과가 있다고 보고하므로 일반적으로 여러 가지 접근법을 배우고 직접 실험해 보는 것을 권장한다. 일반적으로 스트레스에 관한 연구에 따르면 사용 가능한 대처 자원의 수가 개인이 얼마나 잘 대처할 수 있는지를 예측할 수 있다고 한다. 사용할 수 있는 자원의 목록이 있으면 어떤 스트레스 요인이 발생하더라도 효과적으로 대처할 수 있다는 자신감과 기대감이 높아진다.

　이완 기법의 경우 배우기는 쉽지만 연습에 많은 노력이 필요하다. 이완 기법을 배우기 위해 얼마나 많은 연습을 하느냐보다 어떤 방법을 사용하느냐가 더 중요하다. 실제로 실행할 수 있는 기분 좋은 이완의 방법을 선택해야 한다. 여러 가지 방법을 시도해 보면 다양한 상황에서 자신에게 특히 효과적인 방법을 하나 이상 찾을 가능성이 높아진다.

　이완은 평온함과 고요함을 느끼는 정신적 반응이자 근육이 이완된 상태와 같은 신체적 반응이다. 스트레스의 신체적 증상 중 상당수는 스트레스가 만들어 내는 근육 긴장에서 비롯된다. 몸이나 마음에 남아 있는 긴장으로 인해 집중력을 유지하는 것이 힘들게 된다. 역설적이게도 긴장을 풀어야 하는 필요성을 지닌 바로 그 요인에 의해 긴장을 푸는 능력이 방해받기도 한다.

　의식적으로 의도한 이완 기법은 낮잠을 자거나 책을 읽거나 TV나 영화를 보는 등 간접적인 방법으로 휴식을 취하는 것보다 더 빠르고 완벽하게 이완을 가져올 수 있다. 이 방법의 일부는 바로 주의력과 관련이 있다. 예를 들어, 우리는 무언가에 주의를 기울이면 더 잘할 수 있게 된다. 긴장을 풀기 위해 책을 읽으면 긴장은 풀리지만 마음은 여전히 책에 주의를 기울이고 있다. 즉, 이완 과정 자체에 주의를 기울이면 이완에 효과적이다. 이러한 주의집중은 '이완 기법'이라고 불리는 것의 기초가 된다. 일반적으로 이러한 기법의 공통점은 신체의 다양한 부위에 주의를 집중하여 해당 부위에서 발생하는 긴장감이나 이완되는 느낌을 인식하고 이완하려는 의도를 개발하는 것이다.

대부분의 이완 기법에는 실제로 두 가지 구성 요소가 있다. 첫째, 스트레스를 유발하는 생각을 마음에서 제거하기 위해 중립적이거나 편안한 이미지에 주의를 집중하는 것이다. 이렇게 하는 것만으로도 긴장의 주기를 멈추게 하는 데 도움이 된다. 특히, 끊임없이 변화하는 생각의 흐름이 진정되기 시작하면서 근육이 이완되기 시작할 것이다. 둘째, 주의의 초점을 신체 이완, 특히 어떤 근육처럼 주로 긴장되는 부위에 맞추면 신체 이완 과정이 촉진된다. 몸의 근육 전체에서 일부 다른 지점으로 이완의 초점을 이동하는 것은 전반적인 이완 과정을 방해하지 않고 긴장으로 인한 정신적 불안을 해소할 수 있는 방법이다.

스트레스를 받아 근육이 반복적으로 긴장되면 두통, 목 뻣뻣함, 등 및 턱 통증이 발생할 수 있다. 목표는 긴장의 첫 징후가 나타날 때 이완할 수 있는 방법을 배우는 것이다. 긴장의 징후를 인식하는 법을 배우면 긴장 완화, 즉 이완을 빠르게 할 수 있다. 긴장의 첫 번째 징후를 신호로 삼아 긴장을 풀고 긴장 과정을 조기에 중단할 수 있다.

이완은 체계적이고 의식적이며 편안한 과정이어야 한다. 먼저 카펫이 깔린 바닥이나 바닥에 푹신한 매트를 깔고 누울 수 있는 조용한 장소가 필요하다. 그런 다음 꽉 조이는 옷을 느슨하게 풀고 신발을 벗는다. 요가의 고전적인 이완 자세는 송장 자세로 알려져 있다. 이 자세에서는 등을 대고 누워 눈을 감고 발을 편안한 간격으로 벌린다. 팔은 손바닥을 위로 향하게 하고 손가락은 부드럽게 말아 몸 옆에서 떨어져 있어야 한다. 머리, 목, 몸통이 일직선이 되도록 대칭 자세로 눕는다.

1) 심부 근육 이완

긴장을 푸는 법을 배우는 한 가지 방법은 심부 근육 이완을 사용하는 것이다. 지금 잠시 시간을 내어 손과 팔 또는 턱 근육을 이완해 보자. 그렇게 하면 과도한 근육 긴장에 얼마나 많은 에너지가 묶여 있는지 깨닫게 될 것이다. 안내된 개인 운동은 골격근을 이완하고 피로와 긴장을 해소하며 몸과 마음에 활력을 불어넣을 수 있도록 고안되었다.

♣ 개인 연습: 심부 근육 이완

〈활동 안내〉

이 운동을 하는 동안 정신을 집중하고 호흡에 집중하면서 근육을 서서히 이완한다. 운동은 10분 정도 소요된다.

눈을 부드럽게 감고 송장 자세로 눕는다. 코로 천천히, 부드럽게, 깊게 숨을 들이쉬고 내쉰다. 숨을 쉴 때 잠음, 갑작스러운 소리 또는 멈춤이 없어야 하며, 들숨과 날숨이 한 번의 연속적인 움직임으로 힘들이지 않고 자연스럽게 흐르도록 한다. 몸을 가만히 유지한다. 정신적으로 몸을 움직이며 정수리, 이마, 눈썹, 눈썹 사이 공간, 눈, 눈꺼풀, 뺨, 코를 이완한다. 숨을 완전히 네 번 내쉬고 들이마신다.

손가락 끝, 손가락, 손, 손목, 아래팔, 위팔, 어깨, 등 위쪽, 가슴의 긴장을 풀어 준다. 가슴 중앙에 집중하고 숨을 내쉬고 완전히 들이마시는 호흡을 네 번 반복한다.

복부, 복부, 허리, 엉덩이, 허벅지, 무릎, 종아리, 발목, 발, 발가락의 긴장을 풀어 준다. 몸 전체가 숨을 내쉬는 것처럼 숨을 내쉬고 몸 전체가 숨을 들이마시는 것처럼 숨을 들이마신다. 모든 긴장, 걱정, 불안을 내뱉고 생기, 평화, 이완을 들이마신다. 숨을 내쉬고 완전히 들이마시는 것을 네 번 반복한다.

발가락, 발, 발목, 종아리, 허벅지, 무릎, 엉덩이, 허리, 복부, 배, 가슴의 긴장을 풀어 준다. 가슴 중앙에 집중하여 숨을 내쉬고 완전히 네 번 들이마신다.

등, 어깨, 팔, 손목, 손, 손가락, 손끝의 긴장을 풀어 준다. 숨을 내쉬고 완전히 들이마시는 것을 네 번 반복한다.

손끝, 손가락, 손, 손목, 아래팔, 위팔, 어깨, 목, 턱, 입, 콧구멍의 긴장을 풀어준다. 숨을 내쉬고 완전히 들이마시는 것을 네 번 반복한다.

뺨, 눈꺼풀, 눈, 눈썹, 눈썹 사이 공간, 이마, 정수리의 긴장을 풀어 준다. 숨을 완전히 네 번 내쉬고 들이마신다.

이제 60초 동안 고요하고 평온한 호흡의 흐름에 마음을 집중한다. 호흡이 부드럽고 고요하며 깊게 유지될 수 있도록 마음을 부드럽게 하고 의식적으로 노력한다.

2) 점진적 근육 이완

많은 사람이 스트레스를 받을 때 근육이 긴장하고 있다는 사실을 깨닫지 못하고 근육을 완전히 이완시키는 데 어려움을 겪는다. 점진적 근육 이완(Progressive Muscle Relaxation: PMR)은 집중적인 주의를 통해 근육 긴장을 완화하기 위해 특별히 고안되었다. 점진적 근육 이완에서는 신체의 주요 부위를 번갈아 가며 근육을 긴장시켰다가 이완하는 방식으로 진행한다. 이 두 가지 상태의 차이를 학습하여 신체의 긴장을 더 잘 인식하고 PMR을 사용하여 이완할 수 있도록 하는 것이 그 개념이다. PMR은 1930년대 후반에 개발된 이래로 이완을 위한 방법으로 널리 받아들여져 왔다(Jacobson, 1938). PMR은 배우기가 더 어렵지만, 더 깊고 오래 지속되는 이완 상태를 만들 수 있다(Bernstein et al., 2000; Harris, 2003). 어떤 사람들은 잠들기 전에 연습하는 것이 특히 즐겁다고 한다.

일반적인 아이디어는 먼저 근육 전체를 긴장시킨 다음, 이완시켜 근육이 긴장되기 전보다 더 깊게 이완되도록 하는 것이다. 이 과정을 몸 전체에 걸쳐 반복하면 긴장과 이완이 어떤 느낌인지 인식하는 효과를 얻을 수 있다. 다양한 근육 그룹을 움직이면서 각 근육 그룹에 주의를 집중하면 각 근육이 긴장했을 때와 이완되었을 때 어떤 느낌인지를 잘 알 수 있다.

처음에는 지시 사항을 테이프로 붙여 두고 볼 필요가 있다. 특정 근육 그룹과 각 근육 그룹에 대한 운동법을 외워 두면 결국에는 언제 어디서나 스스로의 지시에 따라 빠르게 이완할 수 있다. 이 연습을 숙달하여 스트레스가 많은 일상생활에서 몸의 긴장을 알아차리고 긴장된 근육 부분을 식별하여 이완할 수 있도록 하는 것을 목표로 한다.

처음에는 20~30분 정도 소요된다. 능숙해지면 시간이 점점 줄어들 것이다. 근육의 긴장을 풀 때는 서서히 긴장을 풀기보다는 근육이 갑자기 절뚝거리도록 즉시 풀어 주어야 한다(Smith, 2005). 이러한 근육 그룹에 부상이나 기타 문제가 있는 경우에는 건너뛴다. 고혈압이 있는 경우 PMR을 하기 전에 의사와 상의해야 한다. 결과를 얻으려면 몇 주 동안 매일 연습해야 한다.

♣ **개인 연습: 점진적 근육 이완 연습**

〈활동 안내〉

먼저 일반적인 지침과 각 개별 근육 그룹에 대한 특정 운동을 결합한 지시사항을 담은 음성파일을 만들어야 한다. 방해나 산만함이 없는 조용하고 사적인 장소를 선택한다. 의자에 편안하게 앉아서 근육을 사용하여 몸을 지탱할 필요가 없도록 의자가 잘 받쳐 준다. 또는 누워도 좋다. 이때 눈을 감는 것이 좋다. 각 근육 그룹에 대한 다음의 기본 절차는 동일하다(Watson & Tharp, 2012).

- 근육을 긴장시킨다.
- 긴장을 느끼면서 5초간 누른다.
- 이제 긴장을 풀고 긴장을 푼다.
- 따뜻한 이완의 온기를 느껴 본다.
- 반복: 긴장 〉 유지 〉 긴장감 느끼기 〉 이완 〉 이완의 온기 느끼기

각 근육 그룹에 대해 이 순서를 따라 움직인 후, 모든 근육을 함께 긴장시키고 5초간 유지한 다음, 긴장을 풀고 천천히 숨을 내쉬면서 "이완(relax)"이라고 말하며 심호흡을 한다. 두 번 더 반복한다.

- 각 근육 그룹에 대한 점진적 이완 지침

근육 그룹	긴장 운동
1. 주로 사용하는 손	주먹을 꽉 쥔다.
2. 반대쪽 손	주먹을 꽉 쥔다.
3. 주로 사용하는 팔	팔을 위로 들어 팔뚝 안쪽(이두근)을 조인다.
4. 반대쪽 팔	팔을 위로 들어 팔뚝 안쪽(이두근)을 조인다.

5. 얼굴 위쪽과 두피	눈썹을 최대한 높이 올린다.
6. 얼굴 중앙	눈을 가늘게 뜨고 코에 주름을 만든다.
7. 얼굴 아래쪽	거짓으로 과장된 미소를 짓거나 이를 악물고 웃는다.
8. 목	a. 머리를 약간 앞으로 당긴 다음 긴장을 푼다. b. 머리를 약간 뒤로 당긴 다음 긴장을 푼다.
9. 가슴과 어깨	a. 날개뼈가 거의 닿을 때까지 어깨를 뒤로 당긴 다음 긴장을 푼다. b. 어깨를 끝까지 앞으로 당긴 다음 긴장을 푼다.
10. 복부	복부를 꽉 조이고 단단하게 만든다.
11. 엉덩이	엉덩이 양쪽을 조인다.
12. 위쪽 오른 다리	다리를 몸에서 쭉 뻗어 상체와 하체 근육을 모두 긴장시킨다.
13. 위쪽 왼 다리	다리를 몸에서 쭉 뻗어 상체와 하체 근육을 모두 긴장시킨다.
14. 아래쪽 오른 다리	아래 발끝을 몸 쪽으로 당긴다.
15. 아래쪽 왼 다리	아래 발끝을 몸 쪽으로 당긴다.
16. 오른발	발가락을 아래로 말아 몸에서 멀어지게 한다.
17. 왼발	발가락을 아래로 말아 몸에서 멀어지게 한다.

 ## 6. 스트레스 없는 삶의 기술

시간에 쫓기는 교사들에게는 빠르고 실용적인 스트레스 해소법이 필요하다. 스트레스를 없애기 좋은 프로그램은 배우기 쉽고 간단하며 실용적인 10가지의 '삶의 기술'을 제공한다. 배우는 데 10분 이내로 걸리며, 1분 정도면 연습할 수 있고, 10초 이내에 효과를 볼 수 있다. 이러한 생활 기술에는 정신적으로 깨어 있는 상태에서 신체 이완 상태를 만드는 운동, 스트레스를 받는 동안 정서적 안정을 유지하는 데 도움이 되는 연습, 더 큰 평온함을 만드는 전략, 주변의 많은 긍정과 축복을 인식하고 감사하는 방법을 알려 주는 도구가 포함된다.

Luskin과 Pelletier(2005)는 심신 의학의 선구자이며 스트레스 관리 및 정서 발달 분야에서 총 40년 이상의 임상 및 연구 경험을 보유하고 있다. 그들은 스탠퍼드 대학교 의과대학에서 수행한 연구를 바탕으로 연구 기반의 스트레스 감소 프로그램을 만들었다. 이들의 저서인『스트레스 없는 삶: 건강과 행복을 위한 과학적으로 입증된 10가지 삶의 기술(Stress Free for Good: 10 Scientifically Proven Life Skills for Health and Happiness)』에서 필수 생활 기술을 설명한다. 이들의 연구에 따르면 이러한 삶의 기술은 '스트레스를 없애기 좋은 프로그램'을 시도한 거의 모든 사람에게 도움이 될 만큼 광범위하다. 엄격한 연구 실험과 미국 전역의 클리닉에서 테스트한 결과, 스트레스 수준을 낮추고 심장질환의 위험과 발병률을 낮출 뿐만 아니라 기분과 삶의 질을 개선하는 데 성공적이었음이 입증되었다. 이 방법은 가장 배우기 쉬운 것부터 복잡한 것까지 순서대로 나열되어 있다.

1) 스트레스 없는 삶의 기술 10가지

① 배로 숨 쉬기(횡격막을 통해 심호흡하기)
② 자신이 가진 것에 고마워하기(감사하기)
③ 긴장을 풀고 이완하기(몸의 여러 근육을 긴장시켰다가 이완하기)
④ 성공 시각화하기(성공하는 나의 모습을 상상하기)
⑤ 느긋해지기(내가 하고 있는 것에 완전히 집중하기)
⑥ 자신에게 고마워하기(나의 가치, 공헌을 존중하기)
⑦ 미소 짓는 연습하기(내가 하는 일을 하는 이유를 되새기며 미소 짓기)
⑧ 할 수 없는 것은 그만두기(더 나은 결과를 얻기 위해 다른 해결법을 시도하기)
⑨ "아니요."라고 말하기(다른 사람이 나에게 과도한 부담을 주도록 허락하지 않기)
⑩ 바꿀 수 없는 것을 받아들이기(지금 그대로의 것과 타협할 수 있는 방법 찾기)

이러한 기술을 배우고 나면 각 삶의 기술을 실천하는 데 약 1분에서 짧게는 15초 정도 걸린다. 연습을 한다면 약 6~10초 안에 몸과 마음에 긍정적인 효과를 느낄 수 있게 된다. 이러한 삶의 기술을 장기간 연습하면 일상적인 연습의 결과가 향상된다. 개선은 즉시 시작되지만, 이러한 기술을 습득하는 데 걸리는 시간은 훨씬 더 길어질 수 있다. 뇌와 신경계가 어떻게 기능하는지에 대한 현재의 과학적 이해에 근거하여, Luskin과 Pelletier는 역기능적인 시각, 사고 또는 행동 방식을 발견하고 새로운 접근 방식으로 대체하는 데 10주에서 12주가 걸릴 수 있다고 말한다. 이러한 일정은 새로운 기술을 배우거나 새로운 습관(예: 체력 단련, 다이어트, 운동 기술 개발, 행동 패턴 변경)을 개발하려는 삶의 여러 측면에서 정확한 것으로 입증되었다.

이러한 전략 중 일부는 이 책의 이전 장에서 이미 논의한 바 있다. 감사 표현과 관련된 더 많은 전략은 마지막 장에서 다룰 예정이다. 심호흡하기, 얼굴에 미소 짓기, 성공 시각화하기 등 세 가지 삶의 기술은 거의 즉각적인 결과를 가져온다. 이어서 이 세 가지 '즉각적인 스트레스 해소법'에 대해 더 자세히 설명한다.

2) 즉각적인 스트레스 해소 방법 세 가지

(1) 복식호흡

우리 몸은 자기 보존을 위해 설계되었기 때문에 한 번의 심장 박동으로 위험에 직면할 수 있도록 준비한다. 호흡의 깊이를 늘리고 속도를 줄임으로써 위협이 지나가고 몸이 진정될 수 있다는 신호를 신체에 전달한다. 그렇기 때문에 가장 간단하고 직접적인 스트레스 관리 방법은 얕고 빠른 호흡을 깊고 느린 호흡으로 바꾸는 것이다. 복식호흡은 스트레스 반응을 차단하는 제어 스위치와 같은 역할을 한다. 6~10초 동안 복식호흡을 연습해야 뇌에 '괜찮다'라는 메시지가 등록된다. 일반적으로 3~4회 호흡하는 것이 좋다. 천천히, 완전하고 깊게 호흡하는 법을 배우는 것은 가장 기초가 되는 삶의 기술이다. 개인 연습에서는 복식호흡을 연습하는 방법을 알려 준다.

♣ 개인 연습: 복식호흡 연습하기

〈활동 안내〉

한번에 5~10분씩 매일 연습하는 것이 좋다. 연습은 차에 앉아 있거나, TV를 보거나, 운동을 위해 걷거나, 컴퓨터 앞에 앉아 있는 동안 언제든지 할 수 있다.

1. 숨을 들이마시면서 자신의 배가 공기로 천천히 채워지는 커다란 풍선이라고 상상한다.
2. 천천히 숨을 들이마시면서 배에 손을 얹는다.
3. 숨을 들이마실 때 손이 올라가는 것을 지켜본다.
4. 천천히 숨을 내쉬면서 풍선의 공기를 빼내면서 손이 내려가는 것을 지켜본다.
5. 숨을 내쉴 때 배에 힘을 빼고 편안함을 유지한다.
6. 배가 올라가고 내려가는 것에 주의를 기울이면서 천천히 심호흡을 세 번 이상 한다.

(2) 미소 짓기 연습하기

　최근 뇌 연구에 따르면 미소는 뇌에서 엔도르핀 생성을 자극하는 것으로 밝혀졌다. 엔도르핀은 통증을 완화하고 즐거움, 평화, 행복감을 주는, 자연적으로 발생하는 진통제와 같다. 미소는 만족과 기쁨의 표현이다. 행복하다고 느끼면 미소를 짓게 된다. 신체의 다른 어떤 부분도 그러한 가시적인 변화를 감지하지 못한다.

　아이가 당신을 보고 웃을 때, 당신은 자동으로 미소를 짓게 된 적이 있는가? 실제로 우리에게는 인간 두뇌 회로의 일부인 '공감' 반응이 내장되어 있는 것으로 밝혀졌다. 뇌 연구에 따르면 우리는 다른 사람에게서 감지한 감정을 그대로 반영한다고 한다 (Singer & Lamm, 2009). 이는 개인 연습을 통해 직접 확인할 수 있다.

　여기서 한 가지 주의할 점이 있다. 진정성이 없거나, 얼어붙어 있거나, 과장된 미소가 아닌, 실제로 긍정적인 감정을 경험한 데서 우러나오는 진정한 미소여야 한다.

♣ **개인 연습: 미소 짓기**

〈활동 안내〉

지금 바로 미소를 지어 본다. 매일 학생들과 함께 하는 좋은 일을 떠올리며 미소를 짓는다. 그 미소를 10초 정도 유지한다. 기분이 나아졌는가? 우리는 행복할 때 미소를 짓는 것뿐만 아니라 미소를 지을 때 행복감을 느낀다. 이 두 가지는 서로 밀접한 관련이 있다. 갑자기 웃는 것이 어렵다면 사랑하는 사람을 떠올리고 마지막으로 그 사람이 웃는 모습을 본 순간을 기억해 본다. 이러한 상상만으로도 충분히 미소가 지어질 것이다.

(3) 성공 시각화하기

이 삶의 기술은 문제에 대한 성공적인 결과를 머릿속에 그려 봄으로써 그 결과를 시각화하는 방법을 알려 준다. 스트레스가 많은 상황에 대한 더 나은 해결책을 시각화하는 능력은 문제와 효과적인 해결책 사이의 연결 고리가 될 수 있다. 우리 대부분은 이미지의 힘을 인식하지 못한다. 우리 몸은 마음속에 그리는 모든 장면에 반응한다. 예를 들어, 교실이 완전히 혼란스러워질 것이라는 걱정에 우리 몸은 긴장하는 것으로 반응한다. 마음속으로 이런 상황을 상상하면 우리 몸은 마치 실제로 일어나는 것처럼 반응한다.

Luskin과 Pelletier에 따르면, 허리 근육은 특히 민감하기 때문에 요통은 스트레스에 대한 일반적인 반응이라고 한다. 두통과 요통은 신체가 문제에 대해 주의를 환기시키기 위해 사용하는 도구이다. 연구자들은 여러 신체 증상으로 고통 받는 사람들의 통증을 줄이고 신체 기능을 개선하며 정신적 전망을 향상시키는 긍정적인 시각화의 가치를 뒷받침하는 연구를 인용한다. 실제로 긴장성 두통으로 고통받는 사람들을 대상으로 한 연구에 따르면, 이미지를 사용한 사람들은 다른 중재법을 사용한 사람들에 비해 통증이 크게 감소했다고 보고할 가능성이 3배 더 높았다.

우리는 말로만 생각하는 것이 아니라 모든 감각을 동원해 생각한다. 이러한 정신적 이미지는 매우 강력하며, 스트레스를 받거나 마음을 진정시키는 데 사용될 수 있다. 과로로 지치고 과소평가된 자신의 모습을 상상하면 실패한 사람처럼 느껴져 스스로를 실패자라고 생각하게 된다. 이마에 커다랗고 빨간 실패자라는 딱지를 붙이는 것과 같다.

성공을 시각화하는 것은 두 가지 방식으로 작용한다. 예를 들어, 몸을 이완하고 진정시키며, 문제에 대한 창의적인 결과를 계획하고 예상하는 데 도움을 주어 문제에 대한 더 나은 해결책을 만들 수 있게 해 준다. 이 기술을 가장 잘 활용하려면 먼저 목표를 명확히 해야 한다. 개선하고자 하는 것이 무엇인지 정확히 말할 수 있어야 한다. 그런 다음 성공의 방향으로 나아갈 수 있는 아이디어를 브레인스토밍 할 수 있다. 이 삶의 기술을 연습하기 위해 개인 연습을 해 보자.

♣ 개인 연습: 성공 시각화하기

〈활동 안내〉

교실에서 또는 특정 학생에게 어떤 일이 일어나고 있는지, 개선하고 싶은 점이 무엇인지 생각해 본다. 복식호흡을 몇 번 지속한다. 원하는 대로 상황이 개선되는 모습을 마음속으로 그려 본다. 명확한 그림이 떠오르면 그 그림이 성공에 대해 무엇을 보여 주는지 스스로에게 설명해 본다. 교실에서 하루를 잘 마무리했다고 상상해 본다. 하루를 잘 관리한 자신을 축하하며 얼굴에 미소를 띠고 퇴근하는 자신의 모습을 상상해 본다. 이제 여러분이 상상해 본 것을 어떻게 실천할 수 있을지 계획을 세울 수 있을 것이다.

해결해야 할 작은 것부터 시작하여 점차 더 큰 것으로 넘어가는 것이 가장 좋다. 이 연습은 해결하려는 문제에 대해 최소 세 번 이상 연습해야 하며, 심각한 문제인 경우에는 더 많이 연습해야 한다. 성공적인 하루 또는 수업 시간을 보내는 자신의 모습을 상상하며 이 기술을 연습할 수 있다. 수업 일과를 더 효율적으로 처리하는 자신의 모습을 상상하고, 더 성공할 수 있는 구체적인 방법을 생각해 보자. 유능한 교사가 된 자신을 상상해 본다. 이제 정말 완벽한 수업 장면을 상상해 본다. 그리고 자신의 눈에 비친 완벽한 하루가 어떤 모습인지 자세히 묘사한다.

이제 긍정적인 이미지를 환상에서 현실로 끌어올리기 위해 어떻게 실천할지 계획을 세울 준비가 되었다. 지금 하고 있는 것보다 더 효과적일 수 있는 몇 가지 아이디어를 생각한다. 구체적으로 어떤 단계가 포함되는지, 그리고 이러한 단계를 수행해야 하는 순서를 정리한다. 합리적인 행동 계획이 세워지면 상상 속에서 계획을 연습한다.

　Luskin과 Pelletier는 이 모든 과정이 10분도 채 걸리지 않는다고 말한다. 무력감에서 선택의 여지가 있는 상태로, 압도적인 느낌에서 희망을 경험하는 상태로 전환하는 데 걸리는 시간이다. 이 과정을 통해 긴장과 스트레스를 받았을 때 사용할 수 없었던 현명한 생각을 할 수 있으며, 이전에는 생각하지 못했던 아이디어에 접근할 수 있다. 성공하는 자신의 모습을 상상하면 실제로 그러한 경험을 만들기 위해 무엇이 필요한지 파악하는 데 도움이 될 수 있다. 여기서 중요한 단계는 일상적인 스트레스 요인에 대처하는 새로운 방법을 시각화하면서 통찰력에서 행동으로 옮기는 것이다.

　물론 시각화는 매우 강력할 수 있지만, 모든 사람에게 똑같이 잘 작동하는 것은 아니다. 그러므로 효과를 얻을 수 있을지는 직접 실험해 보아야 할 것이다.

10장

건강한 교사가 되는 방법:
탄력성, 낙관성, 희망 유지하기

긍정 심리학(positive psychology)은 인간이 번창하고 번영할 수 있는 상황을 파악하기 위해 긍정적인 감정, 개인의 성격 특성, 환경을 탐구하고 분석하는 새로운 분야이다(Seligman & Csikszentmihalyi, 2000). 다시 말해, 긍정 심리학은 무엇이 삶을 가장 가치 있게 만드는지에 대한 과학적 연구이다. 미국심리학회(American Psychological Association: APA)의 회장이었던 Martin Seligman은 1998년에 이 '새로운' 심리학을 주창했다.

연구에 따르면 미국 성인의 20% 미만이 자신이 성장하고 있다고 응답했다(Keyes, 2002). Fredrickson(2008)에 따르면, 많은 사람이 '틀에 박혀 있다.' 혹은 '아직 많이 부족하다.'라고 느끼는 등 차츰 쇠약해지는 것으로 보인다. 심리적 안녕감(psychological well-being)은 점차 정신 이상이 없을 뿐만 아니라 긍정적인 심리적 자원을 갖는 것으로 그 개념이 확장되고 있다. 긍정적인 심리적 자원에는 긍정적 감정, 삶의 만족도, 행복, 삶의 목적, 자기 수용, 긍정적 관계, 자율성 등이 포함된다.

긍정 심리학의 탄생을 촉발한 것은 1940년대 이후 심리학 분야의 대부분 노력이 인간의 문제와 그 해결 방법에 초점을 맞추면서 무엇이 옳은지에 대한 연구는 소홀히 했다는 Seligman의 주장이었다. 전통적으로 심리학의 목표는 인간의 고통을 덜어 주는 것이었다. 긍정 심리학은 인간에게 나쁜 환경이나 유전적 결함이 있고 인간을 연약한 희생자로 보는 인간 본성에 대한 질병 모델을 수용하는 심리학의 가정을 바꾸려고 시도한다.

긍정 심리학은 이러한 질병 모델에 도전하여 약점만큼이나 강점에 집중하고, 최악의 상황을 복구하는 것만큼이나 인생에서 가장 좋은 것을 구축하는 데 많은 관심을 기울이며, 고통받는 사람들의 상처를 치유하는 것만큼이나 건강한 사람들의 삶을 성취하는 데 많은 관심을 기울일 것을 촉구한다(Seligman, 2002). 긍정 심리학의 분야는 세 가지 관련 주제로 나뉜다. 첫째, 긍정적 경험(행복, 즐거움, 만족감, 성취감), 둘째, 긍정적 개인 특성(성격과 재능, 흥미, 가치관의 강점), 셋째, 긍정적 제도(가족, 학교, 기업, 지역사회, 사회)의 활성화가 그것이다. 긍정적 제도는 긍정적 특성의 발달과 출현을 촉진하고, 이는 다시 긍정적 경험을 촉진한다는 이론이다(Peterson & Park, 2003).

Seligman이 **긍정 심리학**이라는 용어를 사용했지만, 이 용어는 Seligman이 아니라 1954년 Abraham Maslow가 처음으로 사용했다. 여러 면에서 긍정 심리학은 인본주의 심리학의 핵심 원리를 기반으로 한다. 예를 들어, Carl Rogers(1951)의 내담자 중심 치료는 사람들이 자신의 진정한 자기를 표현함으로써 삶을 개선할 수 있다는 이론에 기반을 두고 있다. 또한 Maslow(1954/1970)는 긍정 심리학에서 규명한 성격의 강점과 유사한 자아실현을 이룬 사람들의 특성을 확인했다. 긍정 심리학은 본래 긍정적인 감정과 강점 구축에 초점을 맞춰 건강한 사람들의 안녕감과 최적의 기능을 증진하는 방법으로 고안되었다.

1. 성격 강점 구축하기

Peterson과 Seligman(2004)은 전 세계 40개국의 성격 덕목과 강점을 분류하기 위해 실시한 연구를 바탕으로 서로 다른 문화권에서 수렴하는 여섯 가지 핵심 성격 덕목을 발견했으며, 이 여섯 가지 핵심 성격 덕목은 문화 전반에 걸쳐 놀라울 정도로 유사하다는 사실을 발견했다. 그들은 이를 'High Six'라고 명명했다. 이 여섯 가지 중요한 성격 덕목은 전 세계 거의 모든 문화권에서 지지되는 덕목이다.

이들은 개념 수준을 두 가지로 구분했다. 첫 번째는 덕목, 또는 광범위한 핵심 특성이다. 그들은 덕목이라는 것이 진화 과정을 통해 생물학에 근거를 둔 보편적인 것이라고 주장한다. 이들은 이러한 성격 덕목이 인간 내면의 가장 어두운 것에 맞서 싸우고 승리할 수 있게 해 준다고 가정한다. Arrien(2011)은 덕목이 인간의 타고난 선함을 뒷받침하는 자질이라고 설명하기도 했다.

두 번째 수준은 덕목을 정의하는 심리적인 성분, 과정 또는 메커니즘이라고 할 수 있는 성격 강점이다. 이는 덕목을 드러내는 뚜렷한 경로에 해당한다. 예를 들어, 인간성의 덕목은 친절, 사랑, 사회적 또는 정서적 지능과 같은 강점을 통해 달성할 수 있는 것이다. 〈표 10-1〉은 6개의 덕목 범주와 그에 상응하는 24개의 성격 강점을 가진 분류 체계를 표로 나타낸 것이다.

〈표 10-1〉 성격 강점과 관련된 덕목

지혜와 지식	용기	인간성	정의	절제	초월
• 창의성 • 호기심 • 개방성 • 배움에 대한 즐거움 • 관점	• 진정성 • 용기 • 끈기 • 열정	• 친절 • 사랑 • 사회 지능 또는 정서 지능	• 공정성 • 리더십 • 협동성	• 용서 • 겸손 • 신중성 • 자기 조절	• 아름다움과 우수성에 대한 감사 • 감사 • 희망 • 유머 • 영성

Peterson과 Seligman(2004)의 연구에 따르면 가장 일반적으로 지지되는 다섯 가지 강점은 친절, 공정성, 진정성, 감사, 개방성이라고 봤다. 또한 이들은 '마음의' 강점, 즉 열정, 감사, 희망, 사랑이 호기심과 배움에 대한 즐거움이라는 지적인 강점보다 삶의 만족도와 더 큰 연관성을 보인다는 사실을 발견했다(Park, Peterson, & Seligman, 2004).

특정 덕목은 진정한 '지속력(staying power)'을 가졌다. 정의와 인간성은 모든 전통에서 가장 안정적으로 일관된 덕목이었다. 절제와 지혜는 오랜 문학적 전통을 가진 문화를 대상으로 한 조사에서 근소한 차이로 2위를 차지했다. 그리고 초월은 다섯 번째,

용기는 마지막이었다. 심리적으로 개인을 좋은 삶으로 이끄는 이러한 일반적인 특성, 덕목 또는 가치는 긍정적인 정신 건강, 안녕감, 자아실현, 심리사회적 성숙 또는 진정한 행복 등 뭐라고 불리는지에 관계없이 보편적인 것으로 보인다(Peterson & Seligman, 2004).

Seligman(2002)은 원래 **행복**(happiness)이라는 용어 자체는 단순히 '기분 좋은'이라는 의미를 넘어 '좋은 삶'의 요소로서 몰입과 의미를 포함하도록 행복을 확장하기 위해 **진정한 행복**(authentic happiness)이라는 용어를 사용했다. 그는 수년간의 선행연구와 동료들의 연구를 통해 행복을 연구하는 것에 있어 큰 결점을 발견했다. 즉, 행복은 실제로 **삶의 만족도**라는 한 가지 차원으로 귀결된다는 사실을 밝힌 것이다. 이는 대부분의 연구에서 단순히 각 개인이 자신의 삶에 얼마나 만족하는지를 1점부터 10점 척도로 평가하도록 요청하는 측정 방식 때문에 발생했다. 연구자들은 많은 사람을 대상으로 평균을 낸 결과, 현재 기분이 삶의 만족도의 70% 이상을 결정한다고 보고하기도 했다.

행복에 관한 연구에서는 긍정적인 감정과 즐거움, 몰입, 의미라는 세 가지 경로를 통해 행복에 도달할 수 있는 방법을 모색해 왔다(Seligman, 2002). 연구에 따르면 삶의 만족도가 가장 높은 사람들은 이 세 가지를 모두 추구하는 사람들이며, 몰입과 의미에 가장 큰 비중을 두는 것으로 나타났다(Peterson, Park, & Seligman, 2005). Seligman이 정의한 **진정한 행복**이란 긍정적인 감정, 몰입, 의미를 함께 지칭하는 용어이다.

흥미로운 점은 쾌락이 만족스러운 삶으로 가는 가장 덜 중요한 경로인 것 같다는 것이다. 만족감은 우리가 좋아하는 활동을 하면서 자의식 없이 온전히 몰입하는 것에서 비롯되며, 이는 Csikszentmihalyi(1990)가 '몰입(flow)' 경험이라고 부르는 것을 만들어 낸다. 이처럼 깊이 몰입하고 만족하는 경험은 우리의 진정한 재능, 강점, 덕목을 개발할 수 있는 역량에 달려 있다. 긍정 심리학 연구에 따르면 우리의 강점을 인식하고, 존중하고, 개발하는 것이 진정한 몰입감을 심어 주는 가장 중요한 방법이라고 한다(Lopez & Snyder, 2003; Peterson & Seligman, 2004).

삶의 의미나 목적을 찾는 것은 행복감과 안녕감에 도움이 되는 또 다른 필수 요소이다. 그리고 삶의 의미나 목적을 찾는 것은 우리 자신보다 훨씬 더 큰 무언가를 위해 우리의 강점과 덕목을 사용할 수 있는 능력에 달려 있다(Seligman, Steen, Park, & Peterson, 2005). 우리 자신보다 훨씬 더 큰 영역이란 어린이, 가족, 질병, 영성, 사회 정의 또는 환경에 초점을 맞추는 것일 수 있다. 그리고 이러한 이타적인 행동은 우리의 만족감과도 깊은 관련이 있다.

Brooks(2008)는 『국민 총 행복(Gross National Happiness)』이라는 그의 저서에서 안녕감에 중요한 것은 얼마나 기분이 좋은지 또는 얼마나 많은 돈을 버는지가 아니라 자신이 창조한 삶의 가치와 '획득한 성공'에 대한 감각, 즉 자신의 삶이나 다른 사람의 삶에 가치를 창출했다는 믿음이라고 주장한다. 그렇다면 교사보다 더 큰 성공의 잠재력을 가진 사람이 있을까? 매일 가르치는 아이들에게 긍정적인 영향을 미치는 것보다 더 큰 가치를 창출할 수 있는 일이 있는가?

Brooks에 따르면, 우리는 아이들에게 무조건적인 사랑을 베푸는 것에서 의미를 찾는다. 역설적이게도 우리의 행복은 수년간의 짜증과 뒷담화를 통해 행복을 낮추려는 우리의 의지에 의해 높아진다. 자녀(및 학생)의 불행을 기꺼이 받아들이는 의지가 행복의 원천이다. 부모는 더 빈번한 고난을 잊으며 황금 같은 순간에 더 집중한다. 여덟 아이의 아버지이기도 한 Seligman은 부모가 단순히 행복한 감정 그 이상을 추구한다고 봤는데, 단순히 행복한 감정이 우리가 원하는 전부였다면 우리 종은 오래전에 멸종했을 것이라고 주장한다. 우리는 삶의 의미와 관계의 개선과 같은 안녕감의 다른 요소를 추구하는 자녀들이 있다. 비슷한 맥락에서 교사들은 학생들에게서 피어나는 희망의 불꽃에서 큰 기쁨을 얻는다.

운동선수가 더 강해지기 위해 특정 근육을 단련하는 것처럼, 자신의 강점을 규칙적으로 사용하는 사람은 인생에서 더 나은 기능을 발휘할 수 있다는 이론이 있다. 긍정심리학 분야는 이제 자신의 성격 특성, 긍정적인 감정 및 경험을 파악하고 더욱 발전시키도록 장려하는 다양한 전략과 개입을 수용하고 있다.

> ♣ 개인 연습: 나만의 강점 활용하기
>
> 〈활동 안내〉
>
> 온라인(www.authentichappiness.org)에서 성격 강점 목록을 작성하여 자신의 상위 다섯 가지 강점을 파악한다. 그런 다음 상위 다섯 가지 강점 중 하나를 매일 새롭고 다른 방식으로 활용한다.

Seligman과 동료들은 성격의 강점을 키우고 긍정적인 정서를 함양하기 위한 일련의 개인 연습을 개발했다. 이들은 수백 명의 참가자를 대상으로 일주일간 매일 밤에 오늘 한 다섯 가지 연습에 대해 기록하도록 요청하는 광범위한 온라인 연구를 수행했다. 또한 참가자들은 이러한 연습의 효과를 측정하기 위해 기본 및 후속 평가를 완료했다. 그 결과, 성격 강점 연습을 완료한 참가자들은 그렇지 않은 참가자들보다 6개월 뒤에 훨씬 더 행복하고 우울감이 덜한 것으로 나타났다.

성격 강점 온라인 검사는 현재 24개 문항으로 이뤄진 간략한 강점 검사와 240개 문항으로 구성된 VIA(Values in Action Institute)의 성격 강점 검사 두 가지 버전이 있다. 문항이 더 많은 성격 강점 검사에 참여하면 더 풍부한 정보를 얻을 수 있다. 검사를 완료하면 24가지 강점 중 나에게 특징적인 강점의 순서가 매겨진 결과지를 받게 된다. 이 결과지에는 상위 5개의 강점도 포함되어 있으며, 이를 통해 어떤 강점이 자신에게 진정으로 울림을 주는지, 즉 어떤 강점을 행동으로 옮길 때 활기를 불어넣을 수 있는지 생각해 볼 수 있다. 이러한 자기 성찰을 통해 상위 다섯 가지 강점 중에서 나만의 강점을 찾을 수 있다.

우리는 모두 자신만의 고유한 강점과 약점을 가지고 있다. 인지적·사회적·정서적·신체적 범주를 사용하면 자신의 강점과 약점에 대해 또 다른 방식으로 생각해 볼 수 있다. 이러한 범주는 다음에 정의되어 있으며 각 범주에 대한 강점 예시가 나와 있다.

- **인지적 범주**: 지적 기능, 정신의 특성
  예: 인지적 강점은 개방성을 가질 수 있는 능력이다.

- **사회적 범주**: 다른 사람과의 관계

  예: 사회적 강점은 친절함이다.

- **정서적 범주**: 자기 자신과의 관계

  예: 정서적 강점은 자기 조절이다.

- **신체적 범주**: 신체와 관련된 것

  예: 신체적 강점은 체력이다.

개인적 연습을 완료하면 내가 스스로를 어떻게 보는지 더 명확하게 파악하는 데 도움이 될 수 있다.

이 연습에서 강점보다 약점을 더 많이 나열했다면, 아마도 자기 자신에게 너무 많은 것을 기대하는 것일 수 있다. 자신의 약점에 집착하는 사람이라면, 다른 사람에 대해서도 지나치게 판단적이고 비판적일 가능성이 크다. 문제는 자신의 약점을 인식하는 것이 아니라 약점을 '지나치게 방치'하여 자기 자신을 보는 방식과 타인에 대한 행동에 불균형적인 영향을 미친다는 데 있다.

우리 각자는 강점과 약점을 독특하게 조합한 존재이다. 성공하고 행복한 사람들은 자신의 약점이 아닌 강점에 집중하고 있다. 여러분도 그렇게 해야 한다. 자신의 강점을 인식하고 표현하는 데 익숙해지면 다른 사람, 특히 학생의 강점을 인식하고 인정할 가능성이 높아진다. 교사가 자신의 강점에 집중하면, 학생의 약점이 아닌 강점에도 집중할 수 있게 된다. 네 가지 영역(인지, 사회, 정서, 신체)을 모두 활용하면 교사는 한 사람을 전체적으로 볼 수 있고, 이러한 전체적인 관점을 학생의 강점을 찾는 데 적용할 수 있다.

성격의 강점을 인정하고 구축하는 또 다른 흥미로운 관점은 우리가 삶에서 인정을 받는 방식에 대한 Arrien(1993)의 개념이다. 문화인류학자인 Arrien은 여러 문화권에 걸친 연구를 통해 사람들이 인정받는 네 가지 방법을 발견했다. 이 네 가지 방법은 보편적인 것으로 기술, 외모, 성격, 영향력과 관련이 있다. 우리는 외모(신체적 특성, 스타일), 개발한 기술(리더십, 정서 지능), 성격 강점(진정성, 끈기) 또는 타인에게 미치는 영향(친절, 희망) 때문에 다른 사람들로부터 인정받거나 인정받았을 수 있다. Arrien은 우리 모두 서로 다른 자산으로 인정받아 왔으며, 평생 동안 받아 오는 이러한 인정은 우리 정체성의 중요한 부분이라고 주장한다.

♣ 개인 연습: 자신의 강점과 약점 평가하기

〈활동 안내〉

- 1단계: 잠시 시간을 내어 자신의 강점과 약점에 대해 생각한다. 인지적·사회적·정서적·신체적 범주를 사용하여 생각을 정리한다. 종이를 반으로 나누어 위쪽 절반에는 자신의 강점을, 아래쪽 절반에는 자신의 약점을 적는다.
- 2단계: 이제 목록을 살펴보고 다음 질문에 답해 본다.
  - 약점보다 강점을 더 많이 나열했는가?
  - 강점보다 약점을 더 많이 나열했는가?
  - 네 가지 범주 중 하나 이상의 항목에 대다수의 항목이 포함되어 있는가?
  - 이러한 자신의 모습에 대해 뭐라고 말할 수 있는가?
- 3단계: 다음으로, 약점 목록을 다시 살펴본다. 수줍음이 많다, 조율이 안 된다, 느리다 등의 약점이 있을 수 있다. 이제 이를 순수하게 설명하는 문장으로 바꾸어 본다. 예를 들어, "나는 수줍음이 많다."라고 말하는 대신 "나는 모르는 사람들과 있을 때 대화를 시작하는 것을 좋아하지 않는다."라고 말할 수 있다. 해당 약점이 발생하는 특정한 상황으로 제한하도록 수정해 본다.
  ① 부정적인 의미가 담긴 단어를 모두 지우고,
  ② 구체적이고 사실에 근거하며,
  ③ 약점을 특정한 상황과 연관시키라는 지침을 염두에 두고 시간을 들여 각 약점을 수정해 본다.
- 4단계: 마지막으로, 강점 목록을 다시 한번 살펴보고 간과한 부분이 없는지 확인해 본다. 가족이나 친구들이 나에게 했던 친절한 말을 떠올리고 그 말이 포함되어 있는지 확인한다. 또한 한 걸음 더 나아가 이러한 단어를 완전한 문장으로 분리하여 자신에 대한 보다 정확한 설명을 작성해 본다. 예를 들어, 처음에 자신을 설명할 때 뮤지컬이라는 단어를 사용했다면, 이를 "나는 아름다운 목소리를 가지고 있고 노래하는 것을 좋아한다."라고 수정할 수 있다.

이어서 Arrien은 우리가 삶에서 주의를 덜 기울이는 법을 배우기 때문에 우리가 거의 인정받지 못하는 영역(강화라고도 할 수 있는)이 미개발 상태로 남는다고 말한다. Arrien은 자신이 그동안 어떤 영역을 소홀히 했는지 파악하고 그 영역을 키우기 위해 노력할 것을 추천한다. 다음 연습에서는 자신의 삶에서 그동안 어떻게 인정받아 왔는지 되돌아보도록 요청한다.

내가 이 연습을 직접 해 보니 다른 사람에게 미치는 영향력, 습득한 기술, 외모로 가장 자주 인정받았다는 깨달음을 얻었다. 내 인생에서 가장 인정받지 못한 분야는 나의 성격이었다. 이와 같은 새로운 깨달음은 내가 포용하고 싶은 성격 강점에 대한 의식을 더 고조시켰다.

♣ **개인 연습: 그동안 당신의 삶에서 어떻게 인정받아 왔는가?**

〈활동 안내〉

- 1단계: 우리가 일반적으로 다른 사람들로부터 인정받는 네 가지 영역은 기술, 외모, 성격, 영향력과 관련이 있다. 각 영역에서 자신이 어떻게 인정받았는지 생각한다.
- 2단계: 살아오면서 이 네 가지 영역 중 어떤 방식으로 인정을 받은 적이 가장 많았는가?
- 3단계: 네 가지 영역 중 가장 인정받지 못한 영역은 무엇인가?
- 4단계: 그동안 삶에서 인정받은 결과, 앞으로 어떤 분야에 더 주의를 기울이고 싶은가?

 ## 2. 안녕감 증진하기

안녕감(well-being)은 정의하기 어려운 모호한 용어이다. 안녕감에 수반되는 모든 것을 완전히 이해하기는 어렵지만, 모두가 안녕감을 증진하기 위한 시대적 흐름에 편승하고 있는 것 같다. 안녕감은 대중의 의식 속에 빠르게 스며들고 있다.

Holmes(2005)는 교사를 위한 안녕감의 정의를 다음과 같이 제시한다.

> 안녕감은 몸과 마음의 조화가 필요하다. 안녕감은 삶의 무수히 많은 차원에 대한 균형감과 편안함을 의미한다. 안녕감을 느낄 때 우리는 자극받거나 지루함을 덜 느끼며, 과도한 스트레스와 압박에 시달리지 않는다. 그리고 우리는 일, 그리고 심지어 삶에서 운명까지도 통제할 수 있다는 느낌을 갖게 된다(p. 6).

과거에는 현대 의학에서 인간의 정신과 신체의 연관성을 부정했지만, 점점 더 많은 연구가 정신이 신체적·정서적 안녕감에 얼마나 큰 영향을 미칠 수 있는지를 입증하고 있다. 이전 장에서 설명한 바와 같이 안녕감은 단순히 스트레스와 반대되는 개념이 아니라 훨씬 더 많은 것을 포함하고 있다.

안녕감의 범위는 모든 것을 포괄한다. 교실과 더 넓은 삶의 맥락에서 안녕감의 범위를 정의하기 위해 Holmes는 안녕감을 네 가지 범주로 나눈다.

- 신체적 안녕감
- 정서적 안녕감
- 정신적 및 지적 안녕감
- 안녕감의 영적인 차원

신체적 안녕감이 무엇을 포함하는지는 누구나 명확하게 알고 있지만, 정서적 안녕감은 정의하기가 더 어렵다. 다음 인용문은 정서적 안녕감 영역의 본질을 잘 보여 준다.

> 우리는 스스로를 비참하게 만들거나 스스로를 강하게 만든다. 일의 양은 똑같다.
> – Carlos Castaneda

정신적 및 지적 안녕감은 직업과 개인적인 면에서 더 성장하려는 마음가짐을 포함한다. 즉, 성장하려는 마음가짐은 자신이 하는 일에서 지적으로 행복감을 느끼기 위해 갖추어야 할 요소를 말한다. 그리고 그 핵심에는 평생 학습자라는 개념이 있다. 교사에게는 가르치는 일에 대한 열정을 유지하는 것을 의미한다.

영적 안녕감의 개념에서 **영**(spirit)이라는 용어는 특정 종교적 신념이나 지금 여기와 미래 사이의 어떤 영역과도 연결될 필요가 없다. 가장 중요한 것은 영적 안녕감이 각 개인에게 어떤 의미가 있는가이다. 영적 안녕감에 대해 글을 쓰는 사람들은 일반적으로 영적 안녕감을 물질적 세계를 넘어서는 경험으로 묘사한다. 또한 어떤 식으로든 더 온전하고 완전해지고자 하는 열망과 더 큰 선에 대한 감각을 수용하는 것과 연결되는 경향이 있다. 영에 대해 우리 삶을 관통하면서 삶의 목적과 의미를 부여하는 가닥으로 생각하는 것도 유용한 방법 중 하나일 수 있다.

1) 진정한 행복에서 안녕감과 번영까지

안녕감의 상태는 단순히 증상이나 장애가 없는 상태가 아니다. 정신 건강과 정신 질환은 하나의 연속체의 양 끝단이 아니라 인간 기능의 개별적인 차원을 구성한다 (Keyes, 2005). 안녕감은 삶에서 쇠약해지지 않고 번영하려는 마음의 상태다.

지난 10년 동안 Seligman은 연구를 통해 진정한 행복에 대한 자신의 기존 개념을 확장하고, 안녕감을 주창하게 되었다. Seligman은 이제 안녕감이라는 개념을 수용하여 이전에 사용하던 **진정한 행복**이라는 용어를 대체했다. 『플로리시: 행복과 안녕감에 대한 새로운 이해(Flourish: A Visionary New Understanding of Happiness and Well-Being)』라는 최신 저서에서 Seligman은 행복이 실재하는 것이지만, 안녕감은 구성 요소라고 설명한다(Seligman, 2011a). 안녕감에는 다섯 가지의 뚜렷하고 측정 가능한 요소가 있으며, 각 요소는 안녕감에 기여한다. 여기에는 진정한 행복을 구성하는 원래의 세 가지 요소와 두 가지 새로운 차원이 포함된다. 그는 이를 최신 버전의 긍정 심리학의 다섯 가지 기둥이라고 부르며, '성취감으로 채워지는 삶'을 영위하는 데 필요한 요소라고 말한다. 즉, 긍정적 정서를 누리고, 관심 있는 일과 사람에 몰입하고, 삶에 의미를 갖고, 업무 목표를 달성하고, 긍정적인 관계를 유지하는 것이 번영하는 데 필요한 다섯 가지 요소인 것이다.

지난 20년간 긍정 심리학 분야의 연구는 긍정적인 감정, 사고 및 행동을 만들어 내는 것을 목표로 하는 의도적인 개입을 통해 긍정적인 강점을 구축함으로써 안녕감을 증진하고자 한다. 지난 20년간 행복의 차원을 연구한 연구자들은 우리가 세상을 어떻게 바라보는지가 그 핵심이라는 사실을 발견했다. 연구에 따르면 기본적인 욕구가 충족될 때는 소득이 증가해도 행복감이 크게 높아지지 않는다는 사실이 일관되게 밝혀졌다(Brooks, 2008).

우리 대부분은 행복에 대해 유전적으로 결정된 고정된 기준점, 즉 '기분 좋은(feel-good)' 유전자를 가지고 있거나 가지고 있지 않다는 가정하에 행동한다. 사실 이는 절반만 맞는 말이다. 행복과 낙관성에 대한 우리의 성향 중 약 50%는 유전적 요인에 의해 결정된다(Lyubomirsky, 2007). 그리고 나머지 50%는 전적으로 후천적이다. 대략 40%는 태도와 행동의 영향을 받고, 나머지 10%는 환경의 영향을 받는다. 즉, 행복지수의 거의 절반은 우리가 생각하고 행동하는 방식에 달려 있기에 우리는 우리의 감정과 행동에 영향을 끼치는 힘을 갖는다는 것이다. 이처럼 행복에 관한 개인차는 우리가 무엇을 하느냐에 따라 결정되는 만큼, 의도적인 노력을 기울이면 행복을 유지할 수 있고 더 행복해질 수 있다(Lyubomirsky, Sheldon, & Schkade, 2005; Sheldon & Lyubomirsky, 2004).

Lyubomirsky(2011)에 따르면 사랑과 승리의 기쁨과 상실과 굴욕의 슬픔은 시간이 지남에 따라 사라진다. 시간이 지남에 따라 사람들이 긍정적이거나 부정적인 사건에 익숙해져 그 감정적 효과가 약해지는 과정을 심리학 문헌에서는 **쾌락적 적응**(hedonic adaptation)이라고 한다(Frederick & Loewenstein, 1999). 연구에 따르면, 부정적인 경험보다 긍정적인 경험에 대한 적응이 더 빠르다. 즉, 긍정적 감정과 부정적 감정 모두 지속되지는 않지만, 긍정적 감정이 더 빨리 사라지는 것이다. 따라서 일상적인 부정적 사건의 영향은 긍정적 사건의 영향보다 더 강력하고 오래 지속된다(Lawton, DeVoe, & Parmelee, 1995; Nezlek & Gable, 2001; Sheldon, Ryan, & Reis, 1996).

'나쁜 것이 좋은 것보다 강하다(bad is stronger than good).'는 현상을 설명할 수 있는 연구 중 하나는 성장하고 있는 개인, 부부, 집단을 구분하는 긍정성(좋은 것 대 나쁜 것)의 비율이다. 이러한 비율은 일반적으로 3 : 1에서 5 : 1까지 다양하다(Fredrickson, 2009; Fredrickson & Losada, 2005). Fredrickson은 자신의 저서 『긍정성: 당신의 삶을 바꾸는

3:1 비율에 관한 최고 수준의 연구(Positivity: Top-Notch Research Reveals the 3 to 1 Ratio That Will Change Your Life)』에서 이 비율을 뒷받침하는 설득력 있는 데이터를 제시하고 있다. Fredrickson에 따르면, 3:1 비율 이하의 긍정성은 부정성이라는 더 큰 힘에 압도될 수 있지만, 3:1 비율 이상에서는 긍정성이 부정성을 극복할 수 있는 충분한 힘을 얻게 된다고 한다.

교실에서는 학생들에게 긍정적인 코멘트와 부정적인 코멘트의 비율이 최소 5:1이 되도록 하는 것이 오랫동안 권장됐다. 예를 들어, 행복한 부부는 서로에게 긍정적인 언어적·정서적 표현을 할 때 약 5:1의 비율을 보이는 반면, 매우 불행한 부부는 1:1 미만의 비율을 보인다(Gottman, 1994). 마찬가지로 수익성이 높고 생산적인 비즈니스 집단과 수익성이 낮고 생산성이 낮은 비즈니스 집단의 언어적 표현도 5:1의 동일한 최적 비율로 특징지어진다(Losada, 1999). 이러한 연구 결과는 한 번의 부정적인 감정, 코멘트 또는 사건의 영향이 세 번 이상의 긍정적인 감정, 코멘트 또는 사건의 영향과 일치하거나 긍정적 효과를 취소할 수 있음을 시사하는 것으로 보인다.

Wilson과 Gilbert(2008)는 사람들이 사건을 접하고 반응하며, 설명하고 궁극적으로 적응하는 순차적인 과정에 참여한다고 제안한다. 그리고 이들은 적응을 세 가지 과정으로 나눈다.

첫째, 사람들은 긍정적인 사건보다는 부정적인 사건에 더 관심을 기울인다.

둘째, 사람들은 긍정적인 사건에 대한 감정적 반응이 더 약하다.

셋째, 부정적인 사건보다 긍정적인 사건을 설명하거나 이해하는 것이 덜 어렵고 시간도 덜 소요된다.

다시 말해, 긍정적 정동(positive affect)은 개인에게 일이 잘 진행되고 있으며 환경과 계속 관계를 맺을 수 있다는 신호를 보낸다. 반면 부정적 정동(negative affect)은 사람들이 대응해야 하는 환경(예: 공격, 도주, 자원 절약)에서 잠재적인 위험이나 불쾌감을 경고한다. 생존은 긍정적인 경험의 기회를 포기하는 것보다 잠재적 위험에 즉각적인 주의를 기울이는 것에 훨씬 더 의존하기 때문에 '나쁜 것이 좋은 것보다 강하다.'는 것이 더 적응력이 높다(Baumeiser, Bratslavsky, Finkenauer, & Vohs, 2001).

삶의 유리한 변화와 불리한 변화에 대응하여 상황 변화에 적응하는 법을 배우는 것은 행복과 안녕감을 유지하는 데 필수적이다. 이 과정에는 부정적인 영역에서 대처를 촉진하고 긍정적인 영역에서 행복과 안녕감을 향상하는 것이 모두 포함된다. 안녕감을 유지하기 위해서 일이 잘 풀리지 않을 때는 적응을 활성화하거나 촉진하고, 일이 잘 풀릴 때는 적응 속도를 늦춰야 한다.

부정적인 감정에 쉽게 대처할 수 있는 한 가지 방법은 표현적인 글쓰기를 이용하는 것이다. 트라우마, 스트레스 요인, 상처받은 감정에 대해 글쓰기를 함으로써 체계적으로 분석하고 받아들이는 것의 가치를 입증하는 연구 결과가 많다(Lyubomirsky, Sousa, & Dickerhoof, 2006; Pennebaker, 1997). Pennebaker는 글쓰기를 통해 감정을 드러내는 것이 정신적·육체적 건강을 어떻게 증진할 수 있는지를 보여 주는 수많은 연구를 수행했다(Pennebaker, 1993, 1997; Pennebaker & Chung, 2007). 글쓰기는 본질적으로 생각을 정리하고 통합하며, 무엇이 원인인지 성찰하고, 자신에 대한 일관된 내러티브를 만들며, 체계적이고 단계적인 해결책을 고려하게 하는 구조화된 과정이다(Pennebaker, Mayne, & Francis, 1997; Pennebaker & Seagal, 1999).

글쓰기는 부정적인 경험을 이해하고, 그 안에서 의미를 찾으며, 극복하도록 도와줌으로써 부정적인 경험에 대한 침습적인 사고를 경험하는 빈도와 강도를 줄일 수 있으므로 효과적인 전략이다. 일부 연구에 따르면 남성은 스트레스가 많은 사건에 관한 생각을 글로 표현함으로써 여성보다 더 많은 이점을 얻을 수 있다고 한다(Smyth, 1998). 이는 남성이 일반적인 소셜 네트워크에서 감정 표현에 참여할 기회가 여성과 같지 않기 때문일 수 있다.

2) 긍정적인 감정을 향상하는 것이 중요한 이유

최근까지 스트레스를 줄이기 위한 대부분의 연구는 적대감, 분노, 절망, 죄책감 등 스트레스 관련 감정의 해로운 영향을 조절하는 '부정적 정동 경로(negative affect pathway)'에 초점을 맞추었다. 최근 연구에서는 스트레스를 받는 동안 안녕감을 보호하고 회복하며 유지하는 데 도움이 되는 '긍정적 정동 경로(positive affect pathway)'를 통합하고 있다. 그리고 긍정적 정동을 유지하는 것이 건강에 도움이 된다는 연구 결과가 축적되고 있다(Lyubomirsky, 2011; Moscowitz, 2011; Tugade, 2011의 리뷰 참조).

긍정적인 감정 상태를 유지하기 위한 전략의 중요한 점은 이러한 전략이 즉각적인 스트레스 요인이 아니라 과거, 현재, 또는 예상되는 개인의 삶에서의 긍정적인 사건이나 조건에 초점을 맞추는 경우가 많다는 것이다. 긍정적인 사건과 감정은 부정적인 사건과 함께 발생할 수 있으며, 긍정적인 감정은 계속 진행 중인 스트레스에 대처하려는 노력을 지속하는 데 도움이 될 수 있다.

Fredrickson(2001)은 긍정적인 감정에 대한 사람들의 일상적인 경험이 시간이 지남에 따라 복합적으로 작용하여 지속적인 개인 자원을 구축한다고 주장하는 '확장 및 구축(broden and build)' 이론을 제시했다. 여기서 자원은 인지적, 심리적, 사회적 또는 신체적일 수 있다. 긍정적인 감정은 행동에 대한 보다 광범위한 선택지를 만들어 낸다(Fredrickson & Branigan, 2005). 반면에 부정적인 감정 상태는 편협하고 고정된 사고 및 행동과 관련이 있다.

긍정적인 감정의 확장 기능은 필요할 때 활용할 수 있는 스트레스 대처 전략의 레퍼토리를 개발하는 데 유용하다. 예를 들어, 감사의 경험은 사회적 관계에 대한 인식을 높인다. 감사함을 느낄 때, 우리는 사람들이 우리 삶에서 얼마나 중요한지 여러 가지 방식으로 생각하게 되는 것이다. 이론에 따르면, 감사와 같은 긍정적인 감정의 결과물은 보다 확장된 사고와 폭넓은 행동으로 이어져서 스트레스 대처 자원을 포함한 개인의 자원을 구축하는 데 도움이 된다.

따라서 의도적으로 긍정적인 감정을 키우고 '평범한' 일상에 감사하는 마음을 가지면 스트레스에 대처하는 데 도움이 된다. 긍정적인 감정은 스트레스를 받고 있을 때도 삶을 지속하고 앞으로 나아가는 데 필요한 심리적인 도움을 제공할 수 있다. 긍정적인 감정은 부정적인 감정에 대해서 지속해서 '취소 효과(undoing effect)'를 줄 수 있다.

우리 모두 경험했듯이 바다 냄새나 따뜻한 차 한 잔의 온기는 마음을 진정시키고 만족감을 불러일으킬 수 있다. 스트레스를 받을 때 이러한 감각적 경험은 의식하지 못하는 상황에서도 스트레스 대처에 도움이 되는 긍정적인 감정을 활성화할 수 있다. 자동 지각 과정을 통한 감각적 경험은 스트레스 에피소드가 완전히 궤도에 오르기 전에 긍정적인 상태를 활성화하여 그 궤도를 방해할 수 있다(Tugade, 2011). 이러한 현상은

'장미꽃 냄새를 맡으라(smell the roses).'[1]라는 사회적 통념의 근거가 되는 것이다.

연구에 따르면 긍정적인 감정을 촉진하는 전략은 단기적으로 스트레스에 대처하는 데 도움이 될 뿐만 아니라 장기적으로도 도움이 될 수 있다고 한다. 각 개인은 스트레스 상황에 대처하는 동안 처음에는 긍정적인 감정을 전략적으로 사용하며, 고통을 조절하기 위해 적극적으로 긍정적인 감정을 만들어 낼 수 있다. 이러한 전략이 시간이 지남에 따라 반복되면, 의식적인 전략이 자동적으로 이루어질 수 있다(Bargh & Chartrand, 1999). 긍정적인 감정을 사용하여 대처하는 것은 어떤 기술을 습득하는 것에 비유할 수 있다. 반복적인 연습을 통해 기술은 자동적으로 습득되어 최소한의 주의나 인지적 노력만 필요로 한다. 다시 말해, 긍정적인 감정을 자주 표현하는 것은 실제로 조금씩 자기 모습을 변화시킬 수 있는 방식으로 관점을 넓힐 수 있다.

연구에 따르면 긍정적인 감정은 부정적인 경험에서 회복하는 과정에서 더 도움이 되는 것으로 나타났다(Fredrickson, 2001; Fredrickson & Cohn, 2008). 역경을 마주쳤을 때 간략하거나 사소한 긍정적인 감정, 생각, 사건이라도 스트레스 경험에서 회복하는 데 도움을 주어 탄력성을 향상할 수 있다(Keltner & Bonnano, 1997; Ong, Bergeman, Bisconti, & Wallace, 2006).

교사를 대상으로 한 연구는 제한적이지만, 긍정적인 감정 상태의 이점을 보여 주는 몇 가지 증거가 있다. 최근 연구에 따르면 교실에서 긍정적인 감정을 경험하는 교사가 감정 조절에 더 능숙하다는 사실이 밝혀졌다(Brackett, Palomera, Mojsa-Kaja, Reyes, & Salovey, 2010). 마찬가지로 열정, 흥분과 같은 즐거운 감정을 경험하고 삶의 사건에 희망적이고 고무적인 방식으로 반응하는, 일반적인 경향으로 정의되는 **긍정적 정동성**(positive affectivity)이 높은 교사는 심리적 소진 수준이 낮다(Carson et al., 2011; Kahn et al., 2006). 연구 결과에 따르면 교실에서 의식적으로 긍정적인 감정 상태를 불러일으키는 능력은 심리적 소진과 부적인 상관관계가 있는 것으로 나타났다(Barber et al., 2011; Carson et al., 2011; Näring et al., 2006; Tsouloupas et al., 2010).

---

1) 역자 주: 장미꽃 냄새를 맡으라는 것은 잠시 진정하고 즐길 수 있는 순간을 즐기라는 의미이다.

3) 긍정적인 감정을 향상하기 위한 연습

일반적인 전략으로, 긍정적인 감정 경험을 위해 분명한 실천 방법을 통해 정상적인 적응 기간을 좀 더 적극적으로 연장하려는 노력이 있다. 이러한 연습의 예는 감사하는 마음을 기르는 것과 즐거운 순간을 의도적으로 즐기는 것과 같은 '감사에 주의 기울이기'가 있다. 친절, 용서, 천천히 회상하기, 긍정적인 재평가, 요가 및 명상과 같은 명상 수련 등 긍정적인 감정 상태를 증진하기 위한 수단으로서 이러한 연습과 다른 연습에 관한 연구 기반이 급속도로 확대되고 있다.

효과적인 전략과 연습은 스트레스와 트라우마에 직면했을 때 안녕감을 유지하기 위한 새로운 사고와 행동 방식을 심어 줄 수 있으며, 스트레스와 트라우마가 없을 때는 지속적인 안녕감의 성장을 가져올 수 있다. 현재 축적되고 있는 많은 전략에는 세 가지 공통점이 있다(Fredrickson & Levenson, 1998; Fredrickson, Mancuso, Branigan, & Tugade, 2000).

① 경험의 부정적인 측면을 피하고 긍정적인 측면에 주의를 집중한다.
② 긍정적인 경험, 즉 다양하고 참신한 경험을 생생하게 유지한다.
③ 부정적인 상태를 막는 데 도움이 되는 긍정적인 정서, 생각, 사건의 흐름을 만들어 내거나 유지한다.

참신함의 효과에 대한 한 예로, 매주 새로운 친절 행위를 한 사람들은 매주 비슷한 친절 행위를 한 사람들보다 10주간의 개입 기간과 그 후 4주 동안 행복지수가 상승하는 양상을 보인 것으로 나타났다(Boehm, Lyubomirsky, & Sheldon, 2008).

앞서 설명한 바와 같이 자신의 스트레스 경험을 체계적으로 분석하고 이해하려고 노력하는 것이 중요하다는 연구 결과가 있는 반면, 긍정적인 사건의 영역에서는 그 반대의 방법이 적용될 수 있다. Wilson과 Gilbert(2005, 2008)는 긍정적인 경험을 이해하려고 시도하는 것은 이러한 경험을 새롭고 특별한 것에서 예측 가능하고 평범한 것으로 바꾸기 때문에 오히려 긍정적인 경험을 즐기는 데 방해가 될 가능성이 있다고 제안한다. 이는 성공과 뜻밖의 행운에 대해 너무 많이 생각하거나 이해하려고 하지 말아야 한다는 것을 의미한다. 다시 말해서 긍정적인 경험을 설명하려고 하지 말고 즐겨야 한다는 뜻이다.

최근 긍정적인 감정 상태의 결과에 관한 51개 개입의 효과에 대한 메타 연구에 따르면, 여러 개입은 긍정적 정동, 희망, 삶의 만족도, 행복감 등 안녕감을 크게 증가시키고 우울증을 감소시킨 것으로 나타났다(Sin & Lyubomirsky, 2009). 또한 낙관적 사고 연습, 긍정적인 경험 되새기기, 감사 편지 쓰기, 사교 활동 등 다양한 전략이 비임상 집단에서 행복지수를 높이는 것으로 나타났다(Fordyce, 1983; Lyubomirsky, Dickerhoof, Boehm, & Sheldon, 2011; Ruini, Belaise, Brombin, Caffo, & Fava, 2006). 그리고 성격의 강점을 키우고 긍정적인 감정을 가꾸는 것은 이전에 우울증을 겪었던 사람들의 재발을 예방하는 데 특히 효과적이다(Seligman, Rashid, & Parks, 2006).

긍정적인 감정과 행복은 수많은 성공적인 삶의 결과와 관련이 있으며 이를 촉진한다(Lyubomirsky, King, & Diener, 2005; Snyder & Lopez, 2006). 여기에는 다음이 포함된다.

- 우수한 신체적 · 정신적 건강
- 창의력 및 생산성 향상
- 업무에서의 성공
- 더 높은 소득
- 더 친사회적인 행동
- 대인관계 강화

Lyubomirsky와 다른 연구자들은 다양한 연구를 통해 행복을 증진하고 낙관성을 성장시키는 특정 행동에 초점을 맞췄다. Lyubomirsky(2007)의 저서 『행복의 방법: 당신이 원하는 삶을 위한 과학적 접근(The How of Happiness: A Scientific Approach to Getting the Life You Want)』에서 행복으로 이끄는 몇 가지 연구 기반 전략을 다음과 같이 제시한다.

- **축복을 헤아려 보기**

  내 삶의 축복을 적어 보면 자기 삶에 생각보다 좋은 점이 많다는 것을 깨닫는 데 도움이 된다.

- **다시 보기**

  어떤 상황의 밝은 면을 찾기 위해 다시 한번 살펴본다.

- **마음 졸이지 말기**

  문제에 집착하거나 다른 사람과 자신을 불리하게 비교하는 것은 자신을 비참하게 만들 뿐이다.

- **길 잃어버리기**

  무언가에 몰두해서 시간 가는 줄 모르게 되는 것은 뇌가 재충전할 수 있는 기회이다.

- **언제였는지 떠올리기**

  행복하다고 느꼈던 때를 떠올린다. 그 기억은 일상의 행동에 기쁨을 불어넣을 수 있다.

- **오랫동안 미뤄 둔 목표 추구하기**

  사진을 좋아하지만 늘 수강하기로 계획한 사진 수업을 미루고만 있을 수도 있다.

- **침착하게 대처하기**

  걷기 또는 친구와의 대화 등 건강하고 차분한 방법으로 스트레스를 관리한다.

- **용서하기**

  자신에게 상처를 준 사람들에 대한 분노와 원한을 버린다.

♣ **개인 연습: 세 가지 좋은 일 인정하기**

〈활동 안내〉

매일 저녁, 그날 있었던 좋은 일 세 가지를 적는다. 그리고 각각의 좋은 일이 왜 일어났다고 생각하는지에 대한 인과적 설명을 덧붙인다.

대부분 사람은 부정적인 사건과 감정에만 집중하고 긍정적인 사건과 감정은 무시하는 경향이 있다. 이러한 경향에 대응하기 위해서는 삶의 긍정적인 측면으로 주의를 돌리기 위한 전략을 적극적으로 실행하는 것이 좋다. 예를 들어, 매일 밤 집중력을 발휘하여 하루에 일어난 일들을 훑어보고 무엇이 잘 되었는지를 생각하거나, 일반적인 'to do' 목록 대신 'I did it' 목록을 작성하는 것이다(Kauffman, 2006).

이와 유사하게 Seligman과 동료들은 일주일 동안 매일 밤 하루에 있었던 긍정적인 사건을 강조하는 연습을 한 결과, 효과가 있었다는 사실을 발견했다. 세 가지 좋은 일을 인정하는 개인 연습을 완료한 사람들은 6개월 후에도 대조군보다 훨씬 더 행복하고 우울감이 덜한 것으로 나타났다.

♣ **개인 연습: 중요한 것과 일치시키기**

〈활동 안내〉

• 1단계
  a) 자신이 맡은 모든 역할에 대해 생각해 본다.
  b) 이를 목록으로 작성한다. 10개까지 적어 본다.
• 2단계: 이제 다음 질문을 생각해 보라.
  a) 나에게 중요한 역할임에도 최근에 내가 소홀히 하는 역할이 있는가?
  b) 내가 정말 좋아하는 일을 최근에 한 적이 있는가?
  c) 내가 깊이 신경 쓰는 일과 관련된 일을 지난 한 달 내에 한 적이 있는가?
• 3단계: 앞으로 며칠간 위의 질문 중 하나와 관련된 무언가를 해 본다.

• 4단계: 적어도 한 달에 한 번씩 이 질문들을 다시 살펴본다.

여러 연구에 따르면, 긍정적인 정서를 높이는 실천을 위해 높은 수준의 노력을 기울이고 개입이 끝난 후에도 지속해서 이를 실천하면, 우울증뿐만 아니라 안녕감도 더 크게 개선되는 것으로 나타났다(Lyubomirsky et al., 2011; Seligman et al., 2005). 또한 긍정적인 정서를 향상하는 한 가지 활동에 참여하는 것보다 여러 가지 개입 활동을 수행하는 '샷건(shotgun)' 접근 방식이 더 효과적일 수 있는 것으로 보인다(Sin & Lyubomirsky, 2009; Seligman et al., 2005). 즉, 샷건처럼 여러 가지 다양한 긍정적 전략을 시도하는 것이 가장 큰 효과를 볼 수 있다. 따라서 이를 염두에 두고 자기 삶에서 맡은 모든 역할에 대해 생각해 보는 개인 연습을 해 보라. 예를 들어, 당신은 어머니, 딸, 자매, 아내, 친구, 교사, 학생, 상담사, 멘토, 자원봉사자 등 다양한 역할을 맡고 있을 수 있다.

4) 감사 표현하기

Angeles Arrien(2011)은 최근 저서인 『감사하는 삶(Living in Gratitude)』에서 감사란 적극적으로 노력하거나 추구하지 않았는데도 자신에게 찾아온 긍정적인 일들에 대한 인정이라고 정의한다. 감사는 감사하고 고마워하는 감정이다. 감사는 다른 사람, 자연 또는 신을 향해 표현될 수 있다. 감사한 일을 의도적으로 기록하는 것과 행복감 증가 사이의 연관성은 연구에 의해 지지되고 있다(Arrien, 2011; Emmons, 2007; Fredrickson, 2006; Lyubomirsky, Sheldon, & Schkade, 2005). 연구에 따르면 감사 일기를 쓰는 것은 통제 조건에 비해 긍정적인 정서가 더 높고, 부정적인 정서는 더 낮으며, 신체적 증상은 더 적고, 수면의 질은 더 좋으며, 삶에 대한 만족도가 더 높은 것으로 나타났다(Emmons & McCullough, 2003). 또한 감사는 외상 후 스트레스 장애를 앓고 있는 참전 용사들에게 일상적으로 더 큰 긍정적 영향을 미칠 것으로 예상된다(Kashdan, Uswatte, & Julian, 2006).

Seligman과 동료들은 411명의 참가자를 대상으로 한 온라인 연구에서 '감사 방문(gratitude visit)'을 실시하면 긍정적인 결과가 도출된다는 사실을 발견했다. 참가자들은 감사 편지를 쓴 다음 이를 감사한 대상에게 전달했다. 이는 개인적으로 실천할 수 있는 연습이다.

이러한 감사 방문 연습은 처음에 조사된 다섯 가지 연습 중 가장 긍정적인 변화를 가져왔으며, 참가자들은 훨씬 더 행복해지고 우울감이 감소했다고 보고했다. 이러한 변화는 한 달 동안 지속되었지만, 6개월 뒤 후속 조사에서는 지속되지 않았다. 이 결과에 대한 한 가지 해석은 명시적인 감사 표현의 강력한 영향력이 한 달이 지나면 사라진다는 것이다. 그 효과를 지속하려면 적어도 한 달에 한 번씩은 이와 유사한 감사 표현을 해야 할 것이다.

♣ 개인 연습: 감사 방문하기

〈활동 안내〉

나에게 특별히 친절했지만, 그동안 한 번도 감사를 표현하지 않았던 사람에게 편지를 써서 그 사람의 행동이나 말에 감사하는 이유를 설명한다. 그리고 그 사람에게 편지를 전달한다.

연구자들은 중학교 시기가 많은 학생에게 스트레스가 심한 과도기라는 점을 감안하여 감사에 관한 개입을 검증했다(Froh, Sefick, & Emmons, 2008). 연구자들은 학급을 무작위로 배정하여 감사 목록을 작성하거나, 귀찮은 일 목록을 작성하거나, 아무런 개입도 하지 않았다. 감사 및 귀찮은 일 그룹에 속한 학생들은 2주 동안 매일 활동을 나열했다. 그 결과 감사 목록을 작성한 학생들은 다른 두 그룹에 비해 감사와 학교 만족도가 유의미하게 높았으며, 귀찮은 일 목록을 작성한 학생들에 비해 부정적 정동이 유의미하게 낮은 것으로 나타났다.

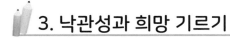

3. 낙관성과 희망 기르기

많은 연구에서 낙관적인 관점을 유지하는 것에 다양한 이점이 있음을 지지하고 있다(Fredrickson, 2009; Seligman, 2006). 낙관적인 사람은 더 건강하고, 더 성공적이며, 사회적으로 더 참여하고, 더 오래 산다고 한다(Seligman et al., 2005). 낙관주의자가 되면 분명한 이점이 있다. 낙관주의자는 돈을 더 많이 벌고, 더 많이 저축하는 경향이 있으며, 더 건강한 라이프 스타일을 가지고 있다(Seligman, 2006).

Buchanan과 Seligman(1995)은 설문지 데이터와 말하기 및 쓰기의 내용을 분석하여 '설명양식(explanatory style)'을 낙관적이거나 비관적인 것으로 평가했다. 연구자들은 포기하지 않는 사람들이 좌절을 일시적인 것으로 해석한다는 사실을 발견했다(예: "이건 영원히 지속되지 않을 거야."). 따라서 낙관주의자는 좌절을 빠르게 회복한다. 낙관성은 무력감의 정반대이다. Seligman은 낙관성이 개인의 통제력을 확장하는 주요 경로라고 믿는다.

낙관주의자는 행동을 취하는 반면, 비관주의자는 포기한다. 결과적으로 비관주의자는 스트레스에 더 잘 대처하는 낙관주의자보다 더 많은 스트레스를 받는다. 낙관주의자는 자기 행동이 중요하다고 믿는다. 반면 비관주의자는 무력감을 느끼고 자신이 하는 일은 전혀 중요하지 않다고 생각한다. 낙관주의자는 무언가를 하려고 노력하지만, 비관주의자는 소극적인 태도로 일관한다. 다음의 문장은 낙관주의자와 비관주의자의 차이점을 잘 보여 준다.

> 낙관주의자는 자신의 꿈이 이루어지기를 기대하지만, 비관주의자는 자신의 악몽이 이루어지기를 기대한다.
>
> – Herman Hesse

낙관주의자는 자신을 더 잘 돌보고 의학적 조언에 따라 행동한다. 낙관성과 심장병에 관한 연구에 따르면 낙관성은 심혈관 질환 예방과 밀접한 관련이 있는 것으로 나타났다(Giltay, Geleijnse, Zitman, Hoekstra, & Schouten, 2004; Kubzansky, Sparrow, Vokonas,

& Kawachi, 2001; Tindle et al., 2009). 이는 비만, 흡연, 과도한 음주, 고지혈, 고혈압과 같은 전통적인 위험 요인을 모두 고려하여 보정한 경우에도 마찬가지이다(Seligman, 2011a). 심장병 환자를 연구하는 연구자들은 낙관주의자가 비타민을 섭취하고, 저지방 식단을 섭취하며, 운동할 가능성이 더 크므로 심장 질환에 대한 전반적인 위험이 줄어든다고 보고한다.

낙관적인 사람은 어려움에 직면했을 때도 탄력적인 자기 효능감을 유지할 수 있는 능력이 있다. 결과를 달성할 수 있다고 믿는 교사는 그 결과를 여전히 달성할 수 있다고 확신하기 때문에 부정적인 경험에 성공적으로 대응할 수 있다(Usher & Pajares, 2008). 반대로 자신의 교육역량을 상대적으로 덜 낙관적으로 평가하는 교사는 성공 확률이 낮다고 생각한다. 그리고 이러한 믿음을 가진 교사는 좌절과 낙담의 희생양이 되기 쉬우며, 자신의 능력 범위 내에 있을 수 있는 도전을 포기하게 된다.

1) 낙관성과 스트레스

Seligman(2011b)은 사람들이 극심한 스트레스와 역경에 반응하는 방식은 정상 분포의 형태를 보인다고 주장한다. 한쪽 끝에는 외상 후 스트레스 장애(Post-Traumatic Stress Disorder: PTSD), 우울증에 빠지고 심지어 자살하는 사람들이 있다. 이들은 슬픔에서 우울증과 미래에 대한 무력한 두려움에 빠지기도 한다. 정상 분포의 가운데에 있는 대부분 사람은 처음에는 우울과 불안 증상을 보이다가 한 달 정도 지나면 스트레스를 받기 전의 상태로 돌아간다. 즉, 이들은 탄력성이 있는 사람들이다.

다른 한편으로는 외상 후 성장(Post-Traumatic Grwoth: PTG)을 보이는 약 1/3의 사람들이 있는데, 최근에는 스트레스 관련 성장(Stress-Related Growth: SRG)이라고도 한다. 이들도 처음에는 우울과 불안을 경험하지만, 1년 이내에 트라우마 이전보다 나아진다. 이들은 짧은 기간의 불쾌감을 겪고 나면 다시 회복하고 그 경험으로 인해 성장한다. 연구에 따르면 낙관적인 사람들은 스트레스 관련 성장을 경험할 가능성이 더 크다고 한다(Affleck & Tennen, 1996; Bellizzi, 2004; Tedeschi & Calhoun, 2004; Updegraff & Marshall, 2005).

연구에 따르면 포기하지 않는 사람들의 두드러진 점은 낙관성이다. 낙관주의자들은 좌절을 일시적이고 부분적이며, 변화 가능한 것으로 해석한다(예: "이 또한 지나갈 거야. 상황일 뿐이야. 이 상황을 바꾸기 위해 뭔가 할 수 있어."). 30년간의 연구 끝에 Seligman과 동료들은 실패 후 성장할 사람과 무너질 사람을 구별하는 방법뿐만 아니라 가장 어려운 경험을 개인적 성장의 기폭제로 바꾸는 데 필요한 일련의 기술을 구축하는 방법도 배웠다.

Seligman의 연구에 따르면 탄력성은 가르칠 수 있으며, 사람들에게 낙관주의자처럼 생각하도록 가르치면 탄력성을 배울 수 있다고 한다. 그는 탄력성과 성장의 구성 요소인 기술을 가리키는 용어로 *PERMA*라는 용어를 만들었다. 이는 긍정적인 정서(positive emotion), 몰입(engagement), 관계(relationships), 삶의 의미(meaning), 성취(accomplishment)를 의미한다. 이는 앞서 긍정 심리학의 새로운 다섯 가지 기둥과 인생에서 번창하는 데 필요한 요소로 논의된 것과 동일한 요소이다(Seligman, 2011a).

2) 변화의 기폭제로서 트라우마와 심리적 소진

극심한 스트레스를 받은 후에는 심리적 변화 또는 변형이 자주 발생한다. 트라우마와 혼란이 심리적 변화를 유발할 수 있는 이유에 대한 잠재적 해답으로 Taylor(2012)는 스트레스나 불안이 장기간 지속되고 충분히 높은 강도로 쌓이면 '심리적 애착을 해체'하는 효과가 있다고 설명한다.

정상적인 상황에서 우리 대부분은 미래에 대한 희망과 야망, 삶과 세상에 대한 신념과 생각, 지위, 외모, 성취감 등을 포함하는 자신에 대한 이미지에 심리적 애착을 갖는다. 이러한 것들은 우리의 자기 감각에 영향을 미친다. 또한 소유물과 직업, 역할(예: 부모, 아내, 교사)과 같은 보다 가시적인 애착도 있다. 이와 같은 애착은 자기 이미지의 심리적 구성에 영향을 미치며, 정체감을 지지하고 안녕감과 안정감을 제공한다. 애착은 '자기(self)'라는 감각의 구성 요소이다. 우리는 희망, 신념, 지위, 직업, 소유물, 타인의 인정이 있기 때문에 '누군가(someone)'처럼 느낀다.

중요한 점은 트라우마나 스트레스가 심한 상태에서는 이러한 심리적 애착이나 적어도 그중 일부가 해체된다는 것이다. 이에 따라 행복을 유지하기 위해 의존하던 구조가 사라지고 정체성을 지탱하는 '비계(scaffolding)'가 무너진다. 결국 절망이나 우울증을 겪게 되는 것은 바로 이 때문이다. 희망과 신념은 환상처럼 보이고, 소유물과 사회적 지위도 사라진다. 그 결과, 마치 자신의 정체성이 파괴된 것처럼 벌거벗은 느낌과 상실감을 느끼게 된다. 그러나 역설적이게도 바로 이 지점에서 그 사람은 이를 수용하게 되는 해방의 상태에 가까워지게 된다. 이것이 극심한 스트레스를 경험한 사람이 실제로 '새로운' 사람이 될 수 있는 이유에 대한 심리학적 설명이다.

이러한 변화는 종종 정체성에 영구적인 변화를 가져오며, 자기실현 또는 심지어 '깨달음'과 유사한 새로운 심리적 상태를 결정화한다. 새로운 심리적 상태는 잠재되어 있을 수 있지만, 정상적인 정신이 하나의 구조로 해체될 때 형성될 수 있다.

최근 연구에서 Taylor(2012)는 인생에서 극심한 혼란과 트라우마를 겪은 후 심리적 변화를 경험한 32명의 참가자를 인터뷰했다. 이들이 경험한 혼란의 유형에는 극심한 스트레스와 격변, 우울증, 사별, 심각한 질병, 장애 발생, 알코올 중독, 죽음에 대한 직면 등이 포함되었다. 이들 중 대다수는 영구적인 심리적 변화를 겪었다고 보고했다. 이러한 새로운 상태의 가장 일반적인 특징으로는 안녕감 증가, 지각력 강화, 유대감, 관계 개선, 덜 물질주의적이며 이타적인 태도, 인지 활동 감소, 죽음에 대한 두려움 감소 등이 있었다. 여기서 중요한 점은 교사의 심리적 소진이 이러한 변화의 잠재력을 가지고 있다는 것이다.

3) 교사의 심리적 소진과 희망

심리적 소진은 절망의 신호일 뿐만 아니라 희망의 신호가 될 수도 있다. 심리적 소진을 인식하고 주의를 기울이면 긍정적인 에너지가 될 수 있으며, 이는 행동을 중단하고 자신을 냉정하게 바라보며, 새로운 무언가로 변화할 때가 왔다는 것을 의미한다.

심리적 소진이 촉발할 수 있는 긍정적인 잠재력은 다음 코멘트에 적절하게 표현되어 있다(Pines, Aronson, & Kafiy, 1981).

심리적 소진은 다른 어려운 사건과 마찬가지로 매우 고통스럽고 괴로운 경험이 될 수 있지만, 적절히 대처하면 극복할 수 있을 뿐만 아니라 자기 인식이 향상되고 인간에 대한 이해가 풍부해지며, 중요한 삶의 변화와 성장 및 발달의 선구자가 될 수 있다. 따라서 심리적 소진을 경험하고 이를 극복한 사람들은 거의 항상 더 낫고 더 충만하며, 더 흥미진진한 삶의 공간에 놓이게 된다(p. 3).

Woods와 Carlyle(2002)은 스트레스에 시달린다고 임상적으로 진단된 중등 교사 집단을 대상으로 상세한 종단 인터뷰를 했다. 연구 결과 대부분 참가자에게서 눈에 띄는 자기 재생(self-renewal)의 변화가 발견되었다. 21명의 교사 중 13명은 어떤 식으로든 자기 능력이 향상되었다고 느꼈으며, 이들에게 자기 재생 과정은 힘을 주는 경험이었다. 그리고 자기 재생 과정의 여정은 참으로 감동적이었다. 이러한 교사들은 극단적이고 충격적인 감정을 경험했지만, 그 터널의 끝에는 빛이 있었던 것이다.

희망과 낙관성 사이에는 중요한 차이가 있다. 다음 문장은 그 차이를 적절하게 표현한다.

희망은 낙관성과 분명히 다르다. 희망은 어떤 일이 잘될 것이라는 확신이 아니라 어떤 일이 어떻게 되든 의미가 있다는 확신이다. 무엇보다도 희망은 절망적으로 보이는 상황에서도 살아갈 힘을 주고 새로운 일을 계속 시도할 수 있게 해 준다.

– Vaclav Havel

스트레스에 대처하는 과정은 새로운 역량과 기술을 개발하는 원동력이 될 수 있다. 스트레스가 발생하면, 기존의 업무 처리 방식이 부적절하거나 제한적이었던 것 때문은 아닌가 하는 의문이 생긴다. 스트레스로 인한 불확실성은 자기 행동을 더 철저히 관찰하고 검토하는 계기가 될 수 있다. 익숙하고 편안한 업무 처리 방식을 계속 유지한다면, 스트레스를 받는 상태가 지속될 뿐이다.

개인의 성장과 발전은 얻는 것뿐만 아니라 잃는 것을 통해서도 이루어진다. 나쁜 습관, 자기패배적인 신념, 자신에 대한 지나친 정의 또는 비관적인 세계관을 버리는 것은 스트레스에 대처하는 데 필요한 내적 자원을 개발하는 과정에 필요한 단계일 수 있다. 스트레스는 파괴적이고 뿌리 깊은 습관과 행동양식을 버리고 다른 선택을 할 수 있는 기회가 될 수 있다. 스트레스와 심리적 소진은 교사를 변화시킬 수 있는 잠재력을 가지고 있으며, 새로운 행동의 기폭제가 될 수 있는 것이다.

에필로그

이 책을 준비하는 데 들인 수년간의 노력과 여러 선행연구 결과에 따르면, 개인의 스트레스를 감소시키기 위한 최적의 프로그램은 다섯 가지 구성 요소를 포함해야 한다.

교사 스트레스 감소를 위한 다섯 가지 구성 요소

첫째, 심호흡, 활짝 웃는 표정, 성공하는 모습을 상상하기 등 즉각적인 스트레스 완화를 위한 다양한 방법을 준비하기

둘째, 긍정적인 마음 상태를 만들고, 유지하고, 회복하기 위한 매일의 의식을 개발하기

셋째, 명상, 요가, 태극권 등 생활 속 마음챙김 수행을 시작하고 유지하기

넷째, 자기패배적인 신념과 그에 수반되는 스트레스를 유발하는 자기 대화에 맞서고, 삶을 향상시키는 신념으로 대체하기

다섯째, 교실에서 학생들과의 관계를 발전시키고 유지하기 위해 성찰하고, 진술하게 행동하며, 세심한 주의를 기울이도록 노력하기

오늘 이 글을 통해 여러분이 행동에 나설 수 있는 영감을 얻었기를 바란다!

참고문헌

Abel, M. H., & Sewel, J. (1999). Stress and burnout in rural and urban secondary school teachers. *Journal of Educational Research, 92*(5), 287–293.

Adelmann, P. K. (1995). Emotional labor as a potential source of job stress. In S. L. Sauter & L. R. Murphy (Eds.), *Organizational risk factors for job stress* (pp. 371–381). Washington, DC: American Psychological Association.

Affleck, G., & Tennen, H. (1996). Construing benefits from adversity: Adaptational significance and depositional underpinnings. *Journal of Personality, 64,* 899–922.

Aidwin, C. M. (2007). *Stress, coping, and development: An integrative perspective* (2nd ed.). New York: Guilford Press.

Aidwin, C. M., & Gilmer, D. F. (2004). *Health, illness, and optimal aging: Biological and psychosocial perspectives.* Thousand Oaks, CA: Sage.

Aidwin, C. M., Sutton, K. J., Chiara, G., & Spiro, A., III. (1996). Age differences in stress, coping, and appraisal: Findings from the Normative Aging Study. *Journal of Gerontology: Psychological Sciences, 51B,* 179.

Aidwin, C. M., Sutton, K. J., & Lachman, M. (1996). The development of coping resources in adulthood. *Journal of Personality, 64*(4), 91–113.

Allen, T. D., Herst, D. E., Bruck, C. S., & Sutton, M. (2000). Consequences associated with work-to-family conflict: A review and agenda for future research. *Journal of Occupational Health Psychology, 5*(2), 278–308.

Alliance for Excellent Education. (2005). *Teacher attrition: A costly loss to the nation and to the states.* Washington, DC: Author.

American Psychological Association. (2012). *Stress in America: Our health at risk.* Washington, DC: American Psychological Association.

Anderson, M. (2010). *The well-balanced teacher: How to work smarter and stay sane inside the classroom and out.* Alexandria, VA: ASCD.

Argyris, C. (1964). *Integrating the individual and the organization.* New York: Wiley.

Arrien, A. (1993). *The four-fold way: Walking the paths of the warrior, teacher, healer, and visionary.*

San Francisco, CA: Harper Collins.

Arrien, A. (2011). *Living in gratitude: A journey that will change your life.* Boulder, CO: Sounds True.

Ashforth, B. E., & Humphrey, R. H. (1993). Emotional labor in service roles: The influence of identity. *Academy of Management Review, 75*(1), 88–115.

Aspinwall, L. G., & Taylor, S. E. (1997). A stitch in time: Self-regulation and proactive coping. *Psychological Bulletin, 727*(3), 417–436.

Avtgis, T. A., & Rancer, A. S. (2008). The relationship between trait verbal aggressiveness and teacher burnout syndrome in K–12 teachers. *Communication Research Reports, 25*(1), 86–89.

Azar, B. (1998). Split-second evaluations shape our moods, actions. *APA Monitor, 29*(9), 13–15.

Baer, R. A. (2003). Mindfulness training as a clinical intervention: A conceptual and empirical review. *Clinical Psychology: Science and Practice, 10*(2), 125–143.

Baer, R. A., Smith, G. T., Hopkins, J., Krietemeyer, J., & Toney, L. (2006). Using self-report assessment methods to explore facets of mindfulness. *Assessment, 13*, 27–45.

Baker, J. A. (2006). Contributions of teacher-child relationships to positive school adjustment during elementary school. *Journal of School Psychology, 44*(3), 211–229.

Baker, J. A., Grant, S., & Morlock, L. (2008). The teacher-student relationship as a developmental context for children with internalizing or externalizing behavior problems. *School Psychology Quarterly, 23*(1), 3–15.

Bakker, A. B., & Demerouti, E. (2007). The Job Demands-Resources model: State of the art. *Journal of Managerial Psychology, 22*, 309–328.

Bakker, A. B., Hakanen, J. J., Demerouti, E., & Xanthopoulou, D. (2007). Job resources boost work engagement, particularly when job demands are high. *Journal of Educational Psychology, 99*(2), 274–284.

Bakker, A. B., Van Emmerik, I. J. H., & Euwema, M. C. (2006). Crossover of burnout and engagement in work teams. *Work & Occupations, 33*, 464–489.

Bandura, A. (1997). *Self-efficacy: The exercise of control.* New York: W. H. Freeman.

Barber, L. K., Grawitch, M. J., Carson, R. L., & Tsouloupas, C. N. (2011). Costs and benefits of supportive versus disciplinary emotion regulation in teachers. *Stress and Health, 27*(3), 173–187.

Bargh, J. A., & Chartrand, T. L. (1999). The unbearable automaticity of being. *American Psychologist, 54*(7), 462–479.

Bas, G. (2011). Teacher student control ideology and burnout: Their correlation. *Australian Journal of*

Teacher Education, 36(4), 84-94.

Baumeister, R. F., Bratslavsky, E., Finkenauer, C., & Vohs, K. D. (2001). Bad is stronger than good. *Review of General Psychology, 5*(4), 323-370.

Beaman, R., & Wheldall, K. (2000). Teachers' use of approval and disapproval in the classroom. *Educational Psychology, 20*(4), 431-446.

Beatty, J. (2000). *The human brain: Essentials of behavioral neuroscience.* Thousand Oaks, CA: Sage.

Beauchemin, J., Hutchins, T. L., & Patterson, F. (2008). Mindfulness meditation may lessen anxiety, promote social skills, and improve academic performance among adolescents with learning disabilities. *Complementary Health Practices Review, 73*(1), 34-45.

Beck, A. (1976). *Cognitive therapy and the emotional disorders.* New York: International Universities Press.

Beck, A., Emery, G., & Greenberg, R. (2005). *Anxiety disorders and phobias.* New York: Basic Books.

Beddoe, A. E., & Murphy, S. O. (2004). Does mindfulness decrease stress and foster empathy among nursing students? *Journal of Nursing Education, 19,* 26-35.

Bellizzi, K. M. (2004). Expressions of generativity and posttraumatic growth in adult cancer survivors. *International Journal of Aging and Human Development, 58*(4), 267-287.

Benson, H. (1984). *Beyond the relaxation response.* New York: Time Books.

Benson, H. (1997). *The relaxation response.* New York: Harper Paperbacks.

Ben-Ze've, A. (2000). *The subtlety of emotions.* Cambridge: MIT.

Bernard, M. E. (1988). *Classroom discipline and the effective self-management of teacher stress.* S. E. T. materials for teachers. Melbourne: New Zealand/Australian Councils for Educational Research.

Bernard, M. E., & Joyce, M. R. (1984). *Rational-emotive therapy with children and adolescents.* New York: Wiley.

Bernstein, D. A., Borkovec, T. D., & Hazlett-Stevens, H. (2000). *New directions in progressive relaxation training: A guidebook for helping professionals.* New York: Praeger.

Bibou-Nakou, I., Stogiannidou, A., & Kiosseoglou, G. (1999). The relation between teacher burnout and teachers' attributions and practices regarding school behavior problems. *School Psychology International, 20*(2), 209-217.

Biegel, G. M., Brown, K. W., Shapiro, S. L., & Schubert, C. M. (2009). Mindfulness-based stress reduction for the treatment of adolescent psychiatric outpatients: A randomized clinical trial. *Journal of Consulting and Clinical Psychology, 77*(5), 855-866.

Billingsley, B. S. (1993). Teacher retention and attrition in special and general education: A critical review of literature. *Journal of Special Education, 27*(2), 137–174.

Bimie, K., Speca, M., & Carlson, L. E. (2010). Exploring self-compassion and empathy in the context of mindfulness-based stress reduction (MBSR). *Stress and Health, 26*(5), 359–372.

Black, D. S., Milam, J., & Sussman, S. (2009). Sitting-meditation interventions among youth: A review of treatment efficacy. *Pediatrics, 124*(3), 532–541.

Blackmore, J. (1998). The politics of gender and educational change: Managing gender or changing gender relations? In A. Hargreaves, A. Lieberman, M. Fullan, & D. Hopkins (Eds.), *International handbook of educational change* (Vol. 5, pp. 460–481). Dordrecht: Kluwer Academic Publishers.

Blase, J., & Kirby, P. (1991). *Bringing out the best in teachers: What effective principals do.* Newbury Park, CA: Corwin Press.

Bocchino, R. (1999). *Emotional literacy: To be a different kind of smart.* Thousand Oaks, CA: Corwin Press.

Boehm, J. K., Lyubomirsky, S., & Sheldon, K. M. (2008). *Spicing up kindness: The role of variety in the effects of practicing kindness on improvements in moods, happiness, and self-evaluations.* Manuscript in preparation.

Bondy, E., Ross, D. D., Gallingane, C., & Hambacher, E. (2007). Creating environments of success and resilience: Culturally responsive classroom management and more. *Urban Education, 42*(4), 326–338.

Bono, J. E., & Vey, M. A. (2005). Toward understanding emotional management at work: A quantitative review of emotional labor research. In C. E. Hartel, W. J. Zerbe, & N. M. Ashkanasy (Eds.), *Emotions in organizational behavior* (pp. 213–233). Mahwah, NJ: Lawrence Erlbaum.

Borysenko, J. (1987). *Minding the body, mending the mind.* New York: Bantam Books.

Bower, S. A., & Bower, G. H. (2004). *Asserting yourself: A practical guide for positive change* (2nd ed.). New York: Da Capo Press.

Boyle, G. J., Borg, M. G., Falzon, J. M., & Baglioni, A. J. J. (1995). A structural model of the dimensions of teacher stress. *British Journal of Educational Psychology, 65*(1), 49–67.

Brackett, M. A., Palomera, R., Mojsa-Kaja, J., Reyes, M. R., & Salovey, P. (2010). Emotion-regulation ability, burnout, and job satisfaction among British secondary-school teachers. *Psychology in the Schools, 47*(4), 406–417.

Brewer, J. A., Worhunsky, P. D., Gray, J. R., Tang, Y., Weber, J., & Kober, H. (2011). Meditation experience is associated with differences in default mode network activity and connectivity. *Proceedings of the National Academy of Sciences, 108*(50), 20254–20259.

Brock, B. L. (1999). Perceptions of teacher burnout in Catholic schools. *Catholic Education: A Journal of Inquiry and Practice, 2,* 281–293.

Brookfield, S. D. (1995). *Becoming a critically reflective teacher.* San Francisco, CA: Jossey-Bass.

Brooks, A. C. (2008). *Gross national happiness: Why happiness matters for America and how we can get more of it.* New York: Basic Books.

Brophy, J. (1996). *Teaching problem students.* New York: Guilford Press.

Brophy, J. (2006). History of research on classroom management. In C. Evertson & C. Weinstein (Eds.), *Handbook of classroom management: Research, practice, and contemporary issues* (pp. 17–43). Mahwah, NJ: Lawrence Erlbaum.

Brophy, J., & McCaslin, M. (1992). Teachers 5 reports of how they perceive and cope with problem students. *Elementary School Journal, 93*(1), 3–68.

Brotheridge, C., & Grandey, A. (2002). Emotional labor and burnout: Comparing two perspectives on "people work." *Journal of Vocational Behavior, 60*(1), 17–39.

Brotheridge, C., & Lee, R. T. (2002). Testing a conservation of resources model of dynamics of emotional labor. *Journal of Vocational Behavior, 7,* 57–67.

Brotheridge, C., & Lee, R. T. (2003). Development and validation of the emotional labour scale. *Journal of Occupational and Organizational Psychology, 76,* 365–379.

Brouwers, A., & Tomic, W. (2000). A longitudinal study of teacher burnout and perceived self-efficacy in classroom management. *Teaching and Teacher Education, 16*(2), 239–252.

Brown, D. F. (2003). Urban teachers 9 use of culturally responsive management strategies. *Theory into Practice, 42*(4), 277–282.

Brown, D. F. (2004). Urban teachers' professed classroom management strategies: Reflections of culturally responsive teaching. *Urban Education, 39*(3), 266–289.

Brown, G. W., & Harris, T. O. (1989). Depression. In G. W. Brown, & T. O. Harris (Eds.), *Life events and illness* (pp. 49–93). New York: Guilford Press.

Brown, K. W., Ryan, R. M., & Creswell, J. D. (2007). Mindfulness: Theoretical foundations and evidence for its salutary effects. *Psychological Inquiry, 75*(4), 211–237.

Brown, M., & Ralph, S. (1998). The identification of stress in teachers. In J. Dunham, & V. Varma

(Eds.), *Stress in teachers: Past, present and future* (pp. 37–56). London, UK: Whurr Publishers.

Bubb, S., & Early, P. (2004). *Managing teacher workload work-life balance and well-being.* London: Paul Chapman.

Buchanan, G. M., & Seligman, M. E. P. (1995). Explanatory style and heart disease. In G. M. Buchanan, & M. E. P. Seligman (Eds.), *Explanatory style* (pp. 255–282). Hillsdale, NJ: Lawrence Erlbaum.

Burisch, M. (2002). A longitudinal study of burnout: The relative importance of dispositions and experiences. *Work and Stress, 16,* 1–17.

Burke, R. J., & Greenglass, E. (1995). A longitudal study of psychology burnout in teachers. *Human Relations, 48*(2), 187–202.

Burke, R. J., Greenglass, E. R., & Schwarzer, R. (1996). Predicting teacher burnout overtime: Effects of work stress, social support, and self-doubts on burnout and its consequences. *Anxiety, Stress, and Coping, 9,* 261–275.

Burns, D. D. (1999). *Feeling good: The new mood therapy* (2nd ed.). New York: HarperCollins.

Butler, A. C., Chapman, J. E., Forman, E. M., & Beck, A. T. (2005). The empirical status of cognitive-behavioral therapy: A review of meta-analyses. *Clinical Psychology Review, 26*(1), 17–31.

Butler, E. A., Egloff, B., Wilhelm, F. H., Smith, N. C., Erickson, E. A., & Gross, J. J. (2003). The social consequences of expansive suppression. *Emotion, 3*(1), 48–67.

Butler, P. E. (1991). *Talking to yourself: Learning the language of self-affirmation.* San Francisco, CA: HarperSanFrancisco.

Butler, P. E. (2008). *Talking to yourself: How cognitive behavior therapy can change your life.* Charleston, SC: BookSurge Publishing.

Buyse, E., Verschueren, K., Doumen, S., Van Damme, J., & Maes, F. (2008). Classroom problem behavior and teacher-child relationships in kindergarten: The moderating role of classroom climate. *Journal of School Psychology, 46*(4), 367–391.

Byme, B. M. (1999). The nomological network of teacher burnout: A literature review and empirically validated model. In R. Vandenberghe, & A. M. Huberman (Eds.), *Understanding and preventing teacher burnout: A sourcebook of international research and practice* (pp. 15–37). Cambridge, UK: Cambridge University Press.

Cacioppo, J. T., Bernston, G. G., Larsen, J. T., Poehlmann, K. M., & Ito, T. A. (2000). The psychophysiology of emotion. In M. Lewis, & J. M. Haviland-Jones (Eds.), *Handbook of emotions* (2nd ed., pp. 173–191). New York: Guilford Press.

Cahill, L., & McGaugh, J. (1998). Mechanisms of emotional arousal and lasting declarative memory. *Trends in Neuroscience, 21,* 294–299.

Cahn, B. R., & Polich, J. (2006). Meditation states and traits: EEG, ERP, and neuroimaging studies. *Psychological Bulletin, 132*(2), 180–211.

Caine, R. N., & Caine, G. (1997). *Unleashing the power of perceptual change: The potential of brain-based teaching.* Alexandria, VA: Association for Supervision and Curriculum Development.

Caine, R. N., & Caine, G. (2011). *Natural learning for a connected world: Education, technology, and the human brain.* New York: Teachers College Press.

Caine, R. N., Caine, G., McClintic, C., & Klimek, K. (2009). *12 brain/mind learning principles in action.* Thousand Oaks, CA: Corwin Press.

Calkins, S. D., & Bell, M. (2010). *The developing human brain: Development at the intersection of emotion and cognition.* Washington, DC: American Psychological Association.

Cano-Garcia, F. J., Padilla-Munoz, E. M., & Carrasco-Ortiz, M. A. (2005). Personality and contextual variables in teacher burnout. *Personality and Individual Differences, 38*(4), 929–940.

Carlson, B. C., & Thompson, J. A. (1995). Job burnout and job leaving in public school teachers: Implications for stress management. *International Journal of Stress Management, 2*(1), 15–29.

Carmody, J., & Baer, R. A. (2008). Relationships between mindfulness practice and levels of mindfulness, medical and psychological symptoms and well-being in a mindfulness-based stress reduction program. *Journal of Behavioral Medicine, 37*(1), 23–33.

Carson, R. L., Plemmons, S., Templin, T. J., & Weiss, H. M. (2011). "You are who you are": A mixed method study of affectivity and emotional regulation in curbing teacher burnout. In G. M. Reevy & E. Frydenberg (Eds.), *Personality, stress, and coping: Implications for education* (pp.239–265). Charlotte, NC: Information Age Publishing.

Carson, R. L., Templin, T. J., & Weiss, H. M. (2006). *Exploring the episodic nature of teachers' emotions and its relationship to teacher burnout.* Paper presented at the Annual Meeting of the American Educational Research Association, San Francisco.

Carstensen, L. L., Pasupathi, M., Mayr, U., & Nesselroade, J. R. (2000). Emotional experience in everyday life across the adult life span. *Journal of Personality and Social Psychology, 79*(4), 644–655.

Cecil, M. A., & Forman, S. G. (1988). *Effects of stress inoculation training and coworkers support on teacher stress.* Paper presented at the Annual Meeting of the National Association of School

Psychology, Chicago.

Center, D. B., & Callaway, J. M. (1999). Self-reported job stress and personality in teachers of students with emotional or behavioural disorders. *Behavioural Disorders, 25*(1), 41–51.

Chambers, R., Gullone, E., & Allen, N. B. (2009). Mindful emotion regulation: An integrative review. *Clinical Psychology Review, 29*(6), 560–572.

Chang, M. L. (2009a). An appraisal perspective of teacher burnout: Examining the emotional work of teachers. *Educational Psychology Review, 27*(3), 193–218.

Chang, M. L. (2009b). *Teacher emotion management in the classroom: Appraisals, regulations, and coping with emotions.* Unpublished doctoral dissertation.

Chen, E., Hanson, M. D., Paterson, L. Q., Griffin, M. J., Walker, H. A., & Miller, G. E. (2006). Socioeconomic status and inflammatory processes in childhood asthma: The role of psychological stress. *Journal of Allergy & Clinical Immunology, 777*(5), 1014–1020.

Chiesa, A., & Serretti, A. (2009). Mindfulness-based stress reduction for stress management in healthy people: A review and meta-analysis. *Journal of Alternative & Complementary Medicine, 15*(5), 593–600.

Chomey, L. A. (1998). Self-defeating beliefs and stress in teachers. *Dissertation Abstracts International, 58*, 28–40.

Cinamon, R. G., & Rich, Y. (2005). Work-family conflict among female teachers. *Teaching and Teacher Education, 27*(4), 365–378.

Clark, C. M., & Peterson, P. L. (1986). Teachers' thought processes. In M. C. Wittrock (Ed.), *Handbook of reading research on teaching* (pp. 255–296). New York: Macmillan.

Clausen, K. W., & Petruka, D. R. (2009). Tending the garden: Case studies in school stress. *Clearing House, 82*(4), 187–192.

Clore, C. L., & Centerbar, D. B. (2004). Analyzing anger: How to make people mad. *Emotion, 4*(2), 139–144.

Clunies-Ross, P., Little, E., & Kienhuis, M. (2008). Self-reported and actual use of proactive and reactive classroom management strategies and their relationship with teacher stress and student behavior. *Educational Psychology, 28*(6), 693–710.

Conderman, G., & Stephens, J. T. (2000). Voices from the field: Reflections from beginning special educators. *Teaching Exceptional Children, 33*(1), 16–21.

Cooley, E., & Yovanoff, P. (1996). Supporting professionals at-risk: Evaluating interventions to reduce burnout. *Exceptional Children, 62*(4), 336–355.

Cooper, C. L., & Kelly, M. (1993). Occupational stress in head teachers: A national UK study. *British Journal of Educational Psychology, 63*(1), 130–143.

Creswell, J. D., May, B. M., Eisenberger, N. I., & Lieberman, M. D. (2007). Neural correlates of dispositional mindfulness during affect labeling. *Psychosomatic Medicine, 69*(6), 560–565.

Csikszentmihalyi, M. (1990). *Flow: The psychology of optimal experience.* New York: Harper & Row.

Curwin, R. L., & Mendler, A. N. (1988). *Discipline with dignity.* Alexandria, VA: Association for Supervision and Curriculum Development.

Damasio, A. (1999). *The feeling of what happens: Body and emotion in the making of consciousness.* New York: Harcourt Brace.

Damasio, A. (2003). *Looking for Spinoza: Joy, sorrow, and the feeling brain.* New York: Harcourt.

David, D., Szentagotai, A., Eva, K., & Macavei, B. (2005). A synopsis of rational emotive behavior therapy (REBT): Fundamental and applied research. *Journal of Rational-Emotive & Cognitive-Behavioral Therapy, 23,* 175–221.

Davidson, R. J., & Begley, S. (2012). *The emotional life of your brain: How its unique patterns affect the way you think, feel, and live–and how you can change them.* New York: Hudson Street Press.

Davidson, R. J., Kabat-Zinn, J., Schumacher, J., Rosenkratz, M., Muller, D., & Santorelli, S. F. (2003). Alterations in brain and immune function produced by mindfulness meditation. *Psychosomatic Medicine, 65,* 564–570.

Davis, M., Eshelman, E. R., & McKay, M. (2008). *The relaxation and stress reduction workbook* (3rd ed.). Oakland, CA: New Harbinger.

Day, C., Sammons, P., & Gu, Q. (2008). Combining qualitative and quantitative methodologies in research on teachers 9 lives, work, and effectiveness: From integration to synergy. *Educational Research, 37*(6), 330–342.

Deci, E. L., & Ryan, R. M. (1985). *Intrinsic motivation and self-determination in human behavior.* New York: Plenum.

Deci, E. L., & Ryan, R. M. (2000). Self-determination theory and the facilitation of intrinsic motivation, social development, and well-being. *American Psychologist, 55*(1), 68–78.

Deci, E. L., & Ryan, R. M. (2008). Facilitating optimal motivation and psychological well-being across life domains. *Canadian Psychology, 49*(1), 14–25.

de Lange, A. H., Taris, T. W., Kompier, M. A. J., Houtman, I. L. D., & Bongers, P. M. (2003). "The very best of the millennium": Longitudinal research and the demand–control–(support) model. *Journal of Occupational Health Psychology, 8*, 282–305.

Deiro, J. A. (1996). *Teaching with heart: Making healthy connections with students.* Thousand Oaks, CA: Corwin Press.

Delpit, L. (1995). *Other people's children.* New York: New Press.

Delpit, L. (2003). Educators as "seed people" growing a new future. *Educational Researcher, 32*(7), 14–21.

deMarrais, K., & Tisdale, K. (2002). What happens when researchers inquire into difficult emotions? Reflections on studying women's anger through qualitative interviews. *Educational Psychologist, 37*(2), 115–123.

Derryberry, D., & Tucker, D. M. (1994). Motivating the focus of attention. In P. M. Neidenthal & S. Kitayama (Eds.), *The heart's eye: Emotional influences in perception and attention* (pp. 167–196). San Diego, CA: Academic Press.

Detweiler, J., Rothman, A., Salovey, P., & Steward, W. (2000). Emotional states and physical health. *American Psychologist, 55*(1), 110–121.

Devine, J., & Cohen, J. (2007). *Making your school safe: Strategies to protect children and promote learning.* New York: Teachers College Press.

Diamond, M. (1988). *Enriching heredity: The impact of the environment on the anatomy of the brain.* New York: Free Press.

Dickenson, J., Berkman, E. T., Arch, J., & Lieberman, M. D. (in press). Neural correlates of focused attention during a brief mindfulness induction. *Social Cognitive and Affective Neuroscience.*

Diefendorff, J. M., Croyle, M. H., & Gosserand, R. H. (2005). The dimensionality and antecedents of emotional labor strategies. *Journal of Vocational Behavior, 66*(2), 339–357.

Dimsdale, J. E. (2008). Psychological stress and cardiovascular disease. *Journal of the American College of Cardiology, 51*(13), 1237–1246.

Dohrenwend, B. P. (2000). The role of adversity and stress in psychopathology: Some evidence and its implications for theory and research. *Journal of Health & Social Behavior, 41*(1), 1–19.

Dorman, J. (2003). Testing a model for teacher burnout. *Australian Journal of Educational & Developmental Psychology, 3,* 35–47.

Dorz, S., Novara, C., Sica, C., & Sanavio, E. (2003). Predicting burnout among HIV/AIDS and oncology health care workers. *Psychology and Health, 8*(5), 677–684.

Drago, R. W. (2007). *Striking a balance: Work, family, life.* Boston, MA: Economic Affairs Bureau.

Duckworth, M. P., & Mercer, V. (2006). Assertiveness training. In J. E. Fisher & W. T. O'Donohue (Eds.), *Practitioner's guide to evidence-based psychotherapy* (pp. 80–92). New York: Springer Science & Business.

Duijts, S. F., Zeegers, M. P., & Borne, B. V. (2003). The association between stressful life events and breast cancer risk: A meta-analysis. *International Journal of Cancer, 20*(107), 1023–1029.

Dunham, J., & Varma, V. (1998). *Stress in teachers: Past, present and future.* London: Whurr Publishers.

Durlak, J. A., Weissberg, R. P., Dymnicki, A. B., Taylor, R. D., & Schellinger, K. B. (2011). The impact of enhancing students' social and emotional learning: A meta-analysis of school-based universal interventions. *Child Development, 82*(1), 405–432.

Durr, J. (2008). *Identifying teacher capacities that may buffer against teacher burnout.* Unpublished doctoral dissertation, The Ohio State University, Columbus OH.

Dworkin, A. G. (1986). *Teacher burnout in the public schools: Structural causes and consequences for children.* Albany, NY: State University of New York Press.

Eacute, J., & Esteve, M. (2000). The transformation of the teachers' role at the end of the twentieth century: New challenges for the future. *Educational Review, 52*(2), 197–207.

Efklides, A., & Volet, S. (2005). Feelings and emotions in the learning process [Special issue]. *Learning and Instruction, 15*(5), 377–385.

Egyed, C. J., & Short, R. J. (2006). Teacher self-efficacy, burnout, experience and decision to refer a disruptive student. *School of Psychology International, 27*(4), 462–474.

Ekman, P. (1992). An argument for basic emotions. *Cognition and Emotion, 6,* 169–200.

Elias, M. J., & Schwab, Y. (2006). From compliance to responsibility: Social and emotional learning and classroom management. In C. Evertson & C. Weinstein (Eds.), *Handbook of classroom management: Research, practice, and contemporary issues* (pp. 309–341). Mahwah, NJ: Lawrence Erlbaum.

Ellis, A. (1973). *Humanistic psychotherapy: The rational-emotive approach.* New York: Julian Press.

Ellis, A. (2001). *Overcoming destructive beliefs, feelings, and behaviors: New directions for rational emotive behavior therapy.* Amherst, NY: Prometheus Books.

Ellis, A. (2004). *The road to tolerance: The philosophy of rational emotive behavior therapy.* Amherst, NY: Prometheus Books.

Ellis, A., & Bernard, M. E. (1984). *Rational-emotive approaches to the problems of childhood.* New

York: Plenum.

Ellis, A., Gordon, J., Neenan, M., & Palmer, S. (2003). *Stress counseling: A rational emotive behavior approach* (2nd ed.). London: Sage.

Ellis, A., & Harper, R. A. (1961). *A guide to rational living*. North Hollywood, CA: Wilshire Books.

Ellis, A., & Harper, R. A. (1975). *A new guide to rational living*. North Hollywood, CA: Wilshire Books.

Emmons, R. A. (2007). *Thanks! How the new science of gratitude can make you happier*. New York: Houghton Mifflin.

Emmons, R. A., & McCullough, M. E. (2003). Counting blessings versus burdens: An experimental investigation of gratitude and subjective well-being in daily life. *Journal of Personality and Social Psychology, 84*(2), 377-389.

Entwisle, D. R., & Alexander, K. L. (1988). Factors affecting achievement test scores and marks of black and white first graders. *The Elementary School Journal, 88*(5), 449-471.

Erb, C. S. (2002). *The emotional whirlpool of beginning teachers' work*. Paper presented at the Annual Meeting of the Canadian Society of Studies in Education, Toronto, Canada.

Evers, W. J. G., Tomic, W., & Brouwers, A. A. (2004). Burnout among teachers: Students' and teachers' perceptions compared. *School Psychology International, 25*(2), 131-148.

Eysenck, M. W. (1997). *Anxiety and cognition*. Hove, East Sussex, England: Psychology Press.

Farber, B. A. (1984). Stress and burnout in suburban teachers. *The Journal of Educational Research, 7*(6), 325-331.

Farber, B. A. (1991). *Crisis in education: Stress and burnout in the American teacher*. San Francisco, CA: Jossey-Bass.

Feltman, R., Robinson, M. D., & Ode, S. (2009). Mindfulness as a moderator of neuroticism-outcome relations: A self-regulation perspective. *Journal of Research in Personality, 43*(6), 953-961.

Feng, L. (2006). *Combating teacher shortages: Who leaves, who moves, and why*. Unpublished doctoral dissertation, Florida State University.

Fisher, G. G. (2002). *Work/personal life balance: A construct development study*. Unpublished doctoral dissertation, Bowling State University.

Fives, H., Hamman, D., & Olivarez, A. (2007). Does burnout begin with student-teaching? Analyzing efficacy, burnout, and support during the student-teaching semester. *Teaching and Teacher Education, 23*(6), 916-934.

Flook, L., Smalley, S. L., Kitil, M. J., Galla, B. M., Kaiser-Greenland, S., Lockec, J., Ishijima, E., &

Kasari, C. (2010). Effects of mindful awareness practices on executive functions in elementary school children. *Journal of Applied School Psychology, 26*(1), 70–95.

Folkman, S., & Lazarus, R. S. (1985). If it changes it must be a process: Study of emotion and coping during three stages of a college examination. *Journal of Personality and Social Psychology, 48*(1), 150–170.

Folkman, S., & Lazarus, R. S. (1988). *Manual for the ways of coping questionnaire.* Palo Alto, CA: Mind Garden.

Fontana, D., & Abouserie, R. (1993). Stress levels, gender and personality factors in teachers. *British Journal of Educational Psychology, 63*(2), 261–270.

Fordyce, M. W. (1983). A program to increase happiness: Further studies. *Journal of Counseling Psychology, 30*(4), 483–498.

Forman, S. G. (1981). Stress-management training: Evaluation of effects on school psychological services. *Journal of School Psychology, 19*(3), 233–241.

Forman, S. G. (1982). Stress management for teachers: A cognitive-behavioral program. *Journal of School Psychology, 20*(3), 180–187.

Forman, S. G. (1990). Rational-emotive therapy: Contributions to teacher stress management. *School Psychology Review, 19*(3), 315–321.

Frederick, S., & Loewenstein, G. (1999). Hedonic adaptation. In D. Kahneman, E. Diener, & N. Schwarz (Eds.), *Well-being: The foundations of hedonic psychology* (pp. 302–329). New York: Russell Sage Foundation.

Fredrickson, B. L. (2001). The role of positive psychology: The broaden-and-build theory of positive emotions. *American Psychologist, 56*(3), 218–226.

Fredrickson, B. L. (2004). Gratitude, like other positive emotions, broadens and builds. In R. A. Emmons & M. E. McCullough (Eds.), *The psychology of gratitude* (pp. 145–166). New York: Oxford University Press.

Fredrickson, B. L. (2008). Promoting positive affect. In M. Eid & R. J. Larsen (Eds.), *The science of subjective well-being* (pp. 449–468). New York: Guilford Press.

Fredrickson, B. L. (2009). *Positivity: Top-notch research reveals the 3-to-1 ratio that will change your life.* New York: Three Rivers Press.

Fredrickson, B. L., & Branigan, C. (2005). Positive emotions broaden the scope of attention and thought-action repertoire. *Cognition & Emotion, 19*(3), 313–332.

Fredrickson, B. L., & Cohn, M. A. (2008). Positive emotions. In M. Lewis, J. Haviland, & L. F. Barrett (Eds.), *Handbook of emotions* (pp. 777–796). New York: Guilford Press.

Fredrickson, B. L., & Levenson, R. W. (1998). Positive emotions speed recovery from the cardiovascular sequelae of negative emotions. *Cognition and Emotion, 12*(2), 191–220.

Fredrickson, B. L., & Losada, M. F. (2005). Positive affect and the complex dynamics of human flourishing. *American Psychologist, 60*(7), 678–686.

Fredrickson, B. L., Mancuso, R. A., Branigan, C., & Tugade, M. M. (2000). The undoing effect of positive emotions. *Motivation and Emotion, 24*(4), 237–258.

French, J. R. P., Caplan, R. D., & Van Harrison, R. (1982). *The mechanism of job stress and strain.* Chichester, England: Wiley.

Freudenberger, H. J. (1974). Staff burnout. *Journal of Social Issues, 30*(1), 159–165.

Friedman, A. A., & Reynolds, L. (2011). *Burned in: Fueling the fire to teach.* New York: Teachers College Press.

Friedman, I. A. (1995). Student behavior patterns contributing to teacher burnout. *The Journal of Educational Research, 88*(5), 281–289.

Friedman, I. A. (2000). Burnout in teachers: Shattered dreams of impeccable professional performance. *Journal of Clinical Psychology, 56*(5), 595–606.

Friedman, I. A. (2006). Classroom management and teacher stress and burnout. In C. Evertson & C. Weinstein (Eds.), *Handbook of classroom management: Research, practice, and contemporary issues* (pp. 925–944). Mahwah, NJ: Lawrence Erlbaum.

Friedman, I. A., & Farber, B. A. (1992). Professional self-concept as a predictor of teacher burnout. *The Journal of Educational Research, 86*(1), 28–35.

Friesen, D., Prokop, C. M., & Sarros, J. C. (1988). Why teachers bum out. *Educational Research Quarterly, 12*(3), 9–19.

Froh, J. J., Sefick, W. J., & Emmons, R. A. (2008). Counting blessings in early adolescents: An experimental study of gratitude and subjective well-being. *Journal of School Psychology, 46*(2), 213–233.

Froyen, L. A., & Iverson, A. M. (1999). *Schoolwide and classroom management: The reflective educator-leader.* New York: MerrilL

Galantino, M. L., Baime, M., Maguire, M., Szapary, P. O., & Farrar, J. T. (2005). Short communication: Association of psychological and physiological measures of stress in health-care professions during an 8-week mindfulness mediation program: Mindfulness in practice. *Stress and Health, 21*(4), 255-261.

Gardner, H., Csikszentmihalyi, M., & Damon, W. (2001). *Good work: When excellence and ethics meet.* New York: Basic Books.

Garland, E. L., Fredrickson, B., Kring, A. M., Johnson, D. P., Meyer, P. S., & Penn, D. L. (2010). Upward spirals of positive emotions counter downward spirals of negativity: Insights from the broaden-and-build theory and affective neuroscience on the treatment of emotion dysfunctions and deficits in psychopathology. *Clinical Psychology Review, 30*(7), 849-864.

Garland, E. L., Gaylord, S. A., & Fredrickson, B. L. (2011). Positive reappraisal mediates the stress-reductive effects of mindfulness: An upward spiral process. *Mindfulness, 2,* 59-67.

Gaziel, H. H. (1995). Sabbatical leave, job burnout and turnover intentions among teachers. *International Journal of Lifelong Education, 14*(4), 331-338.

Gazzaniga, M. S., Ivry, R. B., & Mangun, G. R. (2002). *Cognitive neuroscience: The biology of the mind.* New York: Norton.

Geving, A. M. (2007). Identifying the types of student and teacher behaviours associated with teacher stress. *Teaching and Teacher Education, 23*(5), 624-640.

Giallo, R., & Little, E. (2003). Classroom behaviour problems: The relationship between preparedness, classroom experiences and self-efficacy in graduate and student teachers. *Australian Journal of Educational and Developmental Psychology, 3*(1), 21-34.

Giltay, E. J., Geleijnse, J. M., Zitman, F. G., Hoekstra, T., & Schouten, E. G. (2004). Dispositional optimism and all-cause and cardiovascular mortality in a prospective cohort of elderly Dutch men and women. *Archives of General Psychiatry, 61*(11), 1126-1135.

Girdano, D. A., Everly, G. S., & Dusek, D. E. (1996). *Controlling stress and tension.* Boston, MA: Allyn & Bacon.

Glasser, W. (1986). *Control theory in the classroom.* New York: Harper & Row.

Glasser, W. (1998). *The quality school: Managing students without coercion.* New York: Harper & Row.

Gmelch, W. H. (1983). Stress for success: How to optimize your performance. *Theory Into Practice, 22*(1), 7-14.

Goddard, R., O'Brien, P., & Goddard, M. (2006). Work environment predictors of beginning teacher burnout. *British Educational Research Journal, 32*(6), 857-874.

Golby, M. (1996). Teachers' Emotions: An illustrated discussion. *Cambridge Journal of Education, 26*(3),

423-434.

Gold, E., Smith, A., Hopper, L., Heme, D., Tansey, G., & Hulland, C. (2010). Mindfulness-Based Stress Reduction(MBSR) for Primary school Teachers. *Journal of Child and Family Studies, 19*(2), 184-189.

Gold, Y. (1988). Recognizing and coping with academic burnout. *Contemporary Education, 59*(3), 142-145.

Gold, Y., Roth, R. A., Wright, C. R., & Michael, W. B. (1991). The relationship of scores on the Educators Survey, a modified version of the Maslach Burnout Inventory, to three teaching-related variables for a sample of 132 beginning teachers. *Educational and Psychological Measurement, 51*(2), 429-438.

Goleman, D. (1995). *Emotional intelligence: Why it can matter more than IQ.* New York: Bantam.

Gottman, J. M. (1994). *What predicts divorce? The relationship between marital processes and marital outcomes.* Hillsdale, NJ: Lawrence Erlbaum.

Gottman, J. M., Katz, L. F., & Hooven, C. (1997). Introduction to the concept of meta-emotion. In J. M. Gottman, L. F. Katz, & C. Hooven (Eds.), *Meta-emotion: How families communicate emotionally* (pp. 3-8). Mahwah, NJ: Lawrence Erlbaum.

Grandey, A. A. (2003). When "the show must go on": Surface acting and deep acting as determinants of emotional exhaustion and peer-rated service delivery. *Academy of Management Journal, 46*(1), 86-96.

Grant-Vallone, E. J., & Donaldson, S. I. (2001). Consequences of work-family conflict on employee well-being over time. *Work & Stress, 15*(3), 214-226.

Grayson, J. L., & Alvarez, H. K. (2008). School climate factors relating to teacher burnout: A mediator model. *Teaching and Teacher Education, 24*(5), 1349-1363.

Greenglass, E. R. (1991). Burnout and gender: Theoretical and organizational implications. *Canadian Psychology/Psychologie canadienne, 32*(4), 562-574.

Greenglass, E. R. (2002). Proactive coping. In E. Frydenberg (Ed.), *Beyond coping: Meeting goals, vision, and challenges* (pp. 37-62). New York: Oxford University Press.

Greenglass, E. R. (2007). Teaching and stress. In G. Fink (Ed.), *Encyclopedia of stress* (pp. 713-717). San Diego, CA: Academic Press.

Greenglass, E. R., Burke, R. J., & Konarski, R. (1997). The impact of social support on the development of burnout in teachers: Examination of a model. *Work & Stress, 11*(3), 267-278.

Greenglass, E. R., Fiksenbaum, L., & Burke, R. J. (1996). Components of social support, buffering effects and burnout: Implications for psychological functioning. *Anxiety, Stress & Coping, 9*(3), 185–197.

Greenhaus, J. H., Collins, K. M., & Shaw, J. D. (2003). The relation between work–family balance and quality of life. *Journal of Vocational Behavior, 63*(3), 510–531.

Greeson, J. M. (2009). Mindfulness research update: 2008. *Complementary Health Practice Review, 14*(1), 10–18.

Greeson, J. M., & Brantley, J. (2008). Mindfulness and anxiety disorder: Developing a wise relationship with the inner experience of fear. In F. Didonna (Ed.), *Clinical Handbook of Mindfulness* (pp. 171–188). New York, NY: Springer.

Gregory, A., Cornell, D., & Fan, X. (2011). The relationship of school structure and support to suspension rates for black and white high school students. *American Educational Research Journal, 48*(4), 904–934.

Griffith, J., Steptoe, A., & Cropley, M. (1999). An investigation of coping strategies associated with job stress in teachers. *British Journal of Educational Psychology, 69*(4), 517–531.

Grissmer, D. W., & Kirby, S. N. (1992). *Patterns of attrition among Indiana teachers.* Santa Monica, CA: RAND.

Gross, J. J. (1998). The emerging field of emotion regulation: An integrative review. *Review of General Psychology, 2*(3), 271–299.

Gross, J. J. (1999). Antecedent- and response-focused emotion regulation: Divergent consequences for experience, expression, and physiology. *Journal of Personality and Social Psychology, 74*(1), 224–237.

Gross, J. J. (2002). Emotion regulation: Affective, cognitive, and social consequences. *Psychophysiology, 39*(3), 281–291.

Gross, J. J. (2009). *Handbook of emotion regulation.* New York: Guilford Press.

Gross, J. J., & John, O. P. (2002). Wise emotion regulation. In L. Feldman Barrett & P. Salovey (Eds.), *The wisdom of feelings: Psychological processes in emotional intelligence* (pp. 297–318). New York: Guilford Press.

Gross, J. J., & John, O. P. (2003). Individual difference in two emotion regulation processes: Implications for affect, relationships, and well-being. *Journal of Personality and Social Psychology, 85*(2), 348–362.

Gross, J. J., & Levenson, R. W. (1993). Emotional suppression: Physiology, self-report, and expensive behavior. *Journal of Personality and Social Psychology, 64*(6), 970–986.

Gross, J. J., Richards, J. M., & John, O. P. (2006). Emotion regulation in everyday life. In D. K. Snyder, J. A. Simpson, & J. N. Hughes (Eds.), *Emotion regulation in families: Pathways to dysfunction and health* (pp. 13–55). Washington, DC: American Psychological Association.

Grossman, P., Niemann, L., Schmidt, S., & Walach, H. (2004). Mindfulness-based stress reduction and health benefits: A meta-analysis. *Journal of Psychosomatic Research, 57*(1), 35–43.

Grzywacz, J. G., & Bass, B. L. (2003). Work, family and mental health: Testing different models of work-family fit. *Journal of Marriage and Family, 65*(1), 248–261.

Guy, M. E., Newman, M. A., & Mastracci, S. H. (2008). *Emotional labor: Putting the service in public services.* Armonk, NY: M. E. Sharper.

Hakanen, J. J., Bakker, A. B., & Schaufeli, W. B. (2006). Burnout and work engagement among teachers. *Journal of School Psychology, 43*(6), 495–513.

Halbesleben, J. R. B. (2006). Sources of social support and burnout: A meta-analytic test of the conservation of resources model. *Journal of Applied Psychology, 91*(5), 1134–1145.

Hammen, C. (2005). Stress and depression. *Annual Review of Clinical Psychology, 1,* 293–319.

Hargreaves, A. (1998a). The emotional politics of teaching and teacher development: With implications for educational leadership. *International Journal of Leadership in Education, 1*(4), 315–336.

Hargreaves, A. (1998b). The emotional practice of teaching. *Teaching and Teacher Education, 14*(8), 835–854.

Hargreaves, A. (2000). Mixed emotions: Teachers' perceptions of their interactions with students. *Teaching and Teacher Education, 16*(8), 811–826.

Hargreaves, A. (2001). Emotional geographies of teaching. *Teachers College Record, 103*(6), 1056–1080.

Hargreaves, A. (2004). Inclusive and exclusive educational change: Emotional response of teachers and implications for leadership. *School Leadership & Management, 24*(3), 287–309.

Hargreaves, A., & Tucker, E. (1991). Teaching and guilt: Exploring the feelings of teaching. *Teaching and Teacher Education, 7*(5–6), 491–505.

Harris, A., & Thoresen, C. (2005). Forgiveness, unforgiveness, health and disease. In E. Worthington (Ed.), *Handbook of forgiveness* (pp. 321–334). New York: Routledge.

Harris, G. E. (2003). Progressive muscle relaxation: Highly effective and often neglected. *Guidance and Counseling, 18*(4), 142–158.

Hart, L. (1983). *Human brain, human learning.* New York: Longman.

Harvey, J. (1988). *The quiet mind: Techniques for transforming stress.* Honesdale, PA: Himalayan International Institute.

Hastings, R. P., & Bham, M. S. (2003). The relationship between student behaviour patterns and teacher burnout. *School Psychology International, 24*(1), 115-127.

Hausser, J. A., Mojzisch, A., Niesel, M., & Schulz-Hardt, S. (2010). Ten years on: A review of recent research on the job demand-control(-support) model and psychological well-being. *Work & Stress, 24*(1), 1-35.

Helmstetter, S. (1990). *What to say when you talk to your Self.* New York: Pocket Books.

Herrald, M. M., & Tomaka, J. (2002). Patterns of emotion-specific appraisal, coping, and cardiovascular reactivity during an ongoing emotional episode. *Journal of Personality and Social Psychology, 83*(2), 434-450.

Hobfoll, S. E., & Freedy, J. (1993). Conservation of resources: A general stress theory applied to burnout. In W. B. Schaufeli, C. Maslach, & T. Marek (Eds.), *Professional burnout: Recent developments in theory and research* (pp. 115-129). Washington, DC: Taylor & Francis.

Hochschild, A. R. (1983/2003/2012). *The managed heart: Commercialization of human feeling.* Berkeley, CA: University of California Press.

Holmes, E. (2005). *Teacher well-being: Looking after yourself and your career in the classroom.* New York: Routledge.

Holzel, B. K., Carmody, J., Vangel, M., Congleton, C., Yerramsetti, S. M., Gard, T., & Lazar, S. W. (2011). Mindfulness practice leads to increases in regional brain gray matter density. *Psychiatry Research: Neuroimaging, 191*(1), 36-43.

Houkes, I., Janssen, P. P. M., de Jonge, J., & Bakker, A. B. (2003). Personality, work characteristics and employee well-being: A longitudinal analysis of additive and moderating effects. *Journal of Occupational Health Psychology, 8*(1), 20-38.

Houkes, I., Janssen, P. P. M., de Jonge, J., & Nijhuis, F. J. N. (2001). Work and individual determinants of intrinsic work motivation, emotional exhaustion, and turnover intention: A multi-sample analysis. *International Journal of Stress Management, 8,* 257-283.

Humphrey, J. H. (1992). *Stress among women in modern society.* Springfield, IL: Charles C. Thomas.

Huttenlocher, P. (2002). *Neural plasticity: The effects of environment on the development of the cerebral cortex.* Cambridge, MA: Harvard University Press.

Imazeki, J. (2005). Teacher salaries and teacher attrition. *Economics of Education Review, 24*(4), 431–449.

Ingersoll, R. M. (2001). Teacher turnover and teacher shortages: An organizational analysis. *American Educational Research Journal, 38*(3), 499–534.

Ingersoll, R. M., & Smith, T. M. (2003). The wrong solution to the teacher shortage. *Educational Leadership, 60*(8), 30–33.

Ingersoll, R. M., & Strong, M. (2011). The impact of induction and mentoring programs for beginning teachers: A critical review of the research. *Review of Educational Research, 81*(2), 201–233.

Intrator, S. M. (2006). Beginning teachers and emotional drama of the classroom. *Journal of Teacher Education, 57*(3), 232–339.

Jackson, P. (1968). *Life in classrooms*. New York: Holt, Rinehart & Winston.

Jacobson, E. (1938). *You must relax*. New York: McGraw–Hill.

Jain, S., Shapiro, S. L., Swanick, S., Roesch, S. C., Mills, P. J., Bell, I., & Schwartz, G. E. (2007). A randomized controlled trial of mindfulness meditation versus relaxation training: Effects on distress, positive states of mind, rumination, and distraction. *Annals of Behavioral Medicine, 33*, 11–21.

Jennings, P. A., & Greenberg, M. T. (2009). The prosocial classroom: Teacher social and emotional competence in relation to student and classroom outcomes. *Review of Educational Research, 79*(1), 491–525.

Jennings, P. A., Snowberg, K., Coccia, M., & Greenberg, M. (2012). *Refinement and evaluation of the Cultivating Awareness and Resilience in Education for teachers program*. Paper presented at the Annual Meeting of the American Educational Research Association, Vancouver.

Jha, A. P., Krompinger, J., & Baime, M. J. (2007). Mindfulness training modifies subsystems of attention. *Cognitive, Affective, & Behavioral Neuroscience, 7*(2), 109–119.

John, O. P., & Gross, J. J. (2004). Healthy and unhealthy emotion regulation: Personality processes, individual differences, and life span development. *Journal of Personality, 72*(6), 1301–1334.

Johnson, J. V., & Hall, E. M. (1988). Job strain, work place social support, and cardiovascular disease: A cross–sectional study of a random sample of the Swedish working population. *American Journal of Public Health, 78*(10), 1336–1342.

Johnson, S. L., & Roberts, J. E. (1995). Life events and bipolar disorder: Implications from biological theories. *Psychological Bulletin, 117*(3), 434–449.

Joseph, P. B., & Bumaford, G. E. (2001). *Images of schoolteachers in America.* Mahwah, NJ: Lawrence Erlbaum.

Kabat-Zinn, J. (1994). *Wherever you go, there you are.* New York: Hyperion.

Kabat-Zinn, J. (2003). Mindfulness-based interventions in context: Past, present and future. *Clinical Psychology: Science and Practice, 10*(2), 144-156.

Kabat-Zinn, J. (2006). *Coming to our senses: Healing ourselves and the world through mindfulness.* New York: Hyperion.

Kagan, J. (1989). *Unstable ideas: Temperament, cognition, and self.* Cambridge, MA: Harvard University Press.

Kahn, J. H., Schneider, K. T., Jenkins-Henkelman, T. M., & Moyle, L. L. (2006). Emotional social support and job burnout among high-school teachers: Is it all due to dispositional affectivity? *Journal of Organizational Behavior, 27*(6), 793-807.

Karasek, R. A. (1979). Job demands, job decision latitude, and mental strain: Implications for job redesign. *Administrative Science Quarterly, 24*(2), 285-308.

Karasek, R., Brisson, C., Kawakami, N., Houtman, I., Bongers, P., & Amick, B. (1998). The Job Content Questionnaire (JCQ): An instrument for internationally comparative assessments of psychosocial job characteristics. *Journal of Occupational Health Psychology, 3*(4), 322-355.

Kashdan, T. B., Uswatte, G., & Julian, T. (2006). Gratitude and hedonic and eudaimonic well-being in Vietnam war veterans. *Behaviour Research and Therapy, 44*(2), 177-199.

Kauffman, C. (2006). Positive psychology: The science at the heart of coaching. In D. R. Stober & A. M. Grant (Eds.), *Evidence-based coaching handbook: Putting best practices to work for your clients* (pp. 219-253). Hoboken, NJ: Wiley.

Kelchtermans, G., & Strittmatter, A. (1999). Beyond individual burnout: A perspective for improved schools. Guidelines for the prevention of burnout. In R. Vandenberghe & A. M. Huberman (Eds.), *Understanding and preventing teacher burnout: A sourcebook of international research and practice* (pp. 304-314). Cambridge, UK: Cambridge University Press.

Keltner, D., & Bonanno, G. A. (1997). A study of laughter and dissociation: Distinct correlates of laughter and smiling during bereavement. *Journal of Personality and Social Psychology, 73*(4), 687-702.

Keltner, D., Ellsworth, P. C., & Edwards, K. (1993). Beyond simple pessimism: Effects of sadness and anger on social perception. *Journal of Personality and Social Psychology, 64*(5), 740-752.

Kemper, T. D. (2000). Social models in the explanation of emotions. In M. Lewis & J. M. Haviland-Jones (Eds.), *Handbook of emotions* (2nd ed., pp. 45–58). New York: Guilford Press.

Kempton, S. (2011). *Meditation for the love of it: Enjoying your own deepest experience.* Boulder, CO: Sounds True.

Keyes, C. L. M. (2002). The mental health continuum: From languishing to flourishing in life. *Journal of Health and Social Behavior, 43*(2), 207–222.

Keyes, C. L. M. (2005). Mental Illness and/or Mental Health? Investigating Axioms of the Complete State Model of Health. *Journal of Consulting and Clinical Psychology, 73*(3), 539–548.

Kijai, J., & Totten, D. L. (1995). Teacher burnout in small Christian school: A national study. *Journal of Research on Christian Education, 4*(2), 195–218.

Kinnunen, U., & Salo, K. (1994). Teacher stress: An eight-year follow-up study on teachers' work, stress, and health. *Anxiety, Stress, and Coping, 7*(4), 319–337.

Kirby, S. N., Berends, M., & Naftel, S. (1999). Supply and demand of minority teachers in Texas: Problem and prospects. *Educational Evaluation and Policy Analysis, 21*(1), 47–66.

Klatt, M. D., Buckworth, J., & Malarkey, W. B. (2008). Effects of low-dose mindfulness-based stress reduction (MBSR-ld) on working adults. *Health Education & Behavior, 36*(3), 601–614.

Kokkinos, C. M. (2007). Job stressors, personality and burnout in primary school teachers. *British Journal of Educational Psychology, 77*(1), 229–243.

Kossek, E. E., & Ozeki, C. (1998). Work-family conflict, policies, and the job-life satisfaction relationship: A review and directions for organizational behavior-human resources research. *Journal of Applied Psychology, 83*(2), 139–149.

Krantz, D. S., & McCeney, M. K. (2002). Effects of psychological and social factors on organic disease: A critical assessment of research on coronary heart disease. *Annual Review of Psychology, 53*, 341–369.

Kruml, S. M., & Geddes, D. (2000). Exploring the dimensions of emotional labor: The heart of Hochschild's work. *Management Communication Quarterly, 14*(1), 8–49.

Kubzansky, L. D., Sparrow, D., Vokonas, P., & Kawachi, I. (2001). Is the glass half empty or half full? A prospective study of optimism and coronary heart disease in the Normative Aging Study. *Psychosomatic Medicine, 63*(6), 910–916.

Kuhlmann, S., Kirschbaum, C., & Wolf, O. T. (2005). Effects of oral cortisol treatment in healthy young women on memory retrieval of negative and neutral words. *Neurobiology of Learning and*

Memory, 83(2), 158–162.

Kuppens, P., Van Mechelen, I., Smits, D. J. M., & de Boeck, P. (2003). The appraisal basis of anger: Specificity, necessity and sufficiency of components. *Emotion, 3*(3), 254–269.

Kyriacou, C., & Sutcliffe, J. (1978). A model of teacher stress. *Educational Studies, 4*(1), 1–6.

Ladson-Billings, G. (1995). Toward a theory of culturally relevant pedagogy. *American Educational Research Journal, 32*(3), 465–491.

Langer, E. J. (1989). *Mindfulness.* Reading, MA: Addison-Wesley.

Lantieri, L., Kyse, E. N., Harnett, S., & Malkmus, C. (2011). Building inner resilience in teachers and student. In G. M. Reevy & E. Frydenberg (Eds.), *Personality, stress, and coping: Implications for education* (pp. 267–292). Charlotte, NC: Information Age Publishing.

Larrivee, B. (1996). *Moving into balance.* Santa Monica, CA: Shoreline.

Larrivee, B. (2006a). *An educator's guide to teacher reflection.* Boston, MA: Houghton Mifflin.

Larrivee, B. (2006b). The convergence of reflective practice and effective classroom management. In C. Evertson & C. Weinstein (Eds.), *Handbook of classroom management: Research, practice, and contemporary issues* (pp. 983–1001). Mahwah, NJ: Lawrence Erlbaum.

Larrivee, B. (2009). *Authentic classroom management: Creating a learning community and building reflective practice* (3rd ed.). Upper Saddle River, NJ: Pearson.

Larrivee, B. (2010). What we know and don't know about teacher reflection. In E. G. Pultorak (Ed.), *The purposes, practices, and professionalism of teacher reflectivity: Insights for twenty-first-century teachers and students* (pp. 137–161). Lanham, MD: Rowman & Littlefield.

Lasky, S. (2000). The cultural and emotional politics of teacher-parent interactions. *Teaching and Teacher Education, 16*(8), 843–860.

Lawton, M. P., DeVoe, M. R., & Parmelee, P. (1995). Relationship of events and affect in the daily life of an elderly population. *Psychology and Aging, 10,* 469–477.

Lazarus, R. S. (1991). *Emotion and adaptation.* New York: Oxford University Press.

Lazarus, R. S. (1993). From psychological stress to the emotions: A history of changing outlooks. *Annual Review of Psychology, 44*(1), 1–21.

Lazarus, R. S. (2000). Toward better research on stress and coping. *American Psychologist, 55*(6), 665–673.

Lazarus, R. S. (2001). Relational meaning and discrete emotions. In K. R. Scherer, A. Schorr, & T. Johnstone (Eds.), *Appraisal processes in emotion: Theory, methods, and research* (pp. 37–67).

New York: Oxford University Press.

Lazarus, R. S., & Folkman, S. (1984). *Stress, appraisal, and coping.* New York: Springer.

LeDoux, J. (1996). *The emotional brain: The mysterious underpinnings of emotional life.* New York: Simon & Schuster.

LeDoux, J. (2002). *The synaptic self: How our brains become who we are.* New York: Penguin Books.

Lee, R. T., & Ashforth, B. E. (1990). On the meaning of Maslach's three dimensions of burnout. *Journal of Applied Psychology, 75*(6), 743-757.

Lee, R. T., & Ashforth, B. E. (1996). A meta-analytic examination of the correlates of the three dimensions of job burnout. *Journal of Applied Psychology, 81*(2), 123-133.

Leiter, M. P. (1993). Burnout as a development process: Consideration of models. In W. B. Schaufeli, C. Maslach, & T. Marek (Eds.), *Professional burnout: Recent developments in theory and research* (pp. 237-250). Washington, DC: Taylor & Francis.

Leiter, M. P., & Maslach, C. (2000). *Preventing burnout and building engagement: A complete program for organizational renewal.* San Francisco, CA: Jossey-Bass.

Leung, D. Y. P., & Lee, W. W. S. (2006). Predicting intention to quit among Chinese teachers: Differential predictability of the components of burnout. *Anxiety, Stress and Coping, 19*(2), 129-141.

Liljestrom, A., Roulston, K., & deMarrais, K. (2007). "There is no place for feeling like this in the workplace": Women teachers' anger in school settings. In P. A. Schutz & R. Pekrun (Eds.), *Emotion in education* (pp. 275-291). San Diego, CA: Academic Press.

Linnenbrink, E. A. (2007). The role of affect in student learning: A multidimensional approach to considering the interaction of affect, motivation and engagement. In P. A. Schutz & R. Pekrun (Eds.), *Emotion in education* (pp. 101-118). San Diego, CA: Academic Press.

Linston, D., & Garrison, J. (2003). *Teaching, learning, and loving: Reclaiming passion in educational practice.* New York: Routledge Falmer.

Little, E. (2003). *Kids behaving badly: Teacher strategies for classroom behaviour.* Frenchs Forest, Australia: Pearson Education.

Long, N. (1996). The conflict cycle paradigm on how troubled students get teachers out of control. In N. Long & W. Morse (Eds.), *Conflict in the classroom: The education of at-risk and troubled students* (5th ed., pp. 244-265). Austin, TX: Pro-Ed.

Lopez, S., & Snyder, C. (2003). *Positive psychology assessment: Handbook of models and measures.*

Washington, DC: American Psychological Association.

Lopez, S., Snyder, C., & Pedrotti, J. (2003). Hope: Many definitions, many measures. In S. Lopez & C. Snyder (Eds.), *Positive psychology assessment: Handbook of models and measures* (pp. 91–106). Washington, DC: American Psychological Association.

Losada, M. (1999). The complex dynamics of high performance teams. *Mathematical and Computer Modeling, 30,* 179–192.

Luskin, F., & Pelletier, K. (2005). *Stress free for good: 10 scientifically proven life skills for health and happiness.* New York: HarperOne.

Lutz, A., Brefczynski-Lewis, J., Johnstone, T., & Davidson, R. J. (2008). Regulation of the neural circuitry of emotion by compassion mediation: Effects of meditative expertise. *Plos One, 5*(3), 1–10.

Lutz, A., Slagter, H. A., Dunne, J., & Davidson, R. J. (2008). Attention regulation and monitoring in meditation. *Trends in Cognitive Sciences, 12*(4), 163–169.

Lyubomirsky, S. (2007). *The how of happiness: A scientific approach to getting the life you want.* New York: Penguin Press.

Lyubomirsky, S. (2011). Hedonic adaptation to positive and negative experiences. In S. Folkman (Ed.), *The Oxford handbook of stress, health, and coping* (pp. 201–224). New York: Oxford University Press.

Lyubomirsky, S., Dickerhoof, R., Boehm, J. K., & Sheldon, K. M. (2011). Becoming happier takes both a will and a proper way: An experimental longitudinal intervention to boost well-being. *Emotion, 77*(2), 391–402.

Lyubomirsky, S., King, L. A., & Diener, E. (2005). The benefits of frequent positive affect: Does happiness lead to success? *Psychological Bulletin, 131*(6), 803–855.

Lyubomirsky, S., Sheldon, K. M., & Schkade, D. (2005). Pursuing happiness: The architecture of sustainable change. *Review of General Psychology, 9*(2), 111–131.

Lyubomirsky, S., Sousa, L., & Dickerhoof, R. (2006). The costs and benefits of writing, talking, and thinking out life's triumphs and defeats. *Journal of Personality and Social Psychology, 90*(4), 692–708.

Maag, J. W. (2008). Rational-emotive therapy to help teachers control their emotions and behavior when dealing with disagreeable students. *Intervention in School and Clinic, 44*(1), 52–57.

MacDonald, E., & Shirley, D. (2009). *The mindful teacher.* New York: Teachers College Press.

Malach-Pines, A. (2000). Treating career burnout: A psychodynamic existential perspective. *Journal of*

Clinical Psychology, 56(5), 633–642.

Manning, B. H., & Payne, B. D. (1996). *Self-talk for teachers and students: Metacognitive strategies for personal and classroom use.* Boston, MA: Allyn & Bacon.

Marzano, R. J., Marzano, J. S., & Pickering, D. J. (2003). *Classroom management that works: Research-based strategies for every teacher.* Alexandria, VA: Association for Supervision and Curriculum Development.

Mashburn, A. J., Hamre, B. K., Downer, J. T., & Pianta, R. C. (2006). Teacher and classroom characteristics associated with teachers ratings of pre-kindergartner's relationships and behaviors. *Journal of Psychoeducational Assessment, 24*(4), 367–380.

Maslach, C. (1982). *Burnout: The cost of caring.* Englewood Cliffs, NJ: Prentice Hall.

Maslach, C., Jackson, S. E., & Leiter, M. P. (1996). *Maslach Burnout Inventory manual* (3rd ed.). Palo Alto, CA: CPP.

Maslach, C., & Leiter, M. P. (1997). *The truth about burnout.* San Francisco, CA: Jossey-Bass.

Maslach, C., Leiter, M. P., & Schaufeli, W. B. (2008). Measuring burnout. In C. L. Copper & S. Cartwright (Eds), *The Oxford handbook of organizational well-being* (pp. 86–108). New York: Oxford University Press.

Maslach, C., Schaufeli, W. B., & Leiter, M. P. (2001). Job burnout. *Annual Review of Psychology, 52,* 397–422.

Maslow, A. (1954/1970). *Motivation and personality.* New York: Harper & Row.

Matthews, K. A., & Gump, B. B. (2002). Chronic work stress and marital dissolution increase risk of posttrial mortality in men from the Multiple Risk Factor Intervention Trial. *Archives of Internal Medicine, 162*(3), 309–315.

Matthiesen, S. B., Aasen, B., Holst, G., Wie, K., & Einarsen, S. (2003). The escalation of conflict: A case study of bullying at work. *International Journal of Management and Decision Making, 4,* 96–112.

Maxfield, D. (2009, October). Running into the fire: Survival tips for education's first-responders. *Education Week, 29*(6), 28–29.

Mazur, P. J., & Lynch, M. D. (1989). Differential impact of administrative, organizational, and personality factors on teacher burnout. *Teaching and Teacher Education, 5,* 337–353.

McCarthy, C. J., Kissen, D., Yadley, L., Wood, T., & Lambert, R. G. (2006). Relationship of teachers' preventive coping recourses to burnout symptoms. In R. G. Lambert & C. J. McCarthy (Eds.), *Understanding teacher stress in an era of accountability* (Vol. 3, pp. 179–196). Greenwich, CT:

Information Age.

McCarthy, C. J., Lambert, R. G., O'Donnell, M., & Melendres, L. T. (2009). The relation of elementary teachers experience, stress, and coping resources to burnout symptoms. *Elementary School Journal, 109*(3), 282–300.

McEwen, B. (1998). Contradiction, paradox, and irony: The world of classroom management. In R. E. Butchart & B. McEwan (Eds.), *Classroom discipline in American schools: Problems and possibilities for democratic education* (pp. 135–145). Albany, NY: SUNY.

McKay, M., Davis, M., & Fanning, P. (2012). *Thoughts and feelings: Taking control of your moods and your life* (4th ed.). Oakland, CA: New Harbinger.

McKay, M., & Sutker, C. (2007). *Leave your mind behind: The everyday practice of finding stillness amid rushing thoughts.* Oakland, CA: New Harbinger.

McNeely, C. A., & Falci, C. (2004). School connectedness and the transition into and out of health risk behavior among adolescents: A comparison of social belonging and teacher support. *Journal of School Health, 74*(7), 284–292.

Meichenbaum, D. (1977). *Cognitive-behavior modification: An integrative approach.* New York: Plenum.

Meichenbaum, D. (1985). *Stress-inoculation training.* Elmsford, NY: Pergamon.

MetLife. (2004). *The MetLife survey of the American teacher: Transitions and the role of supportive relationships.* New York: Author.

Michie, G. (2011). Fire and water: Reflections on teaching in the city. In A. A. Friedman & L. Reynolds (Eds.), *Burned in: Fueling the fire to teach* (pp. 60–66). New York: Teachers College Press.

Middleton, M., & Midgley, C. (1997). Avoiding the demonstration of lack of ability: An underexplored aspect of goal theory. *Journal of Educational Psychology, 89*(4), 710–718.

Midgley, C., Feldlaufer, H., & Eccles, J. S. (1989). Change in teacher efficacy and student self- and task-related beliefs in mathematics during the transition to junior high school. *Journal of Educational Psychology, 81,* 247–258.

Miller, A. (1995). Teachers' attributions of causality, control and responsibility in respect to difficult pupil behaviour and its successful management. *Educational Psychology, 75*(4), 457–471.

Miller, T. (1986). *The unfair advantage.* Skaneateles, NY: Lakeside.

Mills, L., & Huebner, E. (1998). A prospective study of personality characteristics, occupational stressors, and burnout among school psychology practitioners. *Journal of School Psychology, 36*(1), 103–

120.

Mills, R. A., Powell, R. R., & Pollack, J. P. (1992). The influence of middle level interdisciplinary teaming on teacher isolation: A case study. *Research in Middle Level Education, 15*(2), 9–25.

Modinos, G., Ormel, J., & Aleman, A. (2010). Individual differences in dispositional mindfulness and brain activity involved in reappraisal of emotion. *Social Cognitive & Affective Neuroscience, 5*(4), 369–377.

Montgomery, A. J., Panagopolou, E., de Wildt, M., & Meenks, E. (2006). Work–family interference, emotional labor and burnout. *Journal of Managerial Psychology, 27*(1), 36–51.

Montgomery, C., & Rupp, A. A. (2005). Meta–analysis for exploring the diverse causes and effects of stress in teachers. *Canadian Journal of Education, 28*(3), 458–486.

Moon, J. A. (2006). *Learning journals: Handbook for reflective practice and professional development.* New York: Routledge.

Moore, A., Gruber, T., Derose, J., & Malinowski, P. (2012). Regular, brief mindfulness meditation practice improves electrophysiological markers of attentional control. *Frontiers in Human Neuroscience, 6,* 18–29.

Morrison, F. J., & Connor, C. M. (2002). Understanding schooling effects on early literacy: A working research strategy. *Journal of School Psychology, 40*(6), 93–105.

Moskowitz, J. T. (2011). Coping interventions and the regulation of positive affect. In S. Folkman (Ed.), *The Oxford handbook of stress, health, and coping* (pp. 407–427). New York: Oxford University Press.

Mroczek, D. K., & Almeida, D. M. (2004). The effect of daily stress, personality, and age on daily negative affect. *Journal of Personality, 72,* 356–376.

Murdock, T. B., & Miller, A. (2003). Teachers as sources of middle school students' motivational identity: Variable–centered and person–centered analytic approaches. *Elementary School Journal, 103*(4), 383–399.

Murphy, M., & Donovan, S. (1997). *The physical and psychological effects of meditation* (2nd ed.). Petaluma, CA: Institute of Noetic Sciences.

Näring, G., Briët, M., & Brouwers, A. (2006). Beyond demand–control: Emotional labour and symptoms of burnout in teachers. *Work and Stress, 20*(4), 303–315.

National Commission on Teaching and America's Future (NCTAF). (2003). *No dream denied: A pledge to America 5 children.* Washington, DC: Author.

Nezlek, J. B., & Gable, S. L. (2001). Depression as a moderator of relationships between positive daily events and day-to-day psychological adjustment. *Personality and Social Psychology Bulletin, 27,* 1692-1704.

Nias, J. (1996). Thinking about feeling: The emotions in teaching. *Cambridge Journal of Education, 26*(3), 293-306.

Nielsen, N. R., Kristensen, T. S., Schnohr, P., & Gronbaek, M. (2008). Perceived stress and cause-specific morality among men and women: Results from a prospective cohort study. *American Journal of Epidemiology, 168*(5), 481-496.

Noddings, N. (2005). *The challenge to care in schools: An alternative approach to education.* New York: Teachers College, Columbia University.

Noor, N. M. (2004). Work-family conflict, work-and family-role salience, and women's well-being. *Journal of Social Psychology, 144,* 389-405.

Oakes, J., & Lipton, M. (2003). *Teaching to change the world* (2nd ed.). Boston, MA: McGraw-Hill.

Ochsner, K. N., & Gross, J. J. (2004). Thinking makes it so: A social cognitive neuroscience approach to emotion regulation. In K. D. Vohs & R. F. Baumeister (Eds.), *Handbook of self-regulation: Research, theory, and applications* (pp. 229-255). New York: Guilford Press.

O'Connor, E. E., Dearing, E., & Collins, B. A. (2011). Teacher-child relationship and behavior problem trajectories in elementary school. *American Educational Research Journal, 48*(1), 120-162.

Oman, D., Shapiro, S. L., Thoresen, C. E., Plante, T. G., & Flinders, T. (2008). Meditation lowers stress and supports forgiveness among college students: A randomized controlled trial. *Journal of American College Health, 56,* 569-578.

Ong, A. D., Bergeman, C. S., Bisconti, T. L., & Wallace, T. (2006). Psychological resilience, positive emotions and successful adaptation to stress in later life. *Journal of Personality and Social Psychology, 91*(4), 730-749.

Osher, D., Sprague, J., Weissberg, R. P., Axelrod, J., Keenan, S., Kendziora, K., & Zins, J. E. (2007). A comprehensive approach to promoting social, emotional, and academic growth in contemporary schools. In A. Thomas & J. Grimes (Eds.), *Best practices in school psychology* (Vol. 5, 5th ed., pp. 1263-1278). Bethesda, MD: National Association of School Psychologists.

Osterman, K. F. (2000). Students' need for belonging in the school community. *Review of Educational Research, 70*(3), 323-367.

Ozdemir, Y. (2007). The role of classroom management efficacy in predicting teacher burnout.

International Journal of Social Sciences, 2(4), 257–263.

Pagnoni, G., & Cekic, M. (2007). Aging effects on gray matter volume and attentional performance in Zen meditation. *Neurobiology of Aging, 28,* 1623–1627.

Palmer, P. J. (1998). *The courage to teach: Exploring the inner landscape of a teacher's life.* San Francisco, CA: Jossey–Bass.

Park, N., Peterson, C., & Seligman, M. E. P. (2004). Strengths of character and well–being. *Journal of Social and Clinical Psychology, 23*(5), 603–619.

Parrott, W. G., & Spackman, M. P. (2000). Emotion and memory. In M. Lewis & J. M. Haviland–Jones (Eds.), *Handbook of emotions* (2nd ed., pp. 476–490). New York: Guilford Press.

Patrick, H., Anderman, L. H., Ryan, A. M., Edelin, K. C., & Midgley, C. (2001). Teachers' communication of goal orientations in four fifth–grade classrooms. *Elementary School Journal, 102*(1), 35–58.

Pekrun, R., & Schutz, P. A. (2007). Where do we go from here? Implications and further directions for inquiry on emotions in education. In P. A. Schutz & R. Pekrun (Eds.), *Emotion in education* (pp. 303–321). San Diego, CA: Academic Press.

Pellerin, L. A. (2005). Student disengagement and the socialization styles of high schools. *Social Forces, 84,* 1161–1179.

Pennebaker, J. W. (1993). Putting stress into words: Health, linguistics, and therapeutic implications. *Behavior Research and Therapy, 31*(6), 539–548.

Pennebaker, J. W. (1997). *Opening up: The healing power of expressing emotion.* New York: Guilford Press.

Pennebaker, J. W., & Chung, C. K. (2007). Expressive writing, emotional upheavals, and health. In H. S. Friedman & R. C. Silver (Eds.), *Foundations of health psychology* (pp. 263–284). New York: Oxford University Press.

Pennebaker, J. W., Mayne, T. J., & Francis, M. E. (1997). Linguistic predictors of adaptive bereavement. *Journal of Personality and Social Psychology, 72,* 863–871.

Pennebaker, J. W., & Seagal, J. D. (1999). Forming a story: The health benefits of narrative. *Journal of Clinical Psychology, 55,* 1243–1254.

Perry, B. D. (2006). *Maltreated children: Experience, brain development and the next generation.* New York: Norton.

Pert, C. (1997). *Molecules of emotion.* New York: Scribner.

Peterson, C., & Park, N. (2003). Positive psychology as the evenhanded positive psychologist views it. *Psychological Inquiry, 14,* 141-146.

Peterson, C., Park, N., & Seligman, M. E. P. (2005). Orientations to happiness and life satisfaction: The full life versus the empty life. *Journal of Happiness Studies, 6*(1), 25-41.

Peterson, C., & Seligman, M. (2004). *Character strengths and virtues: A handbook and classification.* Washington, DC: American Psychological Association.

Phelps, E. A., & LeDoux, J. E. (2005). Contributions of the amygdala to emotion processing: From animal models to human behavior. *Neuron, 48,* 175-187.

Pines, A. M. (1993). Burnout: An existential perspective. In W. B. Schaufeli, C. Maslach, & T. Marek (Eds.), *Professional burnout: Recent developments in theory and research* (pp. 33-52). Washington, DC: Taylor & Francis.

Pines, A. M. (2002). Teacher burnout: A psychodynamic existential perspective. *Teachers and Teaching, 8,* 121-141.

Pines, A. M., Aronson, E., & Kafiy, D. (1981). *Burnout: From tedium to personal growth.* New York: Free Press.

Pintrich, P. R. (2000). The role of goal orientation in self-regulated learning. In M. Boekaerts, P. R. Pintrich, & M. Zeidner (Eds.), *Handbook of self-regulation: Theory, research, and application* (pp. 451-502). San Diego, CA: Academic Press.

Prawat, R., Byers, J., & Anderson, A. H. (1983). An attributional analysis of teachers' affective reactions to student success and failure. *American Educational Research Journal, 20*(1), 137-152.

Provasnik, S., & Dorfman, S. (2005). *Mobility in the teacher workforce* (NCES 2005-114). Washington, DC: U.S. Department of Education, National Center for Education Statistics.

Pugliesi, K. (1999). The consequences of emotional labor: Effects on work stress, job satisfaction, and well-being. *Motivation and Emotion, 23,* 125-154.

Quartz, K. H., Thomas, A., Anderson, L., Masyn, K., Lyons, K. B., & Olsen, B. (2008). Careers in motion: A longitudinal retention study of role changing among early-career urban educators. *Teachers College Record, 110*(1), 218-250.

Quinn, A. J. (2003). Organizational culture, school leadership and teacher stress: The relationship to referral rates for student misbehavior. *Australian Journal of Psychology, Supplement, 55,* 205-215.

Ramel, W., Goldin, P. R., Carmona, P. E., & McQuaid, J. R. (2004). The effects of mindfulness mediation on cognitive process and affect in patients with past depression. *Cognitive Therapy and Research, 28,* 433–455.

Reivich, J. J., & Shatte, A. (2003). *The resilience factor: Seven essential skills for overcoming life's inevitable obstacles.* New York: Random House.

Ria, L., Sève, C., Saury, J., Theureau, J., & Durand, M. (2003). Beginning teachers' situated emotions: A study of first classroom experience. *Journal of Education for Teaching, 29,* 219–233.

Richards, J. M., & Gross, J. J. (2000). Emotion regulation and memory: The cognitive costs of keeping one's cool. *Journal of Personality and Social Psychology, 79,* 410–424.

Rimm-Kaufman, S. E., La Paro, K. M., Downer, J. T., & Pianta, R. C. (2005). The contribution of classroom setting and quality of instruction to children's behavior in kindergarten classrooms. *Elementary School Journal, 105*(4), 377–394.

Rogers, C. R. (1951). *Client-centered therapy: Its current practice, implications, and theory.* Boston, MA: Houghton Mifflin.

Rogers, C. R. (1961). *On becoming a person.* Boston, MA: Houghton Mifflin.

Roorda, D. L., Koomen, H. M. Y., Spilt, J. L., & Oort, F. L. (2011). The influence of affective teacher-student relationships on students' school engagement and achievement: A meta-analytic approach. *Review of Educational Research, 81*(4), 493–529.

Roseman, I. R. (2001). A model of appraisal in the emotion system. In K. R. Scherer, A. Schorr, & T. Johnstone (Eds.), *Appraisal processes in emotion: Theory, methods, research* (pp. 68–91). New York: Oxford University Press.

Roseman, I. R., & Smith, C. A. (2001). Appraisal theory: Overview, assumptions, varieties, controversies. In K. R. Scherer, A. Schorr, & T. Johnstone (Eds.), *Appraisal processes in emotion: Theory, methods, research* (pp. 3–19). New York: Oxford University Press.

Roseman, I. R., Wiest, C., & Swartz, T. S. (1994). Phenomenology, behaviors, and goals differentiate discrete emotions. *Journal of Personality and Social Psychology, 67,* 206–221.

Rosengren, A., Orth-Gomer, K., Wedel, H., & Wilhelmsen, L. (1993). Stressful life events, social support, and morality in men born in 1933. *British Medical Journal, 307*(6912), 1102–1105.

Rosiek, J. (2003). Emotional scaffolding: An exploration of the teacher's knowledge at the intersection of student emotion and the subject matter. *Journal of Teacher Education, 54*(5), 399–412.

Roth, G., Assor, A., Kanat-Maymon, Y., & Kaplan, H. (2007). Autonomous motivation for teaching: How self-determined teaching may lead to self-determined learning. *Journal of Educational*

Psychology, 99(4), 761–774.

Roush, D. (1984). Rational-emotive therapy and youth: Some new techniques for counselors. *Personnel and Guidance Journal, 62,* 414–417.

Ruini, C., Belaise, C., Brombin, C., Caffo, E., & Fava, G. A. (2006). Well-being therapy in school settings: A pilot study. *Psychotherapy and Psychosomatics, 75,* 331–336.

Russell, D. W., Altmaier, E., & Van Velzen, D. (1987). Job-related stress, social support and burnout among classroom teachers. *Journal of Applied Psychology, 72,* 269–274.

Rutter, M., & Maughan, B. (2002). School effectiveness findings 1979–2002. *Journal of School Psychology, 40*(6), 451–475.

Ryan, A. M., & Patrick, H. (2001). The classroom social environment and changes in adolescents' motivation and engagement during middle school. *American Educational Research Journal, 38*(2), 437–460.

Saltzman, A. (in press). *A still quiet place: Manual for teaching mindfulness-based stress reduction to children.* Available at www.stillquietplace.com.

Saltzman, A., & Goldin, P. (2008). Mindfulness-based stress reduction for school-age children. In S. C. Hayes & L. A. Greco (Eds.), *Acceptance and mindfulness interventions for children, adolescents and families* (pp. 139–161). Oakland, CA: Context Press/New Harbinger.

Santavirta, N., Solovieva, S., & Theorell, T. (2007). The association between job strain and emotional exhaustion in a cohort of 1,028 finish teachers. *British Journal of Educational Psychology, 77*(1), 213–228.

Sapolsky, R. M. (1998). *Why zebras don't get ulcers: An updated guide to stress, stress-related diseases, and coping.* New York: Freeman.

Schaufeli, W. B., & Bakker, A. B. (2004). Job demands, job resources and their relationship with burnout and engagement: A multi-sample study. *Journal of Organization Behavior, 25,* 293–315.

Schaufeli, W. B., & Buunk, B. P. (2003). *Burnout: An overview of 25 years of research and theorizing.* In J. Schabracq, J. A. M. Winnubst, & C. L. Cooper (Eds.), *The handbook of work and health psychology* (2nd ed., pp. 383–425). New York: Wiley.

Schaufeli, W. B., & Enzmann, D. (1998). *The burnout companion to study and practice: A critical analysis.* London: Taylor & Francis.

Schaufeli, W. B., & Salanova, M. (2008). Enhancing work engagement through the management of human resources. In K. Naswall, M. Serke, & J. Hellgren (Eds.), *The individual in the changing working life* (pp. 380-404). Cambridge, UK: Cambridge University Press.

Schaufeli, W. B., Salanova, M., Gonzales-Roma, V., & Bakker, A. B. (2002). The measurement of engagement and burnout: A two sample confirmatory factor analytic approach. *Journal of Happiness Studies, 3,* 71-92.

Scherer, K. R. (2001). Appraisal considered as a process of multi-level sequential checking. In K. R. Scherer, A. Schorr, & T. Johnstone (Eds.), *Appraisal processes in emotion: Theory, methods, research* (pp. 92-120). New York: Oxford University Press.

Schlichte, J., Yssel, N., & Merbler, J. (2005). Pathways to burnout: Case studies in teacher isolation and alienation. *Preventing School Failure, 50,* 1-16.

Schneiderman, N., Ironson, G., & Siegel, S. D. (2005). Stress and health: Psychological, behavioral, and biological determinants. *Annual Review of Clinical Psychology, 1,* 607-628.

Schoeberlein, D., & Sheth, S. (2009). *Mindful teaching and teaching mindfulness: A guide for anyone who teaches anything.* Boston, MA: Wisdom Publications.

Schonert-Reichl, K. A., & Lawlor, M. S. (2010). The effects of a mindfulness-based education program on pre- and early adolescents well-being and social and emotional competence. *Mindfulness, 1*(3), 137-151.

Schutz, P. A., Cross, D. I., Hong, J. Y., & Osbon, J. N. (2007). Teachers' identities, beliefs, and goals related to emotions in the classroom. In P. A. Schutz & R. Pekrun (Eds.), *Emotion in education* (pp. 223-239). San Diego, CA: Academic Press.

Schutz, P. A., DiStefano, C., Benson, J., & Davis, H. A. (2004). The development of a scale for emotional regulation during test taking. *Anxiety, Stress and Coping: An International Journal, 17,* 253-269.

Schutz, P. A., & Lanehart, S. (Eds.). (2002). Emotions in education [Special Issue]. *Educational Psychologist, 37*(2), 67-134.

Schwartz, J., & Begley, S. (2002). *The mind and the brain: Neuroplasticity and the power of mental force.* New York: HarperCollins.

Schwarzer, R., & Knoll, N. (2003). Positive coping: Mastering demands and searching for meaning. In S. J. Lopez & C. R. Snyder (Eds.), *Positive psychological assessment: A handbook of models and measures* (pp. 393-409). Washington, DC: American Psychological Association.

Schwarzer, R., & Taubert, S. (2002). Tenacious goal pursuits and striving toward personal growth: Proactive coping. In E. Frydenberg (Ed.), *Beyond coping: Meeting goals, visions and challenges* (pp. 19–35). New York: Oxford University Press.

Schwerdtfeger, A., Konermann, L., & Schonhofen, K. (2008). Self-efficacy as a health-protective resource in teachers? A biopsychological approach. *Health Psychology, 27*(3), 358–368.

Segerstrom, S. C., & Miller, G. E. (2004). Psychological stress and the human immune system: A meta-analytic study of 30 years of inquiry. *Psychological Bulletin, 130*(4), 601–630.

Seligman, M. E. P. (2002). *Authentic happiness.* New York: Free Press.

Seligman, M. E. P. (2006). *Learned optimism: How to change your mind and your life* (2nd ed.). New York: Pocket Books.

Seligman, M. E. P. (2011a). *Flourish: A visionary new understanding of happiness and well-being.* New York: Free Press.

Seligman, M. E. P. (2011b). Building resilience. *Harvard Business Review, 89*(4), 100–106.

Seligman, M. E. P., & Csikszentmihalyi, M. (2000). Positive psychology. *American Psychologist, 55*(1), 5–14.

Seligman, M. E. P., Rashid, T., & Parks, A. C. (2006). Positive psychotherapy. *American Psychologist, 61*(8), 774–788.

Seligman, M. E. P., Steen, T. A., Park, N., & Peterson, C. (2005). Positive psychology progress: Empirical validation of interventions. *American Psychologist, 60*(5), 410–421.

Selye, H. (1956). *The stress of life.* New York: McGraw-Hill.

Selye, H. (1974). *Stress without distress.* New York: J. B. Lippincott.

Semmer, N. K. (2003). Job stress interventions and organization of work. In J. C. Quick & L. E. Tetrick (Eds.), *Handbook of occupational health psychology* (pp. 325–353). Washington, DC: American Psychological Association.

Shapiro, S. L., Brown, K., & Biegel, G. (2007). Self-care for health care professionals: Effects of MBSR on mental well-being of counseling psychology students. *Training and Education in Professional Psychology, 1,* 105–115.

Shapiro, S. L., Carlson, L. E., Astin, J. A., & Freedman, B. (2006). Mechanisms of mindfulness. *Journal of Clinical Psychology, 62,* 373–386.

Shapiro, S. L., Schwartz, G. E. R., & Bonner, G. (1998). The effects of mindfulness-based stress reduction on medical and pre-medical students. *Journal of Behavioral Medicine, 21,* 581–599.

Sharp, J. J., & Forman S. G. (1985). A comparison of two approaches to anxiety management for teachers. *Behavior Therapy, 16,* 370–383.

Sheldon, K. M., & Lyubomirsky, S. (2004). Achieving sustainable new happiness: Prospects, practices, and prescriptions. In A. Linley & S. Joseph (Eds.), *Positive psychology in practice* (pp. 127–145). Hoboken, NJ: John Wiley & Sons.

Sheldon, K. M., Ryan, R., & Reis, H. T. (1996). What makes for a good day? Competence and autonomy in the day and in the person. *Personality and Social Psychology Bulletin, 22,* 1270–1279.

Siegel, D. J. (2010). *Mindsight: The new science of personal transformation.* New York: Bantam Books.

Silver, R. B., Measelle, J. R., Armstrong, J. M., & Essex, M. J. (2005). Trajectories of classroom externalizing behavior: Contributions of child characteristics, family characteristics, and the teacher–child relationship during the school transition. *Journal of School Psychology, 43*(1), 39–60.

Simbula, S. (2010). Daily fluctuations in teachers' well-being: A diary study using the job demands-resources model. *Anxiety, Stress and Coping, 23*(5), 563–584.

Sin, N. L., & Lyubomirsky, S. (2009). Enhancing well-being and alleviating depressive symptoms with positive psychology intervention: A practice-friendly meta-analysis. *Journal of Clinical Psychology, 65*(5), 467–487.

Singer, T., & Lamm, C. (2009). The social neuroscience of empathy. *Annals of the New York Academy of Sciences, 1156*(1), 81–96.

Singh, N. N., Lancioni, G. E., Singh, J., Winton, A. S. W., Sabaawi, M., & Wahler, R. G. (2007). Adolescents with conduct disorder can be mindful of their aggressive behavior. *Journal of Emotional and Behavioral Disorders, 15*(1), 56–63.

Singh, N. N., Singh, A. N., Lancioni, G. E., Singh, J., Winton, A. S. W., & Adkins, A. D. (2010). Mindfulness training for parents and their children with ADHD increases children's compliance. *Journal of Child and Family Studies, 19*(2), 157–166.

Smalley, S. L., & Winston, D. (2010). *Fully present: The science, art, and practice of mindfulness.* New York: Da Capo Press.

Smith, C. A., & Kirby, L. D. (2004). Appraisal as a pervasive determinant of anger. *Emotion, 4,* 133–138.

Smith, C. A., & Lazarus, R. S. (1990). Emotion and adaptation. In L. A. Pervin (Ed.), *Handbook of personality theory and research* (pp. 609–637). New York: Guilford.

Smith, J. C. (1985). *Relaxation dynamics: A cognitive–behavioral approach to relaxation.* Champaign, IL: Research Press.

Smith, J. C. (2005). *Relaxation, meditation, & mindfulness: A mental health practitioner's guide to new and traditional approaches.* New York: Springer.

Smylie, M. A. (1999). Teacher stress in a time of reform. In R. Vandenberghe & A. M. Huberman (Eds.), *Understanding and preventing teacher burnout* (pp. 59–84). Cambridge, UK: Cambridge University Press.

Smyth, J. (1992). Teacher's work and the politics of reflection. *American Educational Research Journal, 29*(2), 267–300.

Smyth, J. (1998). Written emotional expression: Effect sizes, outcome types, and moderating variables. *Journal of Consulting and Clinical Psychology, 66,* 174–184.

Snyder, C. R., & Lopez, S. J. (2009). *The Oxford handbook of positive psychology* (2nd ed.). New York: Oxford University Press.

Sonnentag, S. (2001). Work, recovery activities, and individual well-being: A diary study. *Journal of Occupational Health Psychology, 3,* 196–210.

Sousa, D. A. (2006). *How the brain learns* (3rd ed.). Thousand Oaks, CA: Corwin Press.

Stinebrickner, T. R. (1998). An empirical investigation of teacher attrition. *Economics of Education Review, 17*(2), 127–136.

Stinebrickner, T. R. (2002). An analysis of occupational change and departure from the labor force: Evidence of the reasons that teachers leave. *Journal of Human Resources, 37,* 192–216.

Stone, A. A., Kennedy-Moore, E., & Neale, J. M. (1995). Association between daily coping and end-of-day mood. *Health Psychology, 14,* 341–349.

Sutton, R. E. (2004). Emotional regulation goals and strategies of teachers. *Social Psychology in Education, 7,* 379–398.

Sutton, R. E. (2007). Teachers' anger, frustration, and self-regulation. In P. A. Schutz & R. Pekrun (Eds.), *Emotion in education* (pp. 259–274). San Diego, CA: Academic Press.

Sutton, R. E., Genovese, J., & Conway, P. F. (2005). *Anger and frustration episodes of teachers: Different emotions or different intensity?* Paper presented at the Annual Meeting of the American Educational Research Association, Montreal, Canada.

Sutton, R. E., & Knight, C. C. (2006). Teachers' emotion regulation. In A. V. Mitel (Ed.), *Trends in educational psychology* (pp. 107–135). Hauppauge, NY: Nova Publishers.

Sutton, R. E., Mudrey-Camino, R., & Knight, C. C. (2009). Teachers' emotion regulation and classroom management. *Theory into Practice, 48*(2), 130–137.

Sutton, R. E., & Wheatley, K. E. (2003). Teachers' emotions and teaching: A review of the literature and directions for future research. *Educational Psychology Review, 15*(4), 327–358.

Swider, B. W., & Zimmerman, R. D. (2010). Born to burnout: A meta-analytic path model of personality, job burnout, and work outcomes. *Journal of Vocational Behavior, 76*(3), 487–506.

Sylwester, R. (2003). *A biological brain in a cultural classroom* (2nd ed.). Thousand Oaks, CA: Corwin Press.

Tang, Y. Y., Ma, Y., Wang, J., Fan, Y., Feng, S., Lu, Q., Yu, Q., Sui, D., Rothbart, M. K., Fan, M., & Posner, M. I. (2007). Short-term meditation training improves attention and self-regulation. *Proceedings of the National Academy of Sciences, 104*(43), 17152–17156.

Taylor, S. (2012). Transformation through suffering: A study of individuals who have experienced positive psychological transformation following periods of intense turmoil. *Journal of Humanistic Psychology, 52*(1), 30–52.

Taylor, S. E. (2007). Social support. In H. S. Friedman & R. S. Silver (Eds.), *The Oxford handbook of health psychology* (pp. 145–171). New York: Oxford University Press.

Taylor, S. E., Klein, L. C., Lewis, B. P., Gruenewald, T., Gurung, R. A. R., & Updegraff, J. A. (2000). Biobehavioral responses to stress in females: Tend-and-befriend, not fight-or-flight. *Psychological Review, 107*, 411–429.

Tedeschi, R. G., & Calhoun, L. G. (2004). Posttraumatic growth: Conceptual foundations and empirical evidences. *Psychological Inquiry, 15*, 1–18.

Teven, J. J. (2007). Teacher temperament: Correlates with teacher caring, burnout, and organizational outcomes. *Communication Education, 56*(3), 382–400.

Theobald, N. D., & Laine, S. W. M. (2003). The impact of teacher turnover on teacher quality: Findings from four states. In M. L. Plecki & D. H. Monk (Eds.), *School finance and teacher quality: Exploring the connections* (pp. 33–54). Larchmont, NY: Eye on Education.

Thompson, G. L. (2004). *Through ebony eyes: What teachers need to know but are afraid to ask about African American students.* San Francisco, CA: Jossey-Bass.

Thomsen, K. (2002). *Building resilient students: Integrating resiliency into what you already know and do.* Thousand Oaks, CA: Corwin Press.

Thoresen, C. J., Kaplan, S. A. Barsky, A. P., Warren, C. R., & DeChermont, K. (2003). The affective underpinnings of job perceptions and attitudes: A meta-analytic review and integration. *Psychological Bulletin, 129*(6), 914–945.

Tickle, L. (1991). New teachers and the emotions of learning teaching. *Cambridge Journal of Education,*

27(3), 319–329.

Tindle, H., Chang, Y. F., Kuller, L., Manson, J. E., Robinson, J. G., Rosal, M. C., Siegle, G. J., & Matthews, K. A. (2009). Optimism, cynical hostility, & incident coronary heart disease and mortality in the Women's Health Initiative. *Circulation, 120*(8), 656–662.

Totterdell, P., & Holman, D. (2003). Emotion regulation in customer service roles: Testing a model of emotional labor. *Journal of Occupational Health Psychology, 8*(1), 55–73.

Travers, C. J., & Cooper, C. L. (1996). *Teachers under pressure: Stress in the teaching profession.* New York: Routledge.

Troman, G., & Woods, P. (2001). *Primary teachers' stress.* New York: Routledge/Faimer.

Truch, S. (1980). *Teacher burnout and what to do about it.* Novato, CA: Academic Therapy.

Tschannen-Moran, M., Woolfolk Hoy, A., & Hoy, W. K. (1998). Teacher efficacy: Its meaning and measure. *Review of Educational Research, 68*(2), 202–248.

Tsouloupas, C. N., Carson, R. L., Matthews, R., Grawitch, M. J., & Barber, L. K. (2010). Exploring the association between teachers' perceived student misbehavior and emotional exhaustion: The importance of teacher efficacy beliefs and emotion regulation. *Educational Psychology, 30*(2), 173–189.

Turk, D. C., Meeks, S., & Turk, L. M. (1982). Factors contributing to teacher stress: Implications for research, prevention, and remediation. *Behavioral Counseling Quarterly, 2*(1), 3–25.

Turner, J. E., & Waugh, R. M. (2007). A dynamical systems perspective regarding students' learning processes: Shame reactions and emergent self-organizations. In P. A. Schutz & R. Pekrun (Eds.), *Emotion in education* (pp. 119–139). San Diego, CA: Academic Press.

Turrell, G., Lynch, J. W., Leite, C., Raghunathan, T., & Kaplan, G. A. (2007). Socioeconomic disadvantage in childhood and across the life course and all-cause morality and physical function in adulthood: Evidence from the Alameda County Study. *Journal of Epidemiology & Community Health, 61*(8), 723–730.

Unterbrink, T., Hack, A., Pfeifer, R., Buhl-Griebhaber, V., Muller, U., Wesche, H., Frommhold, M., Scheuch, K., Seibt, R., Wirsching, M., & Bauer, J. (2007). Burnout and effort–reward–imbalance in a sample of 949 German teachers. *International Archives of Occupational & Environmental Health, 80*(5), 433–441.

Updegraff, J. A., & Marshall, G. N. (2005). Predictors of perceived growth following direct exposure to community violence. *Journal of Social and Clinical Psychology, 24*(4), 538–560.

Usher, E. L., & Pajares, F. (2008). Sources of self-efficacy in school: Critical review of the literature and future directions. *Review of Educational Research, 78*(4), 751–796.

Vandenberghe, R., & Huberman, A. M. (1999). *Understanding and preventing teacher burnout: A sourcebook of international research and practice.* Cambridge, UK: Cambridge University Press.

Van der Doef, M., & Maes, S. (1999). The job demand–control(–support) model and psychological well-being: A review of 20 years of empirical research. *Work and Stress, 13,* 87–114.

Van der Klink, J. J. L., Blonk, R. W. B., Schene, A. H., & Van Dijk, F. J. H. (2001). The benefits of interventions for work-related stress. *American Journal of Public Health, 91,* 270–276.

Vanslyke-Briggs, K. (2010). *The nurturing teacher: Managing the stress of caring.* Lanham, MD: Rowman & Littlefield.

Van Veen, K., & Lasky, S. (2005). Emotion as a lens to explore teacher identity and change: Different theoretical approaches. *Teaching and Teacher Education, 27*(8), 917–934.

Vitaliano, P. P., Zhang, J., & Scanlan, J. M. (2003). Is caregiving hazardous to one's physical health? A meta-analysis. *Psychology Bulletin, 129*(6), 946–972.

Wallenstein, G. (2003). *Mind, stress and emotions: The new science of mood.* Boston, MA: Commonwealth Press.

Wang, M., & Holcombe, R. (2010). Adolescents' perceptions of school environment, engagement, and academic achievement in middle school. *American Educational Research Journal, 47*(3), 633–662.

Ware, F. (2006). Warm demander pedagogy: Culturally responsive teaching that supports a culture of achievement for African American students. *Urban Educationy, 41*(4), 427–456.

Watson, D., Clark, L. A., & Harkness, A. R. (1994). Structures of personality and their relevance to psychopathology. *Journal of Abnormal Psychology, 108,* 18–31.

Watson, D. L., & Tharp, R. G. (2012). *Self-directed behavior: Self-modifications for personal adjustment* (10th ed.). Pacific Grove, CA: Brooks/Cole.

Watson, M., & Battistich, V. (2006). Building and sustaining caring communities. In C. Evertson & C. Weinstein (Eds.), *Handbook of classroom management: Research, practice, and contemporary issues* (pp. 253–279). Mahwah, NJ: Lawrence Erlbaum.

Weber, S., & Mitchell, C. (1995). *That's funny, you don't look like a teacher.* London: Falmer.

Weil, A. (1997/2006). *Eight weeks to optimum health: A proven program for taking full advantage of your body's natural healing power.* New York: Alfred A. Knopf.

Weissberg, R. P., Dymnicki, J. A., Taylor, R. D., & Shellinger, A. B. (2008). *Promoting social and emotional learning enhances school success: Implications of a meta-analysis.* Unpublished report.

Welwood, J. (1990). *Journey of the heart.* New York: HarperCollins.

Wentzel, K. R. (1997). Student motivation in middle school: The role of perceived pedagogical caring. *Journal of Educational Psychology, 89*(3), 411–419.

Wentzel, K. R. (1998). Social relationships and motivation in middle school: The role of parents, teachers, and peers. *Journal of Educational Psychology, 90*(2), 202–209.

Westman, M. (2001). Stress and strain crossover. *Human Relations, 54,* 717–751.

Whitaker, S. D. (2000). What do first-year special education teachers need? *Teaching Exceptional Children, 33*(1), 28–36.

Whitehead, A. J., & Ryba, K. (1995). New Zealand teachers' perceptions of occupational stress and coping strategies. *New Zealand Journal of Educational Studies, 30,* 177–188.

Whitlock, J. L. (2006). Youth perceptions of life in school: Contextual correlates of school connectedness in adolescence. *Applied Developmental Science, 10*(1), 13–29.

Wilhelm, K., Dewhurst-Savellis, J., & Parker, G. (2000). Teacher stress? An analysis of why teachers leave and why they stay. *Teachers and Teaching, 6,* 291–304.

Wilson, T. D., & Gilbert, D. T. (2005). Affective forecasting: Knowing what to want. *Current Directions in Psychological Science, 14*(3), 131–134.

Wilson, T. D., & Gilbert, D. T. (2008). Explaining away: A model of affective adaptation. *Perspectives on Psychological Science, 3*(5), 370–386.

Winner, J. (2008). *Take the stress out of your life.* New York: Da Capo Press.

Winograd, K. (2003). The functions of teacher emotions: The good, the bad, and the ugly. *Teachers College Record, 705*(9), 1641–1673.

Winzelberg, A. J., & Luskin, F. M. (1999). The effects of meditation training in stress levels in secondary school teachers. *Stress Medicine, 75*(2), 69–77.

Wisniewski, L., & Gargiulo, R. (1997). Occupational stress and burnout among special educators: A review of the literature. *Journal of Special Education, 37*(3), 235–246.

Witte, H. (1985). *Coping effectively with life.* Omaha, NE: University of Nebraska Medical Center.

Wolters, C., Yu, S., & Pintrich, P. (1996). The relation between goal orientation and students' motivational beliefs and self-regulated learning. *Learning and Individual Differences, 8,* 211–

238.

Wood, M. M., Quirk, C. A., & Swindle, F. L. (2007). *Teaching responsible behavior: Developmental therapy-developmental teaching for troubled children and adolescents* (4th ed.). Austin, TX: Pro-Ed.

Woods, P., & Carlyle, D. (2002). Teacher identities under stress: The emotions of separation and renewal. *International Studies in Sociology of Education, 12*(2), 169-189.

Woolfolk Hoy, A. W., & Weinstein, C. S. (2006). Student and teacher perspectives on classroom management. In C. Evertson & C. Weinstein (Eds.), *Handbook of classroom management: Research, practice, and contemporary issues* (pp. 181-219). Mahwah, NJ: Lawrence Erlbaum.

Xanthopoulou, D., Bakker, A. B., Demerouti, E., & Schaufeli, W. B. (2009). Work engagement and financial returns: A diary study on the role of job and personal resources. *Journal of Organizational and Occupational Psychology, 82,* 183-200.

Yavuz, M. (2009). An investigation of burnout levels of teachers working in elementary and secondary educational institutions and their attitudes to classroom management. *Educational Research and Reviews, 4*(12), 642-649.

Zammuner, V. L., & Galli, C. (2005). Well-being: Causes and consequences of emotion regulation in work settings. *International Review of Psychology, 17,* 355-364.

Zellars, K. L., Hochwarter, W. A., Perrewé, P. L., Hoffman, N., & Ford, E. W. (2004). Experiencing job burnout: The roles of positive and negative traits and states. *Journal of Applied and Social Psychology, 34*(5), 887-911.

Zellars, K. L., Perrewé, P. L., & Hochwarter, W. A. (2000). Burnout in health care: The role of the five factors of personality. *Journal of Applied Social Psychology, 30,* 1570-1598.

Zembylas, M. (2003). Caring for teacher emotion: Reflections on teacher self-development. *Studies in Philosophy & Education, 22*(2), 103-125.

Zembylas, M. (2007). Theory and methodology in researching emotions in education. *International Journal of Research & Methods in Education, 30*(1), 57-72.

Zhang, Q., & Zhu, W. (2008). Exploring emotion in teaching: Emotional labor, burnout, and satisfaction in Chinese higher education. *Communication Education, 57*(1), 105-122.

Zylowska, L., Ackerman, D. L., Yang, M. H., Futrell, J. L., Horton, N. L., Hale, T. S., Pataki, C., & Smalley, S. L. (2008). Mindfulness meditation training in adults and adolescents with ADHD. *Journal of Attention Disorders, 11*(6), 737-746.

저자 소개

Barbara Larrivee

캘리포니아 주립대학교의 교육학 교수로, 학급과 학생의 행동관리에 대해 연구하고 저술한다. 그녀는 존중을 바탕으로 한 소통과 진솔한 커뮤니케이션을 통해 학급 공동체를 만드는 방법에 대한 연구뿐만 아니라, 반성적인 실천을 어떻게 발전시킬 수 있는지에 대해서도 꾸준히 연구 중이다.

역자 소개

유형근(Yu Hyungkeun)

한국교원대학교 대학원 교육학(상담심리 전공) 석사 · 박사
전 한국청소년상담원 상담교수, 대전세종충청상담학회 회장, 한국교원대학교 사도교육원장
현 한국교원대학교 교육학과 교수, 한국교원대학교 제1대학 학장, (사)한국상담학회 이사

〈주요 저서 및 논문〉
중등교사의 심리적 소진 회복을 위한 집단상담 프로그램(공저, 학지사, 2023)
초등교사의 심리적 소진 회복을 위한 집단상담 프로그램(공저, 학지사, 2023)
TBI 교사 심리적 소진 검사: 전문가 지침서(공저, 인싸이트, 2020)
심리적으로 소진된 중등교사의 생활지도 역량 향상을 위한 집단상담 프로그램 개발(공동, 2024)
심리적으로 소진된 중등교사의 학생 · 학부모 대인관계능력 향상을 위한 집단상담 프로그램 개발(공동, 2024)
심리적으로 소진된 초등교사의 동료 및 관리자 대인관계능력 향상을 위한 집단상담 프로그램 개발(공동, 2023)
심리적으로 소진된 초등교사의 학생 · 학부모 대인관계능력 향상을 위한 집단상담 프로그램 개발(공동, 2023)
교사의 심리적 소진 측정도구 개발(공동, 2016) 외 다수

정연홍(Jeong Yeanhong)

한국교원대학교 대학원 교육학(상담심리 전공) 석사 · 박사
전문상담교사(1급), 청소년상담사(1급)
현 원주금융회계고등학교 교사, 한국교원대학교 교육학과 강사

〈주요 저서 및 논문〉
초등교사의 심리적 소진 회복을 위한 집단상담 프로그램(공저, 학지사, 2023)
TBI 교사 심리적 소진 검사: 전문가 지침서(공저, 인싸이트, 2020)
학교폭력 예방 및 학생의 이해(공저, 학지사, 2019)
교사의 심리적 소진 측정도구 개발(공동, 2016)

문가람(Moon Garam)

한국교원대학교 대학원 교육학(상담심리 전공) 박사과정 재학
공주교육대학교 교육대학원 교육학(교육상담 전공) 석사
전문상담교사(1급), 임상심리사(2급), 청소년상담사(2급)
현 나래초등학교 교사, 한국교원대학교 교육학과 강사

〈주요 저서 및 논문〉
초등교사의 심리적 소진 회복을 위한 집단상담 프로그램(공저, 학지사, 2023)
심리적으로 소진된 초등교사의 동료 및 관리자 대인관계능력 향상을 위한 집단상담 프로그램
　　개발(공동, 2023)
코로나(COVID-19)로 인한 비대면 학교생활에 적응하는 고경력 교사의 경험에 관한 현상학적
　　연구(공동, 2022)

최지혜(Choi Jihye)

한국교원대학교 대학원 교육학(상담심리 전공) 박사과정 재학
연세대학교 교육대학원 교육학(상담교육 전공) 석사
전문상담교사(1급), 한국상담학회 전문상담사(2급), 청소년상담사(2급)
현 대전둔산초등학교 교사

〈주요 저서 및 논문〉
초등교사의 심리적 소진 회복을 위한 집단상담 프로그램(공저, 학지사, 2023)
심리적으로 소진된 초등교사의 학생·학부모 대인관계능력 향상을 위한 집단상담 프로그램
　개발(공동, 2023)

김하민(Kim Hamin)

한국교원대학교 대학원 교육학(상담심리 전공) 석사
전문상담교사(1급), 청소년상담사(2급), 한국상담심리학회 상담심리사(2급)
현 물금중학교 교사

〈주요 저서 및 논문〉
중등교사의 심리적 소진 회복을 위한 집단상담 프로그램(공저, 학지사, 2023)
심리적으로 소진된 중등교사의 긍정심리자본 향상을 위한 집단상담 프로그램 개발(2023)

교사 심리적 소진의 예방과 대처방법

Cultivating Teacher Renewal: Guarding Against Stress and Burnout

2024년 9월 20일 1판 1쇄 인쇄
2024년 9월 30일 1판 1쇄 발행

지은이 • Barbara Larrivee
옮긴이 • 유형근 · 정연홍 · 문가람 · 최지혜 · 김하민
펴낸이 • 김진환
펴낸곳 • (주) **학지사**

　　　　　　04031 서울특별시 마포구 양화로 15길 20 마인드월드빌딩
대표전화 • 02)330-5114　　팩스 • 02)324-2345
등록번호 • 제313-2006-000265호

홈페이지 • http://www.hakjisa.co.kr

인스타그램 • https://www.instagram.com/hakjisabook

ISBN 978-89-997-3210-2 93180

정가 19,000원

출판미디어기업 학지사

간호보건의학출판 **학지사메디컬** www.hakjisamd.co.kr
심리검사연구소 **인싸이트** www.inpsyt.co.kr
학술논문서비스 **뉴논문** www.newnonmun.com
교육연수원 **카운피아** www.counpia.com
대학교재전자책플랫폼 **캠퍼스북** www.campusbook.co.kr